木星齋主　著
淨雲居士、彭慧玉助編

九運玄空陽宅詳解

育林出版社印行

九運玄空陽宅詳解　目錄

推薦序文之一

中華古老的方術文化浩瀚，典籍駁雜，實務精密，目前在《漢書・藝文志》中，即有山、醫、命、卜、相方面書籍的書目記載。風水堪輿是古人長久體驗，透過錦繡山脈、水源、土壤、環境的條件演變成一套適合陽宅居住，或者是陰宅所設定的福地之條件選擇。

大致上來說，風水的基本觀看法則，區分為「巒頭」與「理氣」二種；巒頭通常是透過眼力來觀察，審視周圍或整體的架構條件，亦行之有年；理氣方式較為龐雜，派別繁多，山頭各立；目前當代所流行的就有：八宅法，九星法，乾坤國寶，三元玄空，三合法，後天派，玄空六法，玄空大卦等等。

「三元玄空」依據三元九運的條件，運用空間與時間的交媾邏輯，於理氣法中是屬於非常精密且複雜的一種學說，由於它有二十四山的排列組合，定局山、向的條件，加上「一至九運」不同的時間，盤式非常的細膩繁複，學習不易，精密度相對甚高，也受風水堪輿行家的讚譽。

作者－木星齋主不僅對八字與紫微斗數命理方面，造詣匪淺，在「玄空挨星大卦」風水此學說也研究透徹，理論與實務並進，並且陸續在YouTube上發表了很多關於玄空方面的陽宅解說，受到粉絲與廣大群眾的喜愛與推崇。

「三元玄空」區分為重要的四大局：旺山旺向、雙星會坐、雙星會向、上山下水，上述與元運變換及山向條件而產生吉凶悔吝。書中談到了很多關於玄空方面的經典賦文，《玄空祕旨》、《玄機賦》、《飛星賦》、《紫白訣》，必須能解讀這方面條例，才能瞭解玄空的真正奧秘。如：「一四同宮，主發科甲」；「九七穿途」；「二五交加，主疾病」，「六八武科發跡」，瞭解這些學說原理，方能為客戶找出問題；因地制宜，能調整空間或者改變「零、正」，佈局裝潢或巧思安排，應能為客戶解憂排難，甚而造福後世。

八字命理方面偏向於宿命論，因為這是出生條件的結果，固定不變。堪輿風水等方面有造命論的功能，可以透過後天的選擇，或調整佈局，改變居住生活條件，使運勢相對提升，此為中華文化獨到的專業秘術。

就定義上在二〇二三年前都是屬於「八運」的範疇，不過當然在運用方面與安排方面也會安排到「九運」的條件，所以作者本人在「九運」此方面就特別的說明詳細，畢竟這有二十年的時間能掌握得到相對大運機會，當然才是最有利的。

作者不僅將她紫微、八字命理方面的研究，集結成書，受惠學習者；如今也有機會將風水的奧秘－玄空挨星大卦，也做淺出深入的導引，提供讀者學習與參考，相信讀者們添購此書後，一定會有很好的收穫與感悟；也期待作者日後能分享更多更優質的作品，饗宴讀者。

中華民國人相學會　第九屆理事長
中華易學教育研究院協會　終身易學院士　張志戎
壬寅年冬月　三重　虛生白齋

推薦序文之二

玄空風水中玄空大卦以先天卦爻論年數，以卦管年運，沒有五運之說。採二元八運說，上元一至四運，下元六至九運。上元一運坤卦、二運巽卦、三運離卦、四運兌卦；下元六運艮卦，七運坎卦，八運震卦、九運乾卦。所謂先天五行的旺衰，就是當元當運的五行。比如現在是下元管運，下元之運有六、七、八、九四個運。現在下元八運，八為立極天心為正運。為旺運，所以八運卦的先天五行為旺五行。如：復卦、賁卦、節卦、小畜卦、姤卦、困卦、旅卦、豫卦八個卦。九運為八運的未來生氣，故九運卦的先天五行為生五行。如：既濟卦、未濟卦、損卦、咸卦、益卦、恆卦、泰卦、否卦八個卦，也屬旺五行；而上元一至四運卦的五行為衰五行。擇日課時，並非四柱都能選取到生旺之卦的五行在這種情況下，有兩種選擇的扶要要日柱自身旺相，那麼年、月、時之柱遇衰退的五行來生剋或比和日柱都合用因為日柱自身旺相，任何退氣五行來生剋比和日柱都是微不足道的。

與玄空大卦系出同源的玄空飛星一派，有稱玄空挨星大卦或玄空挨星，則採三元九運說，本書採之，便是認為二〇二四年是下元的九運的新開始，亦是全書著墨所在。我們正進入一個新的時代之中，這個時代中房地產、農牧業等相關土行的行業會更繁榮，宗教玄學昌盛，社會的管理者會越來越年輕化，年輕的男子比較容易獲得成功……等等，這一切都是時空的變化所造成的。人生如此般的渺小，而我們的先賢們居然能夠窺知無限宇宙之真理，並創造了偉大的「三元九運」的時空劃分方法，這是人所創造的「神跡。」

「上下四方為宇，往古來今為宙，宇和宙分別是指空間和時間」。人生只是宇宙中的一部分，而且是極其渺小的一部分，時間的碾輪推送著我們不斷向前，我們所居住的星球就是這樣的一個時間大輪子。木星環繞太陽一周約十二年，土星環繞太陽一周約三十年。木星與土星大約二十年會合一次，兩大星球的會合，會以我們意識不到的方式對我們施加種種影響。所以玄學家們以二十年來劃分一個元運。

三元九運是中國劃分大時間的方法，自古便記載於黃曆上，並結合干支曆使用，由於其以宇宙星辰的規律為研究對象，因此多用於預卜國運、測算全球態勢等大事件中。三元九運不僅適用於中國，放之全球，均可發現其諳合的軌跡，九運分三元每一元為六十年，即干支紀年的一個循環，又叫一甲子。而年份的劃分按照干支曆是以立春節氣為歲首的，並非公曆的一月一日或夏曆（農曆）的正月初一。

作者木星齋主研習風水命理數十年，不僅介紹玄空挨星大卦九運陽宅格局，亦探究紫微八字，著有《八字紫微合參論命》，現今又濃縮研究精華集結成書，透過YouTube解說相關知識，相信透過這次的書籍整合傳遞更精準的內容訊息給每一位讀者，期待透過這本書籍能讓新進有更豐富的學習、其他同業與前輩有更高的學識交流，再次祝賀木星齋主大作問世。

中華國際巒理道協會總會　理事長　張郁晴

癸卯年端月於五股人生佈局

推薦序文之三

有句流傳已久的俗話是這麼講的：「一命二運三風水四積陰德五讀書」，說的是一個人的一生是如何的一種景致，差不多就取決於這五種條件。而與生俱來的「命」就是最根本的決定性因素，排序第一，意味有些事已然命中注定，命中好的部分對人而言是潛能是助力，命中不好的部分則像是一道堅不可摧的圍籬，限制著人行動，好像人再怎麼努力也撼動不了它。

因緣際會下，本人由於年輕時做生意常常被倒帳，隱約感受到命運的束縛與限制，於是開始接觸姓名學，希望藉由姓名學來判斷合作對象的人格、財力與誠信，果然就極少受騙！從此培養出對命理的興趣，越學越深，無法自拔，並且從民國八十四年就開始開班教課，還出版過《精華開運生肖姓名學》一書。且一路學習例如紫微斗數、風水等術數，最後還進入道教領域成為法師，由於開始幫人算命解惑後發現，許多人算命，其實就是遇到困難，如果只幫客戶算命，卻不能解決客戶的問題，就無法真正幫助人，因此才會不斷多樣化學習。並成立三元五術群組，廣結善緣，交流經驗。張老師就是其中的群友，令人印象深刻的是：在群組中天天分享正能量的訊息，為人古道熱腸、按讚分享！尤其是分享有關玄空飛星九運陽宅解說的影片深入淺出，全盤托出，深獲我心！

後學認為學習五術的目的在於知命、運命、知己知彼才能百戰百勝，所謂的命由天生，運乃己造，知命、運命、才能趨吉避凶。傳統術數是一種社會科學，是一種羅輯學及統計學，是值得探討的一門學問。張老師的風水影片很有特色，不需基礎，從太陽與房屋坐向的互動，便能看出自家房屋二十四山方位。另外即使現在電腦排盤如此發達，張老師的風水解說仍然是完全私房手工，以運盤、山盤、向盤做為飛星盤架構開始，以玄空飛星學理分析陽宅吉凶禍福此亦能補助八字的不足，再配合擇日、生肖姓名學等數術相輔相成的屬性，並及時積德行善與讀書，相信如此定能達到創造幸福人生的效果，可以讓個人的成長過程平安順利、旺財又旺丁，亦使得人際互動關係融洽、受人歡迎。

人類文明自古以來就察覺到書籍的重要性，明代古今圖書集成，清朝四庫全書都展現這樣的思維！因為書籍是一種超越時間與空間，記載著人類集體經驗的工具，包含人類曾經成功與失敗的經驗，這種知識有多少就算多少，有古今不同年代的積累，也有國家地域文明生活經驗的不同面向。通過閱讀，人才有可能不囿於自己當下一時一地的限制，可以更深遠地理解問題和思索問題。張老師的新書正是屬於傳統風水智慧的現代開展，聰明的您是否迫不及待想開始讀出屬於自己的新人生呢？

那就趕快手刀下訂一本，明天您就能改變人生了！

三元道教協會　創會理事長

三風姓名學與風水命理學苑　主人陳椽霖

序於癸卯年春暖花開時高雄鳳山

推薦序文之四

玄空之學始於相傳黃石公所作，晉朝郭璞傳世之《青囊經》乙書至唐朝楊筠松楊公救貧先生因洞悉陰陽學，再闡發青囊經內之祕訣，乃著書立說玄空之學因而大昌。

至明末清初蔣大鴻因得無極子之無極真傳，再著《地理辨正》乙書，以作堪輿地理風水真偽辨正，以傳後世，所以堪輿玄空學皆出自《地理辨正》以後，而發揚光大。

風水之學派，大致分為巒頭與理氣，目前多流行三合、三元、九星、玄空、玄空六法、陽宅三要、八宅明鏡、乾坤國寶等。余自幼耳濡目染跟隨先父為人造葬，用的就是這套乾坤國寶，因民國初年至光復後，當時玄空學尚未傳入台灣，台灣農村社會普遍用的就是乾坤國寶，因斷驗極準，當時相當流行此派，本人現也都以乾坤國寶、先後天訣為基礎理論，再配合三元玄空理氣為人造福立命。

其實各門各派都有其理論與可學習之處，所以堪輿玄空學可從前賢之著作中如章仲山之《陰陽二宅錄驗》、《心眼指要》，尤惜陰、榮柏雲之《宅運新案》三集、《三元大玄空地理二宅實驗》，談養吾之《談氏三元地理大玄空路透》等書獲得實際驗證。惟因古人之作多詞意艱澀、文言文多不易了解。而本書作者皆以白話文方式來呈現，有系統、有次序的加以綜合玄空學，介紹給大眾讀者學習與應用。

陽宅和陰宅一樣分為巒頭與理氣兩大系統，巒頭為體，理氣為用，不可偏廢一方，應該同時應用，無巒頭不靈，無理氣不驗之理在此。巒頭即是山之形勢，就是周圍的環境，如高山、大樓、河川、電桿、來去之道路等皆是；而理氣則是天運時空與方位巒頭之結合來論斷吉凶。所以玄空陽宅理氣，重於來路及入門之氣口，如能得玄空天運之生旺氣方可主一家平安，丁財兩旺，但在失運之衰敗方，則主丁財兩敗。陽宅應驗更速於陰宅，故要速發應先從陽宅起基研究。

本書《九運玄空陽宅詳解》是木星齋主張老師又另一鉅作，坊間陽宅玄空的著作雖多，但大部份均隱隱藏藏，不願真正公開箇中的訣竅與用法，木星齋主依然展現其一貫之氣度與風範，豪不藏私的把多年研究玄空學詳細的闡述其中的奧秘與訣竅，是陽宅堪輿學中不可多得的著作。其中玄空大卦圖解、下卦與起星圖用法、到山到向、七星打劫法、及玄空四賦等都有詳細的解說，圖文並茂，內容豐富詳盡。相信此書出版必能嘉惠後學者，不僅為玄空陽宅學的透明化樹立新的里程碑，也為堪輿界建立新典範，是陽宅玄空堪輿著作中不可多得的鉅著。相信本書出版定能帶來一股新的購買熱潮，再次恭賀木星齋主張老師的新書出版！

中華楊公救貧堪輿學術研究學會
台南市堪輿文化學會　常務理事　王國安
二〇二三癸卯年孟春序於台南

推薦序文之五

「經師容易、人師難」。這句話的確很對，但是如果照著各大書局、圖書館隨手可得的風水書籍，能為自己調整風水格局，知吉辨凶的，實屬鳳毛麟角。現在連經師都不好找了，因為這是一般人都無法達到的，對於解惑方面，那就更沒有那麼簡單了，但是看完本書編排架構、內容後，深感，這本書應該是最先，可以使一些看了很多風水書籍，感到書上講得很多、到處是重點，卻找不到重點的讀者，面對自宅，依排列大綱隨手一翻，問題馬上迎刃而解的一本風水教科書。

張老師從年輕任職教育工作數十載，利用上課時間來發揚中華文化，這是最適當，效果大而且對象多，造福莘莘學子。課餘閒暇時則以鑽研堪輿術數為樂。現於退職後，展望新的未來，面對另一所社會大學，深感科學的昌明，人類物質生活的提高，有些人對於傳統的風水學，因為學不會、不會學、不知道那裏學，重重困難，所以加以評論或否認，甚至說「迷信」，這實在也難怪。於是乎因緣際會張老師，又開始在網路YouTube拾起教筆、編排風水影片課程，集集精華，篇篇實用，所以應本命理風水中心、各大風水協會暨廣大粉絲要求，終於出書了，現今各位愛書人有福了，竟然有如此易懂、易學、好用的風水書籍上市，可謂最佳風水教材。

教師要排解學生的困難，更要發揮教學的功能來發揚博大精深的中華文化。張老師本於教職的初心，已完整的考量到有心學習者使用上的方便性、完整性、直接性、受用性，於大綱的編排苦費心思，經多方研究、推敲，這是要進入風水學課程上最易上手，也最符合現代人初學者、精進者兩相宜的風水教科書。

在此僅代表本中心全體會員對張老師於網路上的教學影片，能用心、精心的完成編排，讓粉絲群、學員有所從、有所依、有所學，致上最大的謝意。

並希望本書能大眾化、普及化，一方面能成為風水老師的教科書、另一方面借此而發揚中華文化，這也是每一位從事風水命理教育工作者的一大心願與應盡的責任、義務。最後也再次恭賀木星齋主張老師洛陽紙貴，希望能得到同好者的迴響。

天醫命理風水中心　創會長　俞富元
癸卯年孟春序於嘉義民雄金興村

自序

風水堪輿文化是東方人居住的環境藝術，幾千年來根深蒂固紮根於民俗之中。姑不論其褒貶如何，一般來說陽宅應擇善地而居，應該還是普羅大眾的共識、深植人心。

風水流派甚多，主要有巒頭派、理氣派之別，再枝出三元、三合、八宅、玄空、奇門風水、六壬風水等。而其中玄空風水又以斷事精準著稱，尤其斷陽宅風水更是擅長。

玄空派有諸多派別，本書主要以目前通行「玄空挨星」即玄空飛星派理論為依據，又稱玄空挨星大卦，書中在相關說明時有時簡稱玄空大卦（廣義），實則指玄空挨星。是以後天八卦配合洛書飛星為用，採三元九運說。而另一種用法，「玄空大卦」則是狹義用法專指大卦派，亦即易經地理派，乃是以先天六十四卦配二元八運說來分論旺衰，在六十年代的堪輿界曾盛行一時，至今歷久彌新蔚為風潮。而我們在YouTube影片當中的玄空大卦指涉的是玄空挨星，並非易經地理派。

這幾年因為有緣與恩師**葉朝成老師**結緣，讓我學玄空的瓶頸頓然開悟許多。壬寅年上半年拜疫情之賜，反而因緣際會拍完玄空挨星大卦九運陽宅影片的部分。

玄空風水是傳統文化中的一顆璀璨明珠，而風水典籍大都苦澀難懂，後學只想秉持教學的理念，把難的學理用最簡單的話說明白，讓大家能夠理解。影片在YouTube上傳之後，連以前完全沒有接觸過風水理論的同事，不管是數學、理化或國文老師他們都說聽得懂，這是最令我感動的地方，因此才有編輯成書的想法。

一般而言陽宅應驗快速，陰宅應驗緩慢，陰陽二宅互為因果，不能缺一。陰宅風水效應可蔭及三代及十房，而陽宅風水效應則直接影響一家之興衰，若能兩者兼顧，效果更加完美。本書主要鎖定在九運陽宅的部份，一般通說九運是指西元二〇二四年立春起，終於二〇四四年立春之前。另一說法，則從辛丑年二〇二一木、土星交會又稱大合相，最近是在二〇二〇年十二月二十一日，之後就已經轉九運了。下元九運，九紫右弼星當令，旺氣在南方，本書僅依據玄空挨星大卦即玄空飛星的學理來與讀者作分享。

後學研習風水堪輿近二十餘年，也曾經拜過許多名師。例如：謝明瑞老師、沈朝合老師等，他們都是名震當今乾坤國寶派的名師，也是我的啟蒙恩師。曾經有客戶問我究竟哪一派最準，在此我借用張聖賢老師的話來回答，他說一個學派能準六、七成，就算很棒了，我認為這種說法頗為中肯。沈朝合老師也曾經耳提面命告誡我們，要就學理來傳承，千萬不要把自己神格化了，後學也極為認同。這正如李嗣涔教授曾云：要鑑定一個人是否有神通，把他帶到實驗室去測試，若十測八準，就可以說他們應該有些神通，其意相同。如果我們能掌握這幾個大原則，在學習堪輿或信仰的路上，就不至於感到困惑，而能有較理性的判斷，更不會執著於一家之言。二〇二二年客委會出版《風水的社會人類學：中國及其周邊的比較》，可一窺學術界研究堪輿之堂奧。雖然玄空風水有其獨特的優點，但也並非是萬能，因此倘若能加入其他門派的精髓，融會貫通一起來運作，相信效果一定會更佳。

我相信任何堪輿學派都得經過一定時間上的驗證，除此之外其實影響一個人的命運，因素很多，諸如：一命、二運、三風水、四積陰德、五讀書。君不見有些堪輿師在幫人造葬時，別以為您只要花個幾百萬請他幫忙造葬，後代子孫就肯定能大發富貴，堪輿先生還得先看看您的命盤，再觀察近幾代您家的祖墳格局如何。這說明了不是光看一個陽宅，就保證能讓您如何。後學以為我們可以信而不迷，最重要的還得靠後天的努力，以及行善積德才有此福報，否則德行不足德不配位，即使富貴風光一時，也可能只是曇花一現！

很多人相信風水，無非是想在成功的道路上有捷徑可走，我們在人生的舞台上粉墨登場，很多人都是為了升官發財，追求美好的生活，這都無可厚非。

我覺得陽宅佈局，就像美化家園，可以讓您更心曠神怡，而且更有自信。既然玄空飛星算是一門頗有根據又蠻準確的學問，大家不妨學思並用，從您家開始佈局做個實驗，我覺得這才是真的有趣，又符合科學精神。風水流派甚多，眾說紛紜，其實只要真的能讓人趨吉避凶，轉禍為福，又何樂而不為，最重要的是當我們接觸堪輿五術的同時，絕對不要忘了理性的思維，這樣才不至於流於盲目崇拜與迷信。就像一個作惡多端的前科犯，即使身上掛滿了護身符，您認為他逃得過因果與良心的懲罰嗎？一個好吃懶做又不肯務實努力的人，即使戴了多少個發財符，您認為會有用嗎？這就是迷信與智信的差別。

玄空風水要訣書籍繁多，初學者主要可參考的有沈竹礽《沈氏玄空學》與沈祖緜《玄空古義四種通釋》，後書中詮釋《玄空祕旨》、《飛星賦》、《玄機賦》、《紫白訣》等四篇古賦，一般評價在斷驗上庶幾完備，歷代堪輿名家皆非常重視此玄空四賦，因此後學也仿效採錄參考。若讀者能將此四篇古賦加以仔細精熟推敲，相信您很快就能一窺堂奧明其妙用。另外我們也要明白玄空風水學對於山水的看法與定義分成兩種，一是看得到的有形山水，即巒頭山水；另一種是看不見的無形山水，即理氣山水，彼此配合而產生的風水效應。例如：高一寸為山，低一寸為水。在市區，高樓大廈為山，馬路為水。在室內，門口、魚缸、冷氣口、水龍頭為水等。這也是為什麼同一坐向的屋宅各宅的吉凶會有不同的原因。還有我們也必須理解，國運大於人運，天災大於人運的概念，才不會感到茫然與困惑。

這本書是我們三位摯誠好友，過去幾年來跟隨恩師**葉老**學習理論與參訪諸多實務的成果，感謝**淨雲居士**辛勤的八方蒐集資料及伏案相挺前面兩篇，更感謝**慧玉博士**在百忙之中仍然願意幫忙匯整資料打字完成屬於我們三個人的著作。雖然過程一路艱辛，但是我們始終秉持著信念與初衷，總算克服萬難。除了感謝恩師過去幾年來的教導，更為我們三個人堅固的友誼舉杯喝采！也許這才是最珍貴的亮點，因為我們在風雨之中始終不離不棄！同時也見證了人間最難得可貴的真情！也許一剪梅所歌頌的境界就是如此吧！在世事詭譎多變人心不古的當今，讓我們依然相信並見證古聖先賢教給我們的品德「重然諾」是真實存在的！這才是人性的光輝！更希望這本書能讓您生活更加圓滿，成為更好的自己！李白詩云：「**大鵬一日同風起，扶搖直上九萬里。**」祝福大家在學習堪輿的路上能有所啟發，乘風破浪，青雲直上，實現人生的夢想，為願足矣！

木星齋主　謹識

二〇二二壬寅年丹桂飄香的季節

壹、導論篇

相信每一位對風水學有興趣的同好或前輩都可能會和我們一樣，耗盡心力涉獵過眾多派別的風水書籍。相信博學的各位也應該都會有同感，風水許多門派都尊崇楊公！也都自認為他們所學習的經典都是依據楊公的理論所研發出來更精進的學說傳承，這也造就地理堪輿派別眾多、百花齊放！各自標榜自己，批判異己，使學者更摸不著頭緒，究竟何者為真傳呢？

然而進一步分析，各位都曉得自唐朝以來唯有楊公當過當朝國師，才有機會參考欽天監的天文與地理資訊，才瞭解太陽系中地球與八大行星，因天時而產生不同的變化，並且依據易理去分析八卦九宮於每個元運的吉凶差別，更以一八〇年為一個週期去區分三元九運的吉凶禍福，濟世匡時、拯溺扶危。

可惜楊公身為國師不敢留書，不敢外傳。加上他身邊的弟子一行道人深怕中國的學術外流，故意寫了一篇〈滅蠻經〉，使唐代之後的風水師不再相信傳說中的楊公經典！甚至清朝末期，先賢蔣大鴻依據他的先師無極子所密傳的經訣註作了《地理辨正》一書，「更遠溯黃石青烏近考青田幕講」，確認地理正宗於此！蔣公取之為《地理辨正》，然書中語意仍多有隱諱不明處！導致謾罵詆毀者所在多有，遑論號稱蔣傳之祕笈相繼問世，使學者囿限於真偽難分之境，後雖經章仲山、沈竹礽等前賢於蔣法堪輿、楊公真訣有所發揚光大，可惜知者知之，不明者仍覺晦暗，這使得蔣公想扭轉後人引起正視，卻也功虧一簣終告失敗收場。

還好我們是幸運的一代，出生在既民主又科學發達的時代，應用科技，不用再三年尋龍、十年點穴就能更了解大環境的巒頭與水法。進而對應時代的背景與局勢，更能驗證三元九運與八卦九宮吉凶的變化。例如民國五〇年代到九〇年代號稱台灣錢淹腳目，整個經濟蓬勃發展。而觀察台灣五大山脈占據了整個東半部，水流向西，而當時正值六、七運，山主人丁水主財，如果能葬在觀音山得台灣山脈西流之水源者當運大旺！大家傳頌已久的首富風水，一切盡在不言中。再看西部平原，尤其以臨海有小山脈擋住海風的城市，例如雙北、台中等都市更是經濟重鎮。民國九〇年代到一一〇年代轉八運，八運旺在東北方，中國大陸的地形東北與西北多是高原，水流向東，台灣與台北市西門町逐漸衰退，而東區與大陸逐漸蓬勃發展，吸引了不少台商轉投資於大陸沿海各城市。辛丑年木星土星又交會了，氣運轉向南方，故可以明顯發現台北東區與中國大陸沿海貿易與經濟正逐漸的衰退，外資與台商紛紛將轉投資於台灣中部以南，政府更廣設園區，迎接回流的台商與外資。

以上分析歷史的軌跡不就印證了楊公玄空挨星大卦不被部分人士所認同的理論嗎？前面我們提過，現代應用科技，不用再翻山越嶺長途跋涉，就可以詳閱每一座山脈的曲折起伏與分脈的走勢，輕鬆取得地理風水資料，並且善加運用。可惜山巒風水學因土地取得不易而且代價太昂貴，加上政府鼓勵火葬不讓死人跟活人爭地！所以只懂得依龍脈來論吉凶的喪葬地理師生意逐漸蕭條。由此可見大多數的風水門派，如果只懂得巒頭與水法，只會依山形水勢論吉凶。不曉得楊公的風水經訣中所謂的都天大卦，更可以依元運去詳論陰宅或陽宅的吉凶變化！再加上科技輔助，利用谷歌地球與街景，不出門也可以判斷千里之外，某陽宅的坐向與週遭環境是否帶形煞與興衰。所以說學習風水學我們是幸運的一代，可以利用現代科技去印證楊公經典中之精髓，無需費心憑空想像，且更勝於前輩蔣大鴻《地理辨正》中之眾多抽象舉證，更具有實證說服力。

秉承這種信念，如何選擇一間好房子，就是購屋者殫精竭慮之所在！各位讀者可以在書中發現不用指南針即可分辨坐向的方法，再依據書中介紹的學理來選擇陽宅就可以完成夢想！我們深深覺得「傳書要傳訣」！再加上實務驗證，讓千年堪輿文化終於可以讓現代人都能領略箇中奧妙，無需曠日廢時，緩不濟急死啃深奧古書。本書希望能讓有心之同好及有購屋需求者能很快的入門，真正學好楊公玄空挨星大卦的精髓，真正能掌握陽宅的氣運與氣場，學習楊公濟世救貧的心願。

貳、基礎篇

一、如何簡單判斷自家房屋坐向

基本上我們用指南針即可測量方位，面向大門口或陽台指向正前方即可標示屋向。不過手頭一時不方便，還有更簡單的方法，就是看日出的方向即為東方。在古書《荊璟集》就有記載日出運行的規律，一般通書還可找到日出日沒永短圖，如《正福堂蔡炳圳七政經緯通書》（以下簡稱通書）頁大二，茲附圖如下：

日出日沒永短圖

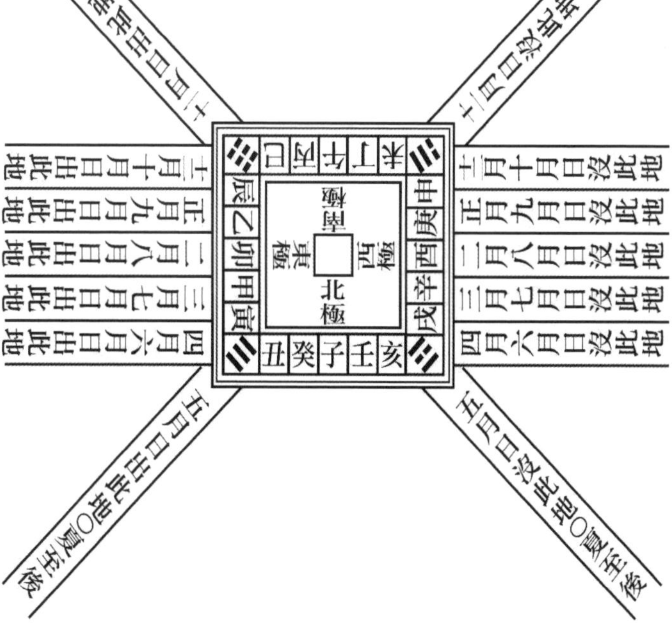
十一月日出此地○冬至後
十一月日沒此地○冬至後
十二月十月日出此地
正月九月日出此地
二月八月日出此地
三月七月日出此地
四月六月日出此地
十二月十月日沒此地
正月九月日沒此地
二月八月日沒此地
三月七月日沒此地
四月六月日沒此地
五月日出此地○夏至後
五月日沒此地○夏至後
巳
丙
午
丁
未
申
庚
酉
辛
戌
亥
壬
子
癸
丑
寅
甲
卯
乙
辰
南極
西極
東極
北極

由書後圖示（參見壬山丙向下卦圖，頁六八）可知古人將圓周（稱周天）三百六十度劃分為二十四等分，稱為二十四山。九十度卯方即正東方，古代地圖置於左方，一八〇度午方即正南方，依此類推，形成南上北下左東右西的方位觀。如右圖所示太陽只有在二月、八月時，日出於正東方卯方，三月、四月、五月則依序逆時針日出於甲、寅、艮諸方位，六月以後則順時針回到寅方，一直到十一月在巽方，十二月又回到辰方，也就是說雖然日出於東方日沒於西方，其確切位置仍會隨月份（節氣）有所改變。傳統上還是以使用羅盤定向為主，手機羅盤程式與定位系統亦有逐漸普及的趨勢。

古代天文學說，立桿於平地，「立表測影」就是利用日照，有三大用途：一、定方向；二、定時刻；三、定節氣。甚至在未發明羅盤前，更是定方向的重要方法！這些對風水而言都是意義重大的。

二、二十四山與日出東方坐向相關位置圖

一般傳統古書表示宅向，經常會使用洛書數入九宮，再配上二十四山方位，即成為八卦九宮圖，為了讓讀者方便查詢使用（參見頁六一—六三），我們將元旦盤轉換成以房屋本身為主體的坐山立向九宮飛星圖，讀者只要站在客廳面向大樓出入馬路的地方，看太陽一大早日出方向與月份，即可大概判斷自己住家的坐山立向。例如您家的房子，早上太陽是從左邊出來，下午由右邊西下的話，就是坐北朝南。因為一卦管三山還有四十五度的範圍，所以坐北朝南，有三種山向：第一是地元卦：壬山（周天337.5度—352.5度）丙向（周天157.5度—172.5度，依此類推），第二是天元卦：子山午向，第三是人元卦：癸山丁向，

參見左頁四一圖示，①太陽在左方，屬一坎卦，包括壬、子、癸三山（參見頁五〇），分屬地元卦（龍）、天元卦（龍）、人元卦（龍），而每山則有陰陽的分別，其中天元與人元陰陽相同，吉凶同論，故併作一圖，故頁四一圖示有上下兩種，八個方位合計十六種圖示。（請共同參閱頁五〇、六八會更清楚一卦管三山的意涵）

①太陽在左方：❶壬山丙向（加15°）❷子山午向：左方（❸癸山丁向減15°吉凶同）

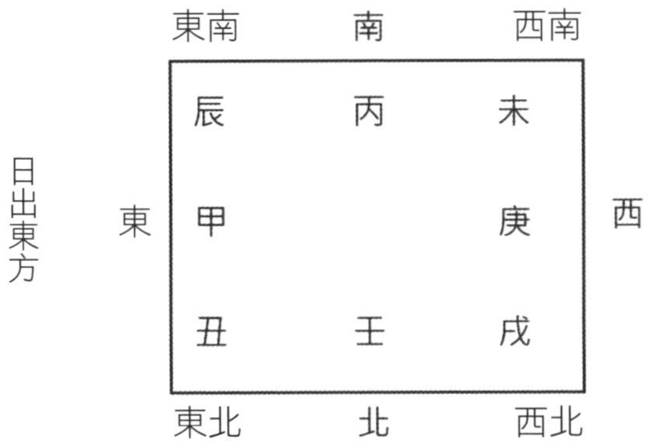

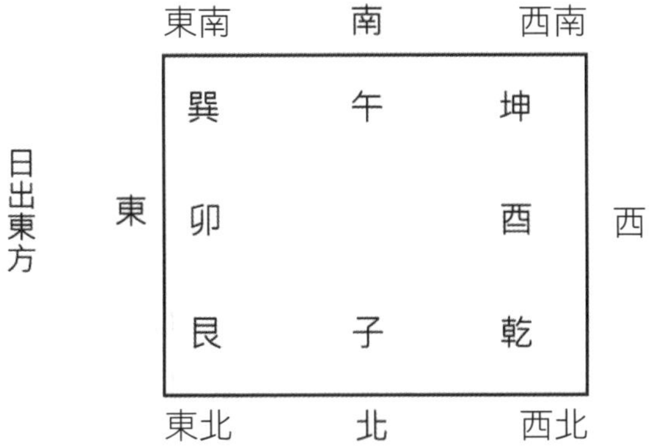

②太陽在左後方：❹丑山未向（加15°）❺艮山坤向：左後方（❻寅山申向減15°吉凶同）

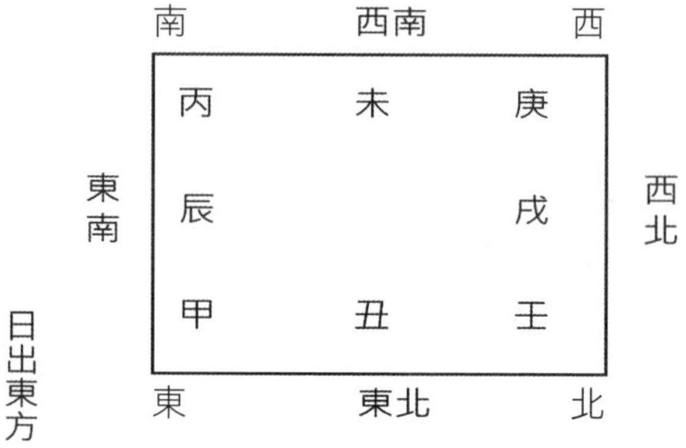

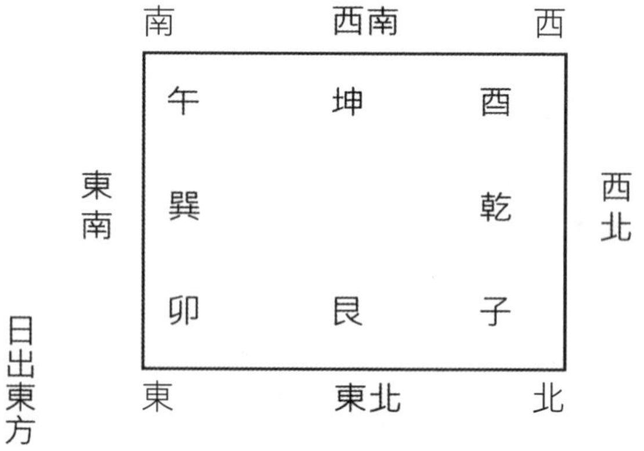

③太陽在正後方：❼甲山庚向（加15°）❽卯山酉向：正後方（❾乙山辛向減15°吉凶同）

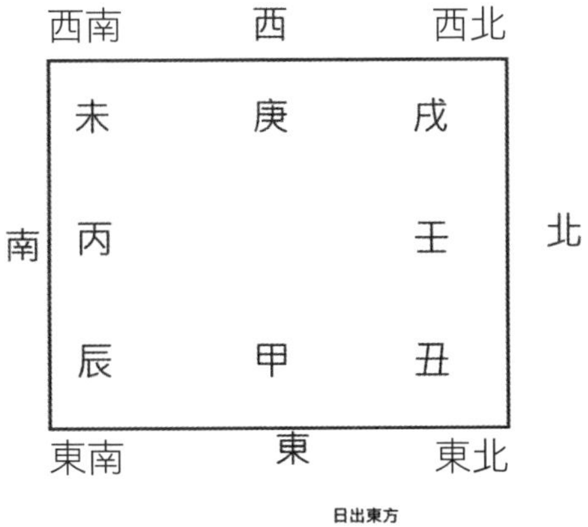

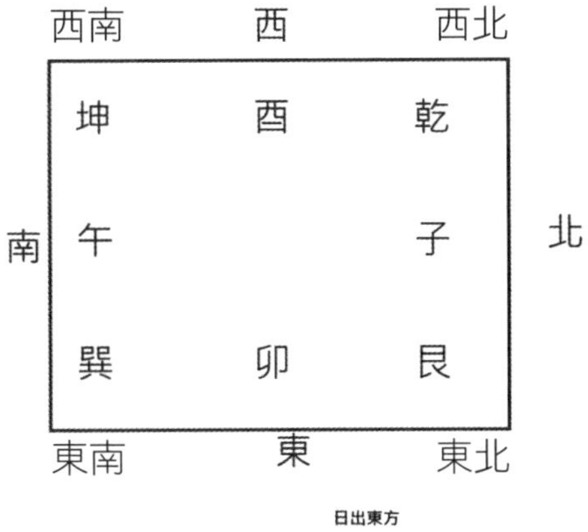

④太陽在右後方：⑩辰山戌向（加15°）⑪巽山乾向：右後方（⑫巳山亥向減15°吉凶同）

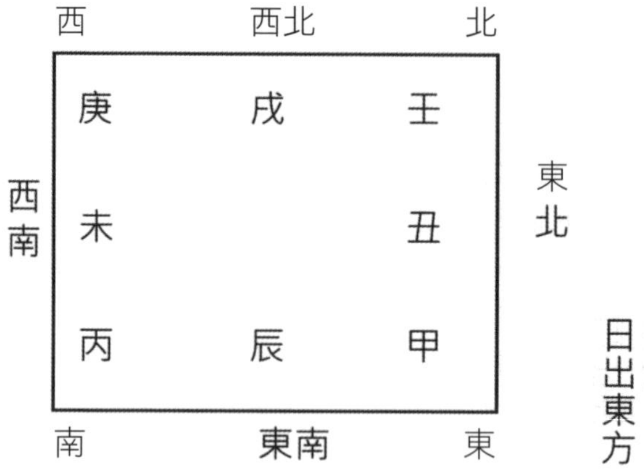

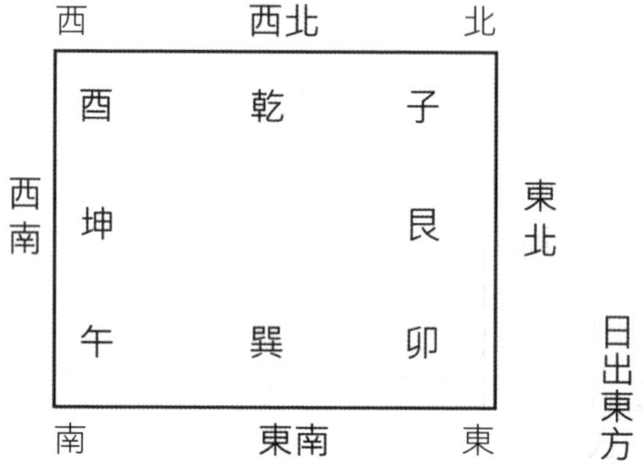

⑤太陽在右方：⓭丙山壬向（加15°）⓮午山子向：右方（⓯丁山癸向減15°吉凶同）

日出東方

	西北	北	東北	
	戌	壬	丑	
西	庚		甲	東
	未	丙	辰	
	西南	南	東南	

	西北	北	東北	
	乾	子	艮	
西	酉		卯	東
	坤	午	巽	
	西南	南	東南	

⑥太陽在右前方：⑯未山丑向（加15°）⑰坤山艮向：右前方（⑱申山寅向減15°吉凶同）

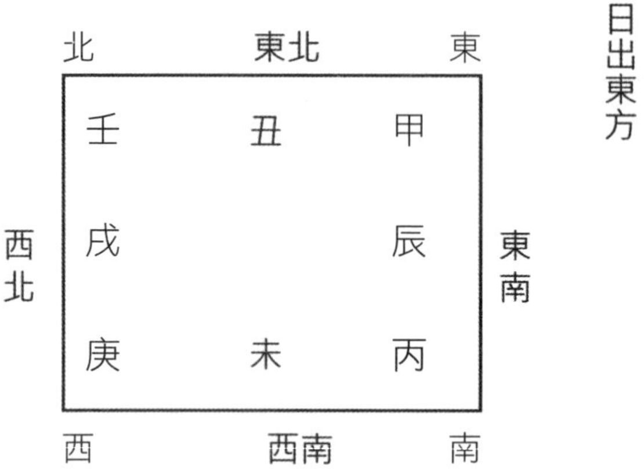

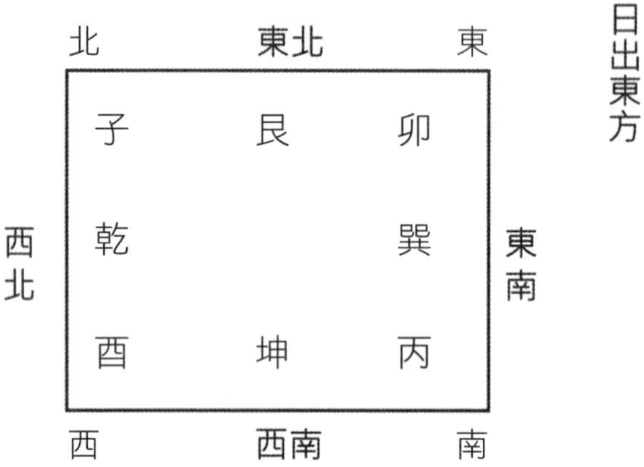

⑦太陽在正前方：⑲庚山甲向（加15°）⑳酉山卯向：正前方（㉑辛山巳向減15°吉凶同）

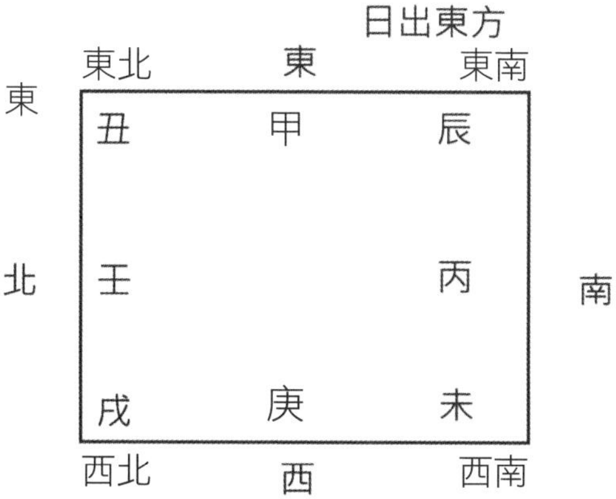

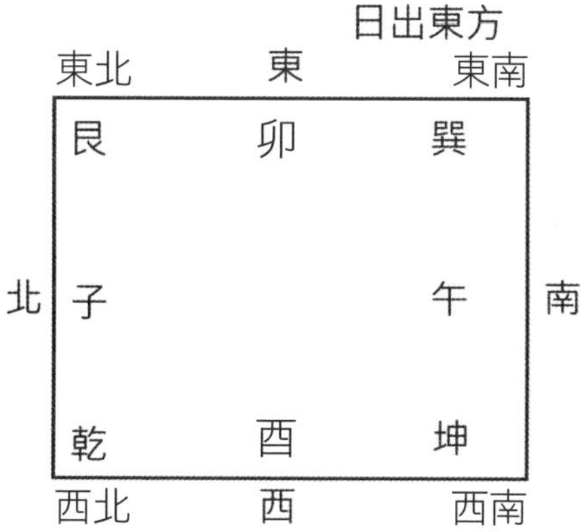

⑧太陽在左前方：㉒戌山辰向（加15°）㉓乾山巽向：左前方（㉔亥山巳向減15°吉凶同）

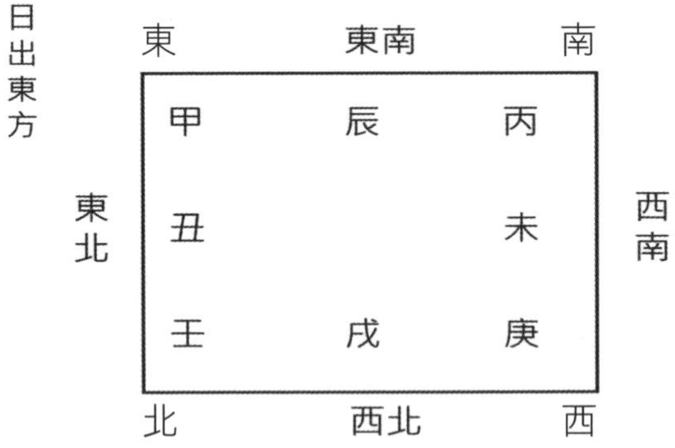

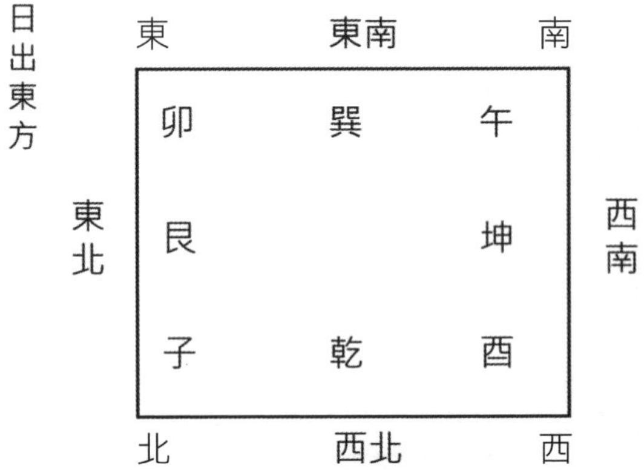

三、二十四山之「天元龍、地元龍、人元龍」與「陰陽」

古人的方位觀乃是二十四山，就是將周天三百六十度，以十二個地支，加上八個天干，再加上四個卦名，去組成二十四山用於測量方位之用。此處請先參閱左頁五〇圖：

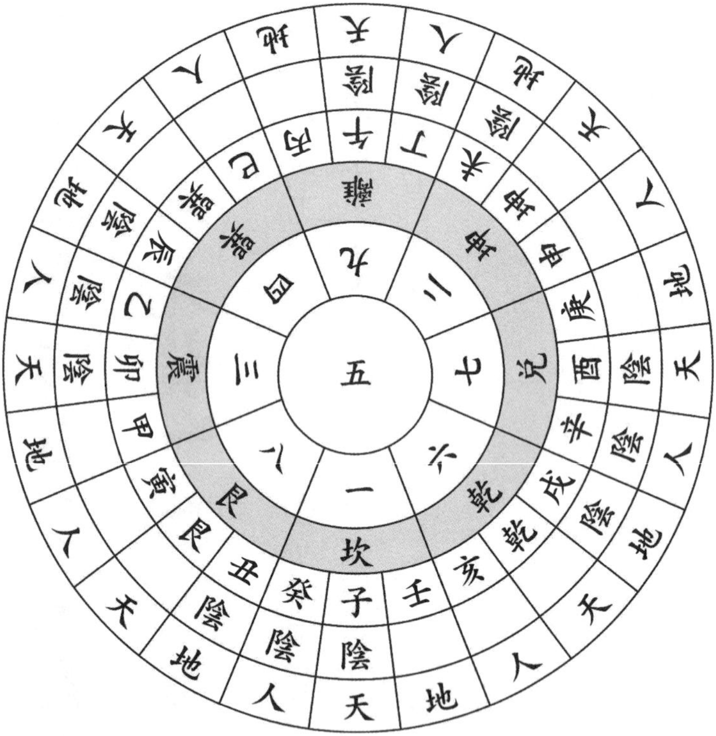

上圖為二十四山三元龍陰陽圖

圖中二十四山向，包括了十二個地支、八個天干、四個四維卦。其組成關係析述如下：

一、地支：古代羅盤上南下北，正北方由子開始順時針方向，一次空一格依序排入丑、寅、卯、辰、巳、午、未、申、酉、戌、亥。十二地支便構成二十四山的基本十二山。

二、天干：接著在四正位東西南北上面，嵌入甲乙在東方，丙丁在南方，庚辛在西方，壬癸在北方，由東而南至西到北也是順時針依序填入剛剛地支的空格處；戊與己因為在中央五中宮故不在其中。

三、四維：四維即四隅卦就是四個角落，西北方是乾、東南方是巽、東北方是艮、西南方是坤。注意這裏四正卦坎離震兌不替用，保留原有子午卯酉為主。

接著下來要探討各山的陰陽屬性，這將牽涉到挨星順飛逆飛問題，也會涉及吉凶禍福之變化。古人將周天八卦宮位，以一卦管三山，其中四正卦之左皆為陰；四維卦之左皆為陽。這是依順時針方向來看陰陽，所以一卦管三山中各有陰陽陽與陽陰陰兩種變化，八卦合計共十六種吉凶變化。

接著我們來看八卦與二十四山的關係：

第一類、四正卦：其卦宮為東方震卦宮，南方離卦宮，西方兌卦宮，北方坎卦宮，剛好呈現十字型。四正卦宮順時針方向三個山的地、天、人三元龍陰陽是：陽陰陰。譬如坎卦宮順時針方向的三個山依次是壬、子、癸，壬為陽，子、癸為陰，其它四正卦宮盡皆如是。

第二類、四維卦：其卦宮為西北乾卦宮，西南坤卦宮，東北艮卦宮，東南巽卦宮，剛好呈現╳字型。四維卦宮順時針方向三個山的地、天、人三元龍陰陽是：陰陽陽。譬如巽卦宮順時針方向的三個山依次是辰、巽、巳，辰為陰，巽、巳為陽，其它四維卦都是一樣。兩類卦型參考白鶴鳴大師網站圖示如下：

下面就將四正卦、四維卦與三元龍陰陽關係表解如下，以供參考：

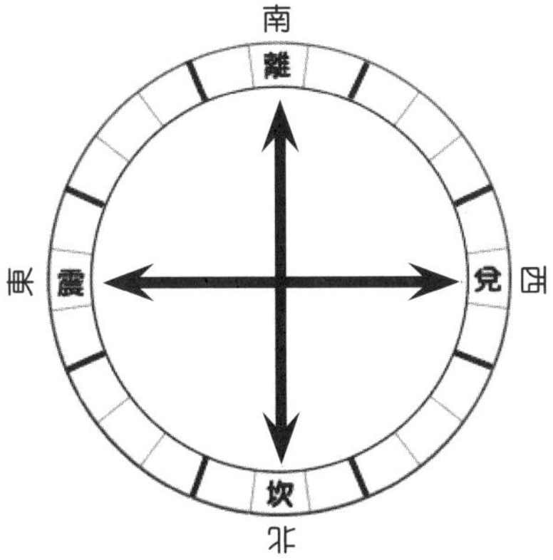

四正卦（陰陰陽）

卦宮	地元龍陽	天元兼人元龍陰陰
坎卦	❶壬山丙向	❷子山午向　❸癸山丁向同
震卦	❼甲山庚向	❽卯山酉向　❾乙山辛向同
離卦	⓭丙山壬向	⓮午山子向　⓯丁山癸向同
兌卦	⓳庚山甲向	⓴酉山卯向　㉑辛山乙向同

四維卦（陽陽陰）

卦宮	地元龍陰	天元兼人元龍陽陽
艮卦	❹丑山未向	❺艮山坤向　❻寅山申向同
巽卦	❿辰山戌向	⓫巽山乾向　⓬巳山亥向同
坤卦	⓰未山丑向	⓱坤山艮向　⓲申山寅向同
乾卦	㉒戌山辰向	㉓乾山巽向　㉔亥山巳向同

我們將四正卦與四維卦組合起來就是後天八卦，一般判斷陰陽屬性，可以直接看二十四山三元龍陰陽圖（頁五〇），或熟記右表亦可推論而得知。

右表利用後天八卦和洛書數理，我們可以記憶為：

一坎、二坤、三震、四巽、五為中宮（為無）、六乾、七兌、八艮、九離。參照：

一坎、三震、七兌、九離奇數宮為陽陰陰（二十四山順時針），亦即四正卦。

二坤、四巽、六乾、八艮偶數宮為陰陽陽（二十四山順時針），亦即四維卦。

亦可以三元龍配合四正卦、四維卦來判斷。

子午卯酉屬陰，天元龍，四正卦。

乾坤艮巽屬陽，天元龍，四維卦。

辰戌丑未屬陰，地元龍，四維卦。

甲庚丙壬屬陽，地元龍，四正卦。

乙辛丁癸屬陰，人元龍，四正卦。

寅申巳亥屬陽，人元龍，四維卦。

四、如何排元旦盤、運星盤？

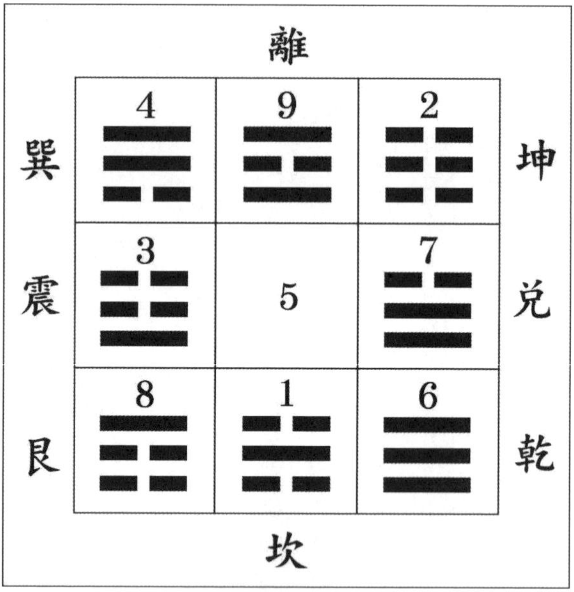

右圖為後天八卦九宮圖即元旦盤

東南 八白	南 四綠	西南 六白
東 七赤	中宮 九紫	西 二黑
東北 三碧	北 五黃	西北 一白

在知道二十四山陰陽屬性與三元龍關係後，接著就可以來排元旦盤，參見右側後天八卦九宮圖，其位置口訣如下：戴九履一，左三右七，二四為肩，六八為足，五入中宮。（代表洛書數在九宮中，上九下一，左三右七，二四為上肩，六八為下足，對照右圖即可理解）一般稱此圖為元旦盤，注意其數字順序由五↓六↓七↓八↓九↓一↓二↓三↓四↓又回到中宮，依此順序移動之軌跡，我們稱為順飛（軌跡）。而真正當下要看的是運星盤。運星，就是紫白九星，依據不同的時間進入中宮而運行稱為運星，也就是現在值幾運的星。運星盤不論陰陽，一律順飛，也就是剛剛經過的順序。如下元九運，在九紫星主宰時空，在起運星時，運星入中即九紫星進入中宮順飛。九取代五即九入中宮，一取代六即一到六乾，二取代七即二到七兌，三到八艮，四到九離，五到一坎，六到二坤，七到三震，八到四巽，這樣就完成九運的運星盤如右下圖。

五、如何排山盤、向盤？

了解元旦盤，進而排出運星盤之後，最後要排山盤與向盤並組合完成星盤圖。接著我們再來學習排山盤，以宅向坐北朝南即子山午向的山星圖為例，從九運盤中可以知道，坐山子山在坎宮，坎方挨到的星為五。壬子癸都是用五黃，挨星「五」進入中宮運行。

如上圖：

九運

午、丁（向）

南

	63 八	18 四	81 六	
東	72 七	54 九	36 二	西
	27 三	99 五	45 一	

北

子、癸（山）

這個山星「五」要寫在中宮運星「九」數字的左上方，並且用「5」阿拉伯數字代表是坐山挨星「五」進入中宮成為山星。而向前的挨星「四」代表向星，所以「九」數字右上方的「4」阿拉伯數字是向前挨星「四」進入中宮成為向星。現在我們要依據坐山山星與向前向星，以三元龍的陰陽關係來決定是順飛還是逆飛。規則是逢陽順飛，逢陰逆飛。

①山星是以房屋坐向的挨星進入中宮，九運子山午向，坐山挨星的「五」數代表九星的「五黃」，故五黃土星入中。同時根據《洛書九宮圖》的原理，數與方位配置，因為五黃本身沒有山向，五黃是中宮戊己土，那麼，五入中的順飛還是逆飛則是由挨星五所在的宮位的坐山立向的陰陽性質決定。本例子山（查頁四六陰陽圖）天元龍屬陰，故逆飛，5→4→3→2→1→9→8→7→6。

②向星是以房屋朝向方位挨星入中宮，向前挨星的「四」數代表九星的「四綠」，4入中，依數與方位配置，4屬巽宮，立的是午向，午為天元龍，對應巽宮的天元龍為「巽」，巽屬陽，故由4入中後順飛八宮。

③組成星盤圖，當排好向盤，此時運盤在下，山盤在左上，向盤在右上，三者自然重疊在一起就成為九運子山午向的星盤圖。

④結論：排盤的訣竅在房屋的坐山或立向位置的挨星，對應八卦九宮圖位置，一至九中五除外，對照原本坐山立向宮位所屬三元龍種類，可查頁四六，二十四山三元龍陰陽圖，去對應挨星所在宮位相同種類三元龍，再確認陰陽的屬性。如子山為天元龍屬陰逆飛。因五黃無山向，陰陽相同。午向為天元龍屬陰，在四巽宮天元龍則屬陽順飛。

一般通書記載的二十四山下卦圖就是這樣排出來的，至於二十四山的替卦圖，以及各個宅向的吉凶禍福論斷，我們將在後面的章節再為各位做說明。下列九運二十四山下卦圖配合頁四一—四八，日出東方坐向圖，茲以左頁❶壬山丙向為例說明，其中　即為日出東方位置，九宮格下中五為坐山，九宮格上中四為立向，亦結合頁五四的四正卦、四維卦與三元龍陰陽關係表，黑圈數字代表二十四山編號，讀者可以配合本書二十四山各宅向解說來參考。

❶壬山丙向

向

45 八	99 四	27 六
36	54 九	72 二
81 三	18 五	63 一

坐

❷子山午向／❸癸山丁向

63 八	18 四	81 六
72	54 九	36 二
27 三	99 五	45 一

❹丑山未向

72 四	99 六	54 二
27 八	36 九	45 一
18	63 三	81 五

❺艮山坤向／❻寅山申向

81 四	63 六	18 二
45 八	36 九	27 一
54	99 三	72 五

❼甲山庚向

45 六	99 二	81 一
27 四	72 九	36 五
63 八	54	18 三

❽卯山酉向／❾乙山辛向

18 六	54 二	63 一
36 四	72 九	27 五
81 八	99	45 三

❿辰山戌向

63 二	72 一	36 五
27 六	81 九	54 三
45 四	99 八	18

⓫巽山乾向/⓬巳山亥向

18 二	99 一	45 五
54 六	81 九	27 三
36 四	72 八	63

⓭丙山山壬向

36 一	81 五	18 三
27 二	45 九	63
72 六	99 四	54 八

⓮午山子向/⓯丁山癸向

54 一	99 五	72 三
63 二	45 九	27
18 六	81 四	36 八

⓰未山丑向

18 五	36 三	81
54 一	63 九	72 八
45 二	99 六	27 四

⓱坤山艮向/⓲申山寅向

27 五	99 三	45
72 一	63 九	54 八
81 二	36 六	18 四

❶⑨庚山甲向

81 三	45	36 八
63 五	27 九	72 四
18 一	99 二	54 六

⑳酉山卯向／㉑辛山乙向

54 三	99	18 八
72 五	27 九	63 四
36 一	45 二	81 六

㉒戌山辰向

81	99 八	54 四
45 三	18 九	72 六
63 五	27 一	36 二

㉓乾山巽向／㉔亥山巳向

36	27 八	63 四
72 三	18 九	45 六
54 五	99 一	81 二

參、宅斷篇

一、三元玄空挨星大卦九運陽宅詳解

（一）壬山丙向　地元卦　下卦

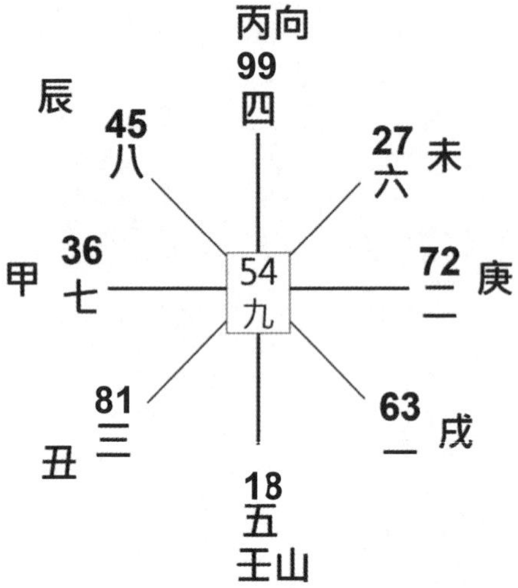

	東南	南	西南	
	辰	丙	未	
日出東方	甲		庚	西
	丑	壬	戌	
	東北	北	西北	

	巽	離	坤	
	4 八	9 四	2 六	
震	3 七	5 九	7 二	兌
	8 三	1 五	6 一	
	艮	坎	乾	

（通書）

壬山丙向：下卦

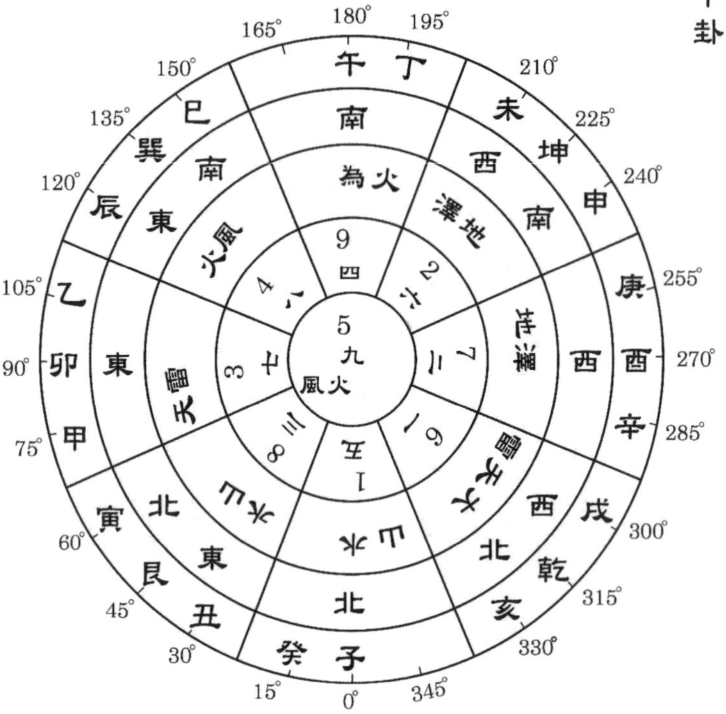
180°
195°
210°
225°
240°
255°
270°
285°
300°
315°
330°
345°
0°
15°
30°
45°
60°
75°
90°
105°
120°
135°
150°
165°
午
丁
未
坤
申
庚
酉
辛
戌
乾
亥
子
癸
丑
艮
寅
甲
卯
乙
辰
巽
巳
南
西南
西
西北
北
東北
東
東南
5
九
9
四
2
六
7
二
6
一
1
五
8
三
3
七
4
八

壬山丙向：地元卦　下卦

首先要為您介紹「玄空大卦」九運壬山丙向的格局，就是坐北朝南的格局。

如果您家的房子，太陽是從左邊出來，右邊西下的話，就是坐北朝南。因為一卦管三山，所以坐北朝南，有三種山向：第一是地元卦壬山丙向，第二是天元卦子山午向，第三是人元卦癸山丁向。現在就請您跟我們一起來研究九運壬山丙向（坐北朝南）的格局。

首先還是麻煩朋友們翻開正福堂蔡炳圳七政經緯的通書（以下簡稱通書），特八六頁。我們先了解壬山丙向是屬於地元卦。

九運令星入宮之後，一律順飛，每一個宮位它所挨到的星就稱為挨星，九入中宮，一到乾，二到兌，三到艮，四到離，五到坎，六到坤，七到震，八到巽。

坐山坎宮壬方（北方），挨星是五，五為陽土，所以入中之後順佈九宮。（因此它的飛法是5、6、7、8、9、1、2、3、4）。

向前離宮丙方（南方），挨星是四，四為辰，屬陰，所以入中之後逆佈九宮（所以它是4、3、2、1、9、8、7、6、5這樣飛）。

坐山壬方（北方），父母的三般卦是18五，水星8退氣，山星1為生氣星，又為零神位衰氣方，如果坐後有靠，（有秀山或高大的建築物）就可以旺人丁，又可以阻斷北方的衰氣，讓南方的旺氣迴風入堂來。18五，為一白水八艮土，為土剋水，不利中男。

向前丙方（南方）是99四，當令旺氣的雙星到向。所以乾宮戌方、震宮甲方、離宮丙方合成3、6、9父母三般卦，為離宮打劫局，就會旺在上、中、下三元的甲辰到甲寅這二十年。尤其向前有水，水外又有朝山，就可旺財又旺人丁。99四，《玄空祕旨》有云：「火曜連珠相值，青雲路上逍遙。」

四九木火通明，當其旺，家出聰明之士。

艮宮丑方（東北方）是81三，丁星8已退氣，水星1逢生氣，所以這裡宜低不宜高，有水次運還是會續旺。81同宮，土剋水，損中男。

震宮甲方（東方）是36七與坤宮未方（西南方）27六的水星都已退氣，而且都與挨星犯交劍煞（因為6、7都屬金），主興多劫掠，意思就是容易有刀劍、血光之災。所以此方宜高不宜低。36同宮，金剋木。主勾心鬥角，是非日有，三震木為長男，被金剋，故亦主長男受災。《玄空祕旨》有云：「足以金而蹣跚。」《飛星賦》云：「三逢六，患在長男。」27同宮，土生金。《玄機賦》云：「若坤配兌女，則庶妾難投寡母之歡心。」主婆媳不和。

乾宮戌方（西北方）是63一，為金木相剋，主刀傷、頭痛、是非。此方一白文昌星與丁星六白武曲星組合，大利文昌，可當書房。

最後，山星5入中宮，順佈九宮，所以全盤丁星犯伏吟（回到原來的宮位，意思是6到六乾宮，7到七兌宮，8到八艮宮、9到九離宮，1到一坎宮、2到二坤宮、3到三震宮、4到四巽宮）。丁星犯伏吟則不利人丁，而且離、坤、兌、與中宮，陰神滿地成群。《玄空祕旨》有云：「陰神滿地成群，紅粉場中空快樂。」

◎結　論：

一、綜合以上的分析，可以發現壬山丙向的坐山是一坎宮，本該旺於上元一運，但因為九運向前當運的旺星雙星到向，合離宮打劫。加上坐山坎方山星又逢生氣，所以不僅旺在上元一運，連下元九運（也同旺）。如果外局的山情與水意相符合，一樣可以旺財又旺丁。

二、九運壬山丙向下卦的格局很特殊，在巽、離、坤、兌四個陰卦的宮位，山、向飛星都值2、4、7、9，陰星滿盤。而在乾、坎、艮、震四個陽卦的宮位，都逢1、3、6、8等陽神滿盤。遇到這種特殊格局的陽宅，要特別注意維持夫妻之間的感情。《玄空祕旨》云：「夫婦相逢於道路，卻嫌阻隔不通情。」尤其是男生的臥房或起居室忌在陰卦的四個宮位。《玄空祕旨》亦云：「陰神滿地成群，紅粉場中空快樂。」所以特別要注意男人出門在外的交際應酬，預防常出入風月場所而流連忘返。

三、九運中，九紫為當令的旺氣星，旺方為南方；一白二黑為未來的生氣星；八白則為退氣星；七赤為衰氣星；三碧六白為死氣星；四綠五黃為煞氣星，最凶。

四、九運壬山丙向下卦，山星五入中，順飛，因此丁星全盤犯伏吟，不利人丁，最好要改宅運才好，否則必有災殃。

五、九運壬山丙向下卦，為離宮打劫，未、辰方可當城門，開未方27六門，利人丁。

六、城門，即陽宅之門、氣口、門路。若飛星為陰，逆飛，必是令星到城門。天元卦、人元卦的挨星若是一、三、七、九，都屬陰，飛到氣口，便合城門訣。地元卦的挨星若是二、四、六、八，都屬陰，飛臨氣口，便合城門訣。城門更要重視得運與否，得令為吉，失令為凶。

七、門開在離宮99四，為喜氣連添。未方27六可當城門訣，（但六七組合為交劍煞，有刀劍之傷等，故為實際不可用之城門訣，因此不宜開門。辰方45八，挨星雖為八，但45為毫無生氣之門，糧艱一宿，所以也不宜開門。）

八、坐山，18五，向首99四，此坐向為丁位伏吟（即丁星與元旦盤一樣），不利人丁。

九、向首99四、中宮54九，皆為四九木火通明，利聰明才智。

十、九運：

9最吉，為大財星

1是次財星

2為病符、衰星

3為口舌、官非

4為文昌

5為五黃大煞，大凶

6為武貴

7為賊星，在丁位有意外，在財位主耗財

8為退氣星

十一、另外每個房間也可以畫成九宮格來論。

十二、陽宅年支（亥卯未）年，南方忌動土裝修，大門最忌。亥卯未年三殺方在西方，忌動土裝潢修造。

(二) 壬山丙向　地元卦　起星

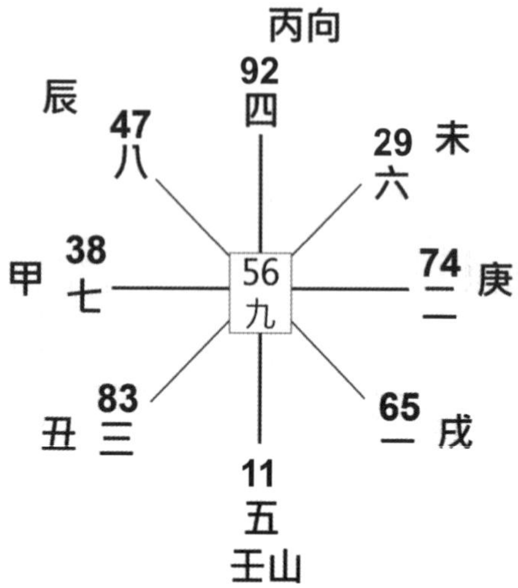

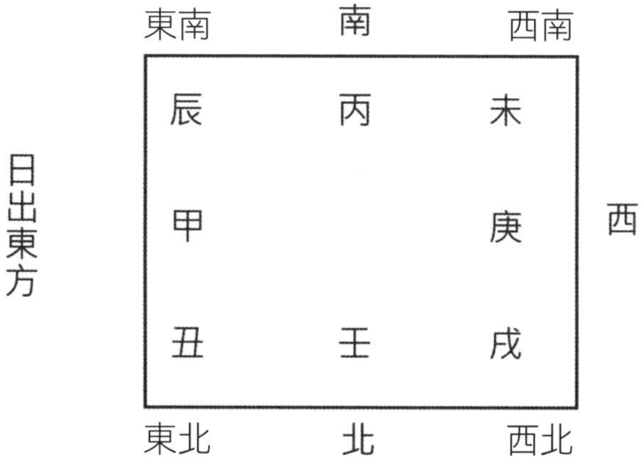

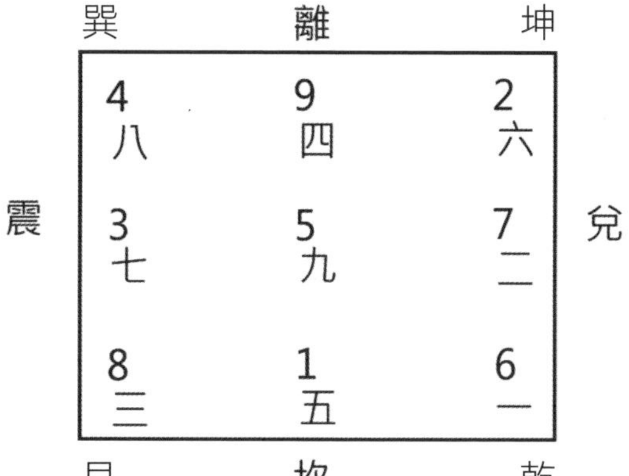

（通書）

壬山丙向：起星

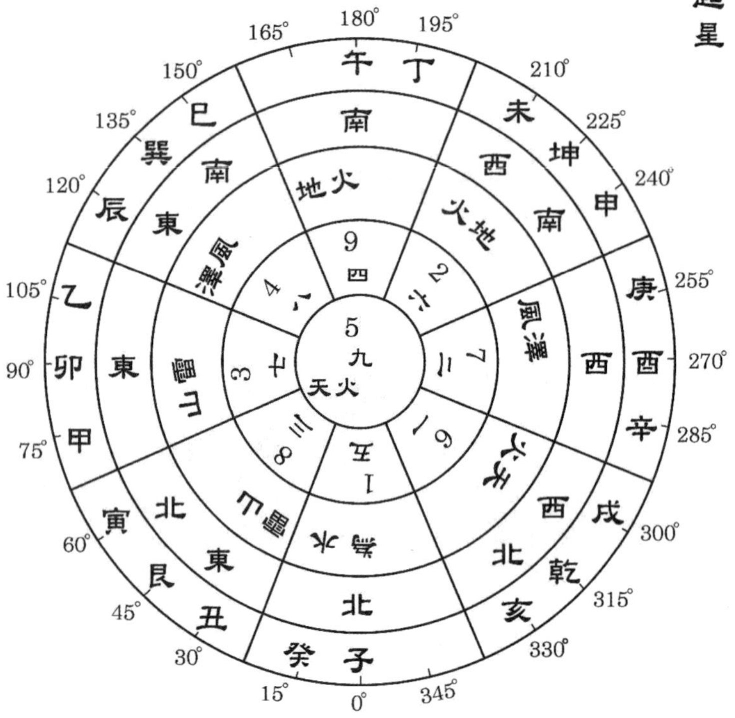

育林出版社

壬山丙向：地元卦　起星

接著要為您介紹「玄空大卦」九運壬山丙向起星的格局，就是坐北朝南起星的格局。

如果您家的房子，太陽是從左邊出來，右邊西下的話，就是坐北朝南。因為一卦管三山，所以坐北朝南就有三種山向。第一是地元卦壬山丙向，第二是天元卦子山午向，第三是人元卦癸山丁向。我們已經介紹過壬山丙向下卦的部分，就是楊公所謂的「三七相兼」在坐山中間那九度之間，就要用下卦，而我們現在要為您介紹壬山丙向起星的部份，就是楊公所謂「二八相兼」就是在每坐山中央九度之外的左右孤虛線上，就要用起星。現在就請您跟我們一起來研究看看。

首先還是麻煩朋友們翻開正福堂的通書，特八七頁。我們一樣先了解壬山丙向是屬於地元卦。

九星令星入宮，一律順飛，每一個宮位它所挨到的星就稱為挨星，九入中宮，一到乾，二到兌，三到艮，四到離，五到坎，六到坤，七到震，八到巽。

坎宮壬山（北方）挨星是五，五是陽土，所以入中之後順佈九宮（因此它的飛法是5、6、7、8、9、1、2、3、4）。

向前離宮丙方（南方），挨星是四，四巽宮的地元卦為辰，辰屬陰，但是在坤壬乙訣「二八相兼」的地方，不用四，要用六來代替（這裡請注意：陰陽要用原來的辰，辰屬陰，只是數字變了），因此6入中宮之後就逆佈九宮，所以它是6、5、4、3、2、1、9、8、7這樣飛。

坐山壬方（北方）父母的三般卦是11五，兩個生氣星1到坐山，又是零神位，所以坐後要有山，山外再有水，因為是零神位衰氣方，所以有山就可以阻擋來自北方的衰氣，引來南方的旺氣。11同宮為比和，得運為財丁兩全。《玄機賦》云：「坎宮缺陷而墮胎」，因此坎方若有硬劫，易不孕、流產。

向前丙方（南方）是92四，當令的山星9到向前，所以向前如果有山來朝揖，就可以補丁星下水之凶。但山形要秀麗才好，山形不佳，反出蠢丁。92同宮，火土相生，得令旺丁，當其衰，婦生愚子。《玄空祕旨》：「陰神滿地成群，紅粉場中空快樂。」又云：「火見土而出愚鈍頑夫。」

坤宮未方（西南方）是29六，水星9為當令的財星，所以這裡有水的話，當運會大發財祿。29同宮，當令主旺丁。

向前兩旁巽宮（東南方）47八，與坤宮（西南方）29六，都符合城門訣。城門訣有兩個條件：第一、要在向的左右兩旁。第二、挨星要屬陰的（因為挨星六乾地元卦是戌屬陰，與八艮的地元卦是丑也屬陰），但是因為當城門要低，所以只能用虎邊。因為坤宮未方（西南方）29六，水星9當令，所以這裡不能有山，要有水。如果有水交三叉，或在此開門納南方之旺氣，就可大發財祿，也不會損丁敗財。巽宮47同宮，七兌金剋四巽木，失令主姑媳不和。《飛星賦》云：「辰酉兮，閨幃不睦。」

坎宮（北方）11五，挨星五入中宮，所以全盤丁星犯伏吟（意思就是6到六乾宮、7到七兌宮、8到八艮宮、9到九離宮，1到一坎宮、2到二坤宮、3到三震宮、4到四巽宮）。丁星犯伏吟，主損人丁，吉凶的應驗會很快。

兌宮（西方）是74二，7兌金來剋4巽木，所以此方不適合當女生的房間來使用，否則會妯娌不和。《玄空祕旨》云：「破軍居巽位，顛疾瘋狂。」因為破軍是7，巽是4，4巽木入七兌宮，7兌金來剋4巽木。所以也會有精神狀態的問題。

再看震宮（東方）是38七，艮宮（東北方）是83三，8是退氣星，83三又犯伏吟。因為3震為長男，8艮為少男，所以此方若為男生房間，易造成兄弟不睦。《玄空祕旨》有云：「艮傷殘而筋枯臂折」因為8艮土被3震木來剋。《玄空祕旨》又云：「八逢三四損小口。」因為8艮土逢3震木、4巽木來剋，所以《玄空祕旨》才會如此論述。38同宮，不利少男。

◎結　論：

第一、壬山丙向起星向的兩邊都適合當城門，虎邊未方29六，水星當令，而龍邊辰方47八，水星退運，所以宜高不宜低，因此我們也只能取虎邊（未方）29六來當城門。

第二、右手邊兌宮庚方，飛星是74二，因為7兌是少女，4是長女，7兌又跟宮位犯伏吟，所以此方也不適合當女生的房間來使用，容易造成妯娌不合。

第三、震宮38七以及艮宮83三，飛星都是3、8相剋，所以容易造成兄弟不睦，尤其是艮宮83三，三震又犯伏吟，八艮又跟宮位伏吟，所以《玄空祕旨》云：「八逢三四損小口。」所以此方也不適合當小朋友的房間來使用。

第四、壬山丙向下卦與起星的差別在哪？壬山丙向下卦的中宮是54九，而壬山丙向起星的中宮是56九，因為坤壬乙訣有談到在九度以外的孤虛線，是不用4，要用6來代替，所以壬山丙向起星的中宮就要變成56九。

第五、壬山丙向下卦向前是99四（雙星到向），坐山是18五（山星是生氣星）

但壬山丙向的起星，向前是92四，虎邊是29六，當運的山星與水星都到向前，所以虎邊要有水，向前水外還要有朝山，就能旺財又旺丁。

第六、壬山丙向起星坐山是11五，兩個生氣星到坐後，又是零神位，所以坐後要有山，山外再有水，就可以擋住來自北方的衰氣，引來南方的旺氣。

第七、九運壬山丙向起星的格局為全盤丁星犯伏吟，吉凶的應驗快且重，主敗丁。現在人重財又不想多生小孩，不怕丁星伏吟，但如果向前有水，水外有山還可以旺人丁，可補丁星伏吟之不吉。

（三）子山午向　天元卦　下卦

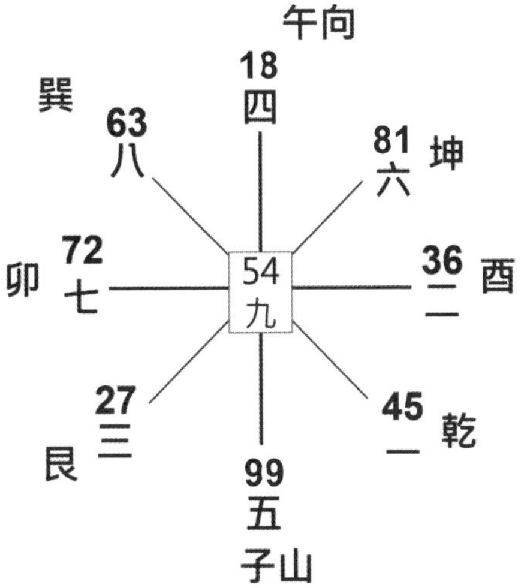

日出東方

	東南	南	西南	
	巽	午	坤	
東	卯		酉	西
	艮	子	乾	
	東北	北	西北	

	巽	午	坤	
	6 八	1 四	8 六	
卯	7 七	5 九	3 二	酉
	2 三	9 五	4 一	
	艮	子	乾	

（通書）

子山午向：下卦

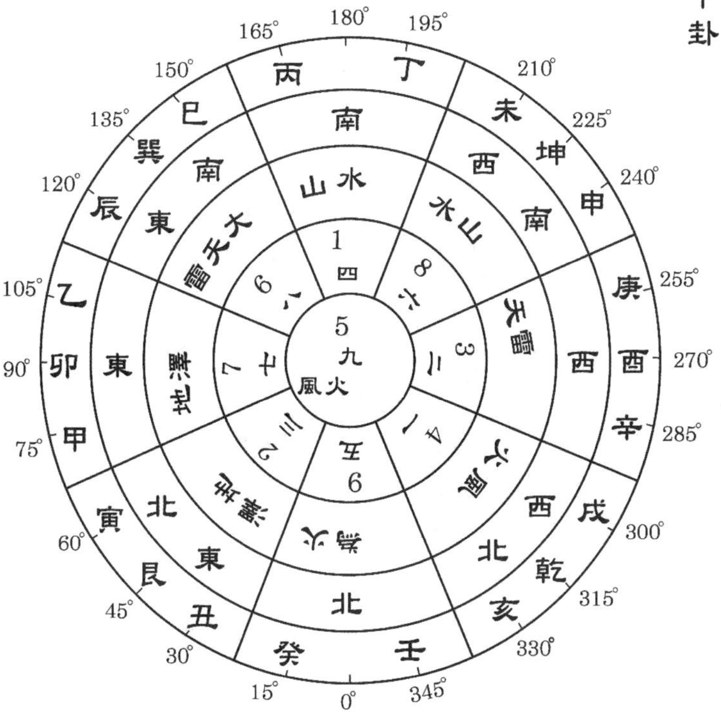
180°
165°
195°
150°
210°
135°
225°
120°
240°
105°
255°
90°
270°
75°
285°
60°
300°
45°
315°
30°
330°
15°
345°
0°
丙
丁
巳
未
巽
坤
辰
申
乙
庚
卯
酉
甲
辛
寅
戌
艮
乾
丑
亥
癸
壬
南
東南
西南
東
西
東北
西北
北
5
九
1
四
8
六
3
二
4
一
6
五
2
三
7
七
9
八

※九運子山午向下卦與癸山丁向下卦星盤相同

子山午向：天元卦　下卦

繼續要為您介紹「玄空大卦」九運子山午向下卦的格局，就是坐北朝南的房子。

如果您家的房子，太陽是從左方升起，下午是在右方西下的話，那就是坐北朝南。

因為一卦管三山，所以坐北朝南就有三種不同的山向。第一是地元卦壬山丙向，第二是天元卦子山午向，第三是人元卦癸山丁向。因為天元卦與人元卦的陰陽相同，所以吉凶同論。現在就請您跟我們一起來研究九運子山午向下卦的格局。

首先還是麻煩朋友們翻開正福堂的通書，特八八頁。

九星令星入宮之後，一律順飛，每一個宮位它所挨到的星就稱為挨星，九入中宮，一到乾，二到兌，三到艮，四到離，五到坎，六到坤，七到震，八到巽。

坐山坎宮北方挨星是五，五是陰土，所以入中之後逆佈九宮（因此它的飛法是5、4、3、2、1、9、8、7、6）

向前離宮午方（南方）挨星是四，四為巽，屬陽，所以入中之後順佈九宮（因此它是4、5、6、7、8、9、1、2、3這樣飛）

坐山子方（北方）父母三般卦是99五，當運的山星與向星到坐，五又是零神位，所以坐後有靠山，又有水來環繞，就可補雙星的旺氣，旺財又旺丁，而且又能夠阻斷衰氣，迎來南方的旺氣入堂來。坐山99五，為財星上山，若坐後只有山而無水，則為旺丁不旺財；若坐後只有水而無山，則為旺財不旺丁。

向前離宮午方（南方）是18四，丁星1逢生氣，1貪狼入四巽得一四同宮，可惜財星8已退氣，所以向前如果有文筆山來朝拱，就可以旺人丁兼發科名。《紫白訣》云：「四一同宮，準發科名之舉。」此方宜當書房使用。

再看坤宮（西南方）是81六，水星1是生氣星，父母的三般卦，是一、六、八，三吉星同宮，所以這裡有水，交三叉的話，不但可以發財又發貴。此方財星一白文昌星與運星六白武曲星組合，大利文昌，可當書房。

震宮（東方）是72七，艮宮（東北方）是27三，7為退氣星，所以《玄空祕旨》有云：「庶妾難得寡母之歡心。」因為7兌為少女，2坤為老母，所以《玄空祕旨》才會如此論述。震宮72七，7赤丁星為衰死之星，因此室外不宜有高山或高樓，否則主損丁。震宮（東方）72七，山星又犯伏吟，所以宜通不宜實，意思是要空曠低窪才好。

艮宮27三，三7組合為金剋木，為穿心煞。《紫白訣》云：「三七疊至，被劫盜更見官災。」此方不宜見水，主損財。三7又為凶星，《飛星賦》有云：「須識七剛三毅，剛毅者，制則生殃。」因為7是破軍星，屬金，屬陽剛，三是祿存星，屬木，三、七會形成金木戰剋，主盜賊與訴訟官災等事。

酉宮（西方）是36二，水星6已退運了，所以不能低窪有水，《飛星賦》有云：「頭響兮六三。」所以這裡有水的話，會有頭痛的疾病。因為六為乾，屬金，三屬木，金會剋木。

乾宮（西北方）是45一，4和5已經退元運了。《飛星賦》有云：「乳癰兮四五」，所以這裡也不適合婦女朋友們當房間來使用。45一為文昌位。

巽宮（東南方）是63八，6為中元退運星，所以此方宜通不直實。《飛星賦》有云：「壯途躓足。」所以此方有山，恐怕會影響前途。63為金剋木，當其衰，或有兵刀之苦或傷足。《玄空祕旨》有云：「雷風金伐，定被金傷。」又云：「足以金而蹣跚。」

中宮54九，為四九同宮，木火通明。利聰智生財，有小聰明。

◎結　論：

第一、有風水概念的朋友都曉得子山午向的先天卦就是坐坤向乾，坤卦中有「乾爻」就變為坎；乾卦中有「坤爻」就變為離。所以古代建築不管是三合院、四合院都採坐先天坤卦（坤為地），收向前，乾為天的旺氣。用「坐山」擋住北方吹來的寒氣，讓左廂房和右廂房跟向前寬闊的庭院，來接收夏天南方吹來清爽的涼風。

第二、但是現代的房子，由於土地取得不易，不管是城市或鄉鎮，到處都是大樓林立，所以住大樓子山午向（坐北朝南）的房子，要如何取得像古建築的氣場呢？其實方法很簡單，只要您家屋後的大樓，比你家高，就可以阻擋北方的寒氣與九運的衰氣，至於馬路對面的房子要低，就能讓南方的旺氣迎面吹來，也不會輸給古代三合院的格局。

第三、坐北朝南的格局，太陽一定是在房子的左手邊升起，下午在右手邊西下，夏天日照的時間不長，早晚不開冷氣也會很涼爽。而且車輛都從左往右，帶來旺氣（因紫氣東來），所以現代建築如果坐北朝南也會是很棒的選擇。

第四、九運子山午向下卦，山（丁）星反吟（與元旦盤對面的星重疊），有損丁的潛在問題。

第五、乾宮45一，「一四同宮準發科名之舉」，利文昌。該宮外有山形狀如文筆，有考試佳運，可一舉成名。向前18四，一白文昌丁星與四綠文曲運星組合，為文昌位。

第六、中宮54九，「四九木火通明」，生聰明之子。

第七、開離宮午方18四門，為吉。

第八、另外，流年也要注意，風水斷事，以原星盤與流年結合，例如：癸卯年屬金箔金，九宮飛星病符位在東方，宜用葫蘆或銅製重物在東方放置避邪。西北方為五黃煞，宜用銅鑼發聲銅製物品避邪。南方為大財位，可放聚寶盆，經商者可將收銀機放在南方。癸卯年東方太歲降臨，注意東方不得動土。

（四）子山午向　天元卦　起星

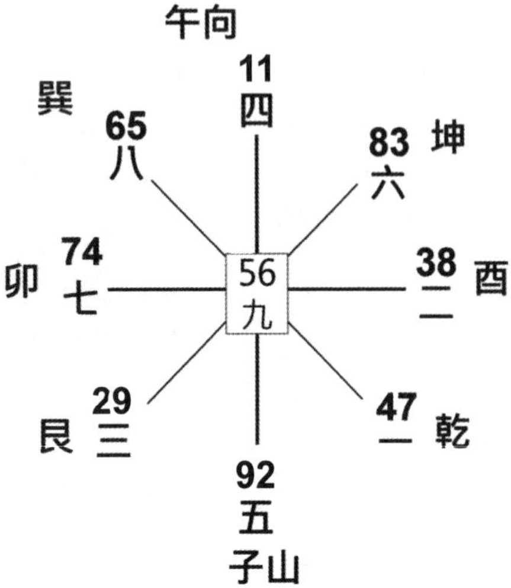

	東南	南	西南	
	巽	午	坤	
日出東方　東	卯		酉	西
	艮	子	乾	
	東北	北	西北	

	巽	離	坤	
	6 八	1 四	8 六	
震	7 七	5 九	3 二	兌
	2 三	9 五	4 一	
	艮	坎	乾	

（通書）

子山午向：起星

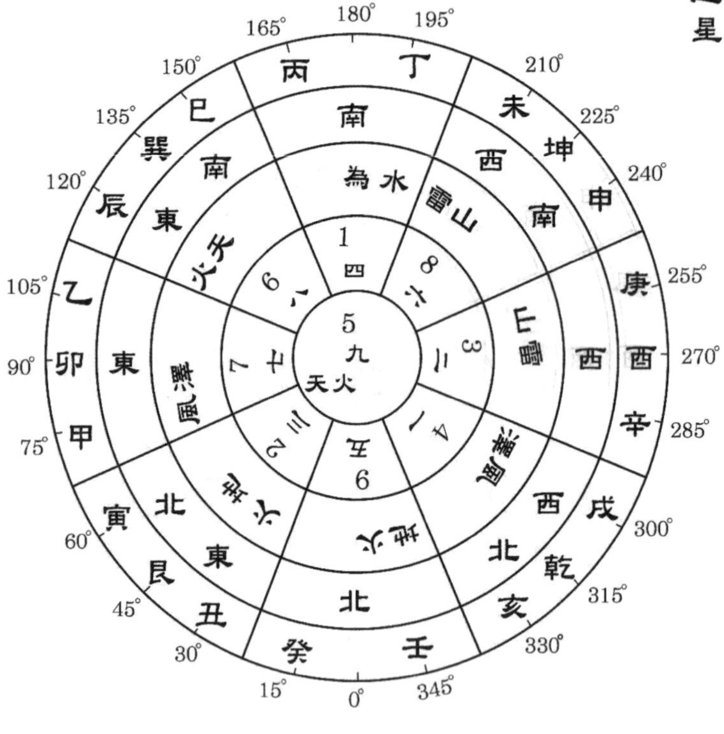
180°
195°
210°
225°
240°
255°
270°
285°
300°
315°
330°
345°
0°
15°
30°
45°
60°
75°
90°
105°
120°
135°
150°
165°
丙
丁
未
坤
申
庚
酉
辛
戌
乾
亥
壬
癸
丑
艮
寅
甲
卯
乙
辰
巽
巳
南
西南
西
西北
北
東北
東
東南
水為
山雷
雷山
澤風
火地
地火
風澤
天火
1
四
8
六
3
二
4
一
五
6
2
三
7
七
6
八
5
九
天火

子山午向：天元卦 起星

繼續要為您介紹「玄空大卦」九運子山午向「起星」的格局，就是坐北朝南起星的格局。

如果您家的房子，太陽是從左手邊升起，下午是在右手邊西下的話，那就是坐北朝南的格局。因為一卦管三山，所以坐北朝南就有三種山向。第一是地元卦壬山丙向，第二是天元卦子山午向，第三是人元卦癸山丁向。我們已經介紹過子山午向下卦的格局，就是楊公所謂三七相兼，在坐山中間那九度之間，就要用下卦，但是在楊公所謂二八相兼就是在每坐山中央九度之外的孤虛線，就要用起星的部份。現在就請您跟我們一起來研究子山午向起星的格局。

首先還是麻煩朋友們翻開正福堂的通書，特八九頁。我們一樣先了解子山午向是屬於天元卦。

九星令星入宮，一律順飛，每一個宮位它所挨到的星就稱為挨星，九入中

宮，一到乾，二到兌，三到艮，四到離，五到坎，六到坤，七到震，八到巽。

坐山坎宮子方（北方）挨星是五，五是陰土，所以入中之後逆佈九宮（因此它的飛法是5、4、3、2、1、9、8、7、6）。

向前離宮午方（南方），挨星是四，四為巽，屬陽，入中之後順佈九宮，但是坤壬乙訣有提到，起星二、八相兼的孤虛線上，不用四，因此四要用六來代替，四巽屬陽，所以入中之後順飛（所以它是6、7、8、9、1、2、3、4、5這樣飛。）

坐山子方（北方）父母三般卦是92五，當令的山星到坐山，所以坐後有山為靠，就可以旺人丁。子方又是零神位衰氣方，所以有山可以阻斷來自北方的衰氣，引來南方的旺氣。92同宮，火土相生，得令出秀士、旺丁。

向前午方（南方）是11四，兩個生氣星到向前，丁星1逢生氣，1貪狼入四巽，得一四同宮（四綠會文昌星），所以向前有水，水外如果有文筆山來朝拱，次運就可以發財又發貴。符合《玄機賦》所云：「貪狼入巽宮，鳳池身貴。」

艮宮（東北方）是29三，9為當令的財星，所以這裡不宜高，有水的話當運可以旺財祿。

巽宮（東南方）是65八，震宮（東方）是74七，震、巽方的山星都已經退氣了，所以此兩方如果高聳的話，會不利人丁。65同宮，土生金，失令主丁財兩敗。74同宮，金剋木。《玄空祕旨》：「雷風金伐，定被刀傷。」震巽遭乾兌剋，主刀傷、是非。

坤方（西南方）是83六，兌方（西方）是38二，8是退氣星，所以坤方不宜高聳，兌方不宜低窪有水。83同宮，木剋土，不利少男。《紫白訣》云：「四綠固號文昌，然八會四，而小口殞生；三八之逢更惡。」三碧是蚩尤凶星，故八白遇三碧更凶。

◎結　論：

第一、子山午向的起星與壬山丙向的起星剛好是顛倒的。子山午向的起星是

（11四）生氣星雙星到向，而壬山丙向的起星，是雙星到座。

第二、子山午向的起星，向前左右兩邊是83六、65八，但六、八在天元卦都屬陽，所以不適合當城門訣。

第三、乾宮47一，震宮74七，7兌又犯伏吟，7兌為少女，4巽為長女，所以婦女也不適合在這兩個方位當房間來使用，易造成妯娌不合。

第四、兌宮38二，坤宮83六，3震為長男，8艮為少男，3震木剋8艮土，所以這兩個方位也不適合男生當房間使用，易造成兄弟不和睦的情形。

第五、九運子山午向起星，山星反吟。（反吟，指山星或向星遇五黃入中逆飛之局，飛行後的結果是星盤數字與洛書元旦盤相反，跑到了對宮。山向兩星五入中宮，順局為伏吟，逆局為反吟。）山星犯反吟伏吟易死於非命，向星則主破財。因此在擇屋建房時，宜避開反伏吟之局。

第六、艮宮29三，有水，當元可旺財。

(五) 癸山丁向　人元卦　下卦

註：與子山午向下卦相同

癸山丁向：下卦

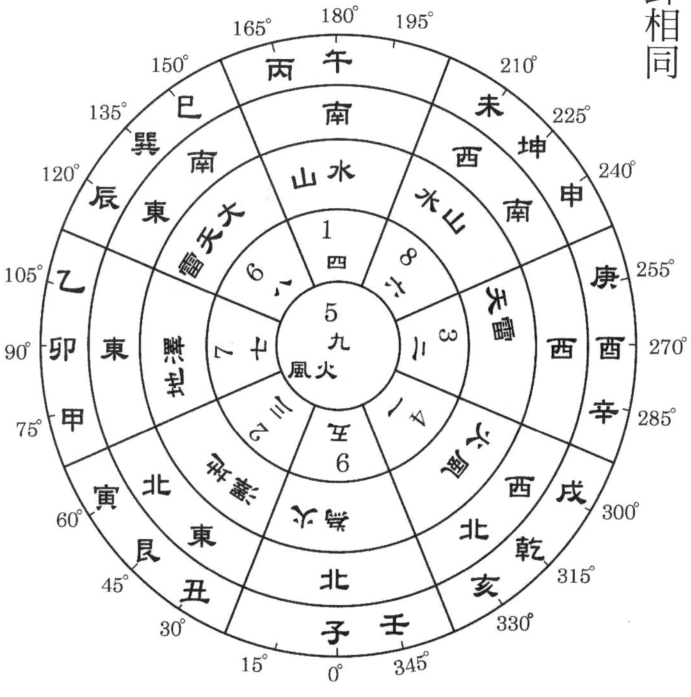

(六) 癸山丁向　人元卦　起星

註：與子山午向起星相同

癸山丁向：起星

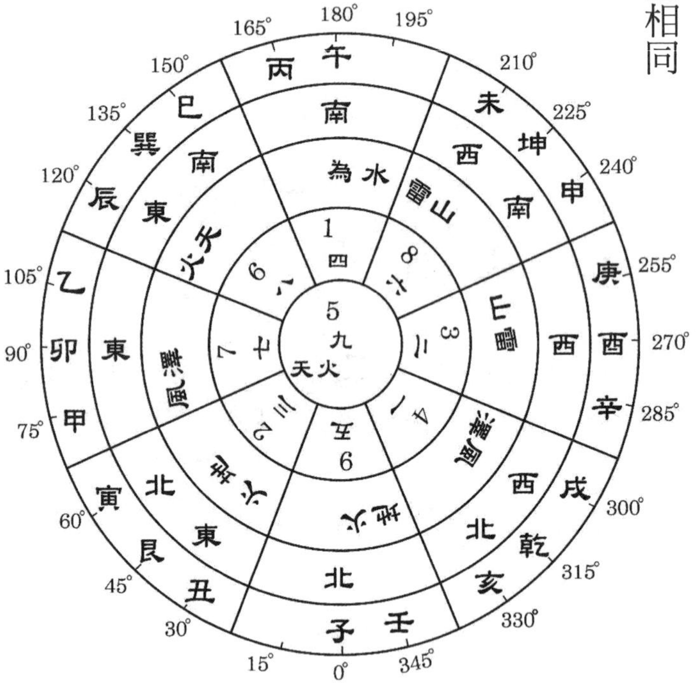

（七）丑山未向　地元卦　下卦

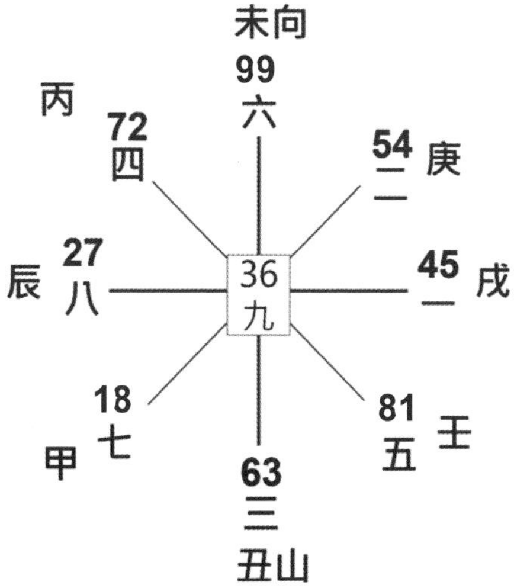

	南	西南	西	
	丙	未	庚	
東南	辰		戌	西北
	甲	丑	壬	
	東	東北	北	

日出東方

	巽	離	坤	
	2 八	7 四	9 六	
震	1 七	3 九	5 二	兌
	6 三	8 五	4 一	
	艮	坎	乾	

（通書）

丑山未向：下卦

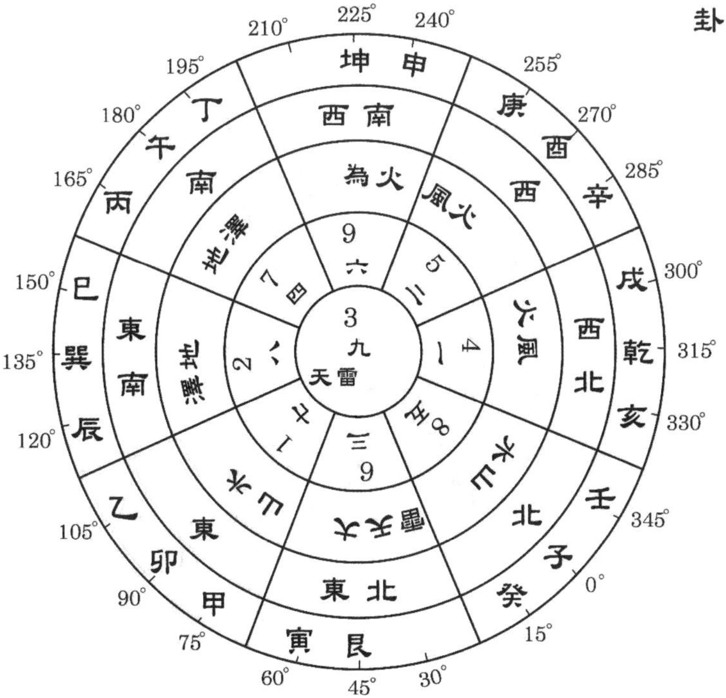

坤 申
西南
為火
風火
9
六
5
二
3
九
天雷
4
一
7
四
2
八
1
七
8
五
6
三
庚 酉 辛
西
戌 乾 亥
西北
火風
丁 午 丙
南
地澤
巳 巽 辰
東南
澤地
壬 子 癸
北
山水
乙 卯 甲
東
水山
寅 艮
東北
雷天大
210° 225° 240° 255° 270° 285° 300° 315° 330° 345° 0° 15° 30° 45° 60° 75° 90° 105° 120° 135° 150° 165° 180° 195°

丑山未向：地元卦　下卦

繼續要為您介紹「玄空大卦」九運丑山未向的格局，就是坐東北朝西南的格局。

如果您家的房子，太陽是從左後方出來，右前方西下的話，就是坐東北朝西南。因為一卦管三山，所以坐東北朝西南，有三種山向：第一是地元卦丑山未向，第二是天元卦艮山坤向，第三是人元卦寅山申向。現在就請您跟我們一起來研究九運丑山未向（坐東北朝西南）的格局。

首先還是麻煩朋友們翻開正福堂的通書，特九二頁。我們先了解丑山未向是屬於地元卦。

九運令星入宮之後，一律順飛，每一個宮位它所挨到的星就稱為挨星，九入中宮，一到乾，二到兌，三到艮，四到離，五到坎，六到坤，七到震，八到巽。

坐山艮宮丑方（東北方），挨星是三，三為甲，屬陽，所以入中之後順佈九宮。（因此它的飛法是3、4、5、6、7、8、9、1、2）。

向前坤宮未方（西南方），挨星是六，六為戌，屬陰，所以入中之後逆佈九宮（所以它是6、5、4、3、2、1、9、8、7這樣飛）。

向前坤宮未方（西南方），父母的三般卦是99六，當令旺氣的雙星到向，但是丑山未向為2、5、8的宮位，所以不符合打劫運，因為打劫運只論1、4、7宮合坎宮打劫，及3、6、9宮合離宮打劫。所以向前先有水，水外再有高山，就可以旺財又財丁。99同宮，《玄空祕旨》云：「火曜連珠相值，青雲路上逍遙。」向前99六，為山星下水，主旺財不旺丁。若宅前只有水沒有山，主旺財不旺丁。若只有山沒有水，則旺丁不旺財。

坐山艮宮丑方（東北方）父母的三般卦是63三，山星6是中元的退氣星，水星3又犯伏吟，所以有水也不宜，宜低窪通氣。坐山艮宮得雷天大壯卦，《飛星賦》有云：「壯途躓足。」所以此方易犯腳的疾病，也會影響前途。

（因為六乾金剋三震木，金剋木為鬥牛煞）63同宮，《玄空祕旨》云：「雷風金伐，定被金傷。」此方只宜當廁所或儲藏室。

坎宮壬方（北方）是81五，水星逢生氣，又是零神位衰氣方，所以此方有水就可以阻斷衰氣，引南方的旺氣入堂。81同宮，土剋水，損中男。〈竹節賦〉：「坤艮動見坎，中男絕滅不還鄉。」8白丁星退氣了，所以室外不宜有高山或大樓，否則會損丁。

震宮甲方（東方）是18七，山星1為生氣星，水星8已退氣了，所以這裡宜高不宜低窪有水，否則會敗財。8白財星退氣了，所以室外不宜見大水，否則會損財。

離宮丙方（南方）是72四，巽宮辰方（東南方）是27八，7為退氣星，所以辰方（東南方）宜高不宜低，因為水星退氣了，丙方（南方）宜低不宜高，有水次運續旺財祿。72同宮，土生金，當其旺，則田財萬貫。當其衰，陰神滿地，淫蕩無度。《玄空祕旨》云：「富近陶朱，斷是堅金遇土。」又云：「陰神滿地成群，紅粉場中空快樂。」二、四、七、九為陰神。

中宮三般卦為36九，為天雷無妄，六乾金剋三震木，所以《飛星賦》有云：「頭響兮六三」，容易犯有頭痛的毛病。兌宮（西方）得54二，乾宮（西北方）得45一，《飛星賦》有云：「乳癰兮四五」所以這兩個方位不適合當婦女的房間使用，容易有乳房方面的疾病。54二，二五交加必損主。45同宮，木剋土，失令多損財病傷。乾宮45一，為文昌位。

◎結　論：

一、未山丑向與丑山未向，在二、五、八運時都逢旺山旺向，是因為二坤在西南方，五行也屬土。八艮在東北方五行也屬土，與中宮土串連成一串都是土，所以在二、五、八土旺之運，由於地元卦丑山與未山都屬陰，山、向雙星入中後都逆佈九宮，所以山向雙星都當令大旺。而天元卦的坤山與艮山都屬陽，陽則順佈九宮，所以都是當運的九運令星顛倒的格局。

二、九運的丑山未向下卦雖然也形成雙星到向的格局，但二、五、八串成一線，不合三六九宮的離宮打劫，也不合一、四、七宮的坎宮打劫，所以中宮與坐山的吉凶不能跟向前同旺。

三、丑山未向在九運的格局也算是很特殊的坐向，在巽、離、坤、兌四陰卦的宮位，山向飛星都逢2、4、7、9陰星滿盤；而在震艮坎宮與中宮的山向，飛星都逢1、3、6、8陽神滿盤。所以跟「壬山丙向」的格局相似，容易造成《玄空祕旨》所云：夫婦相逢於道路，卻嫌阻隔不通情。或是陰神滿地成群，紅粉場中空快樂的情形，所以也要注意。

四、九運丑山未向下卦，丙、庚方可當城門訣。但開門在庚方54二，因「二五交加必損主」，所以不宜。54二向星為4，為毫無生氣入門，糧艱一宿。

五、乾宮45一，為「一四同宮準發科名之舉」，為文昌位。

六、此坐向不可打通中央，否則有兩組69，家出忤逆之兒。

（八）丑山未向　地元卦　起星

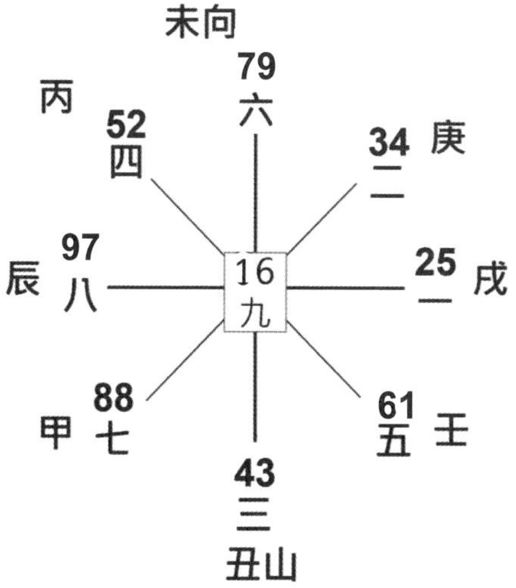

	巽	離	坤	
震	9 八	5 四	7 六	兌
	8 七	1 九	3 二	
	4 三	6 五	2 一	
	艮	坎	乾	

（通書）

丑山未向：起星

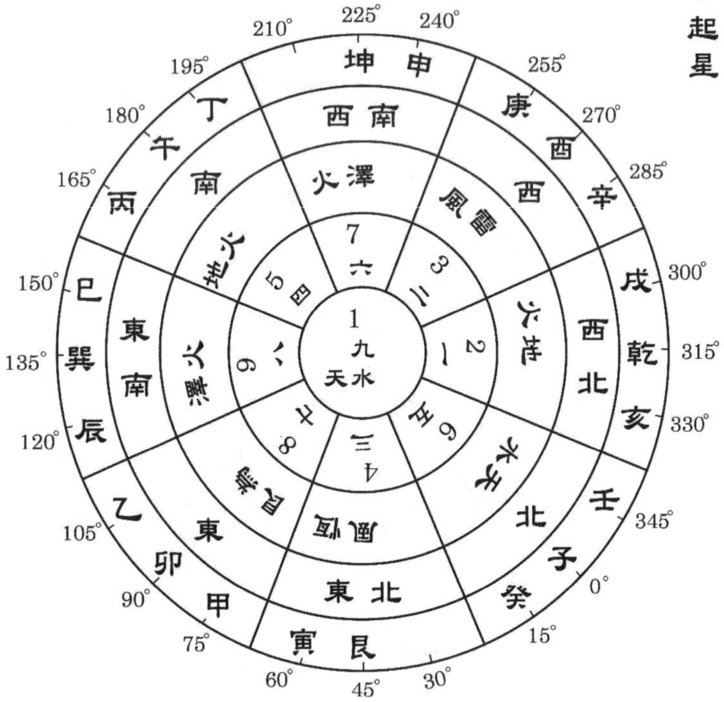
225°
240°
210°
195°
180°
165°
150°
135°
120°
105°
90°
75°
60°
45°
30°
15°
0°
345°
330°
315°
300°
285°
270°
255°
坤
申
庚
酉
辛
戌
乾
亥
壬
子
癸
艮
寅
甲
卯
乙
辰
巽
巳
丙
午
丁
西南
西
西北
北
東北
東
東南
南
火澤
雷風
火地
天水
天山
風恆
艮坤
巽火
地火
7
六
3
二
2
一
9
五
4
三
8
七
6
八
5
四
1
九
天水

丑山未向：地元卦 起星

繼續要為您介紹「玄空大卦」九運丑山未向「起星」的格局，就是坐東北朝西南的格局。

因為一卦管三山，所以坐東北朝西南就有三種山向。第一是地元卦丑山未向，第二是天元卦艮山坤向，第三是人元卦寅山申向。我們已經介紹過丑山未向下卦的部分，就是楊公所謂的三七相兼（就是在坐山中間那九度之間），就要用下卦，而我們現在與您分享的是丑山未向起星的部份，就是楊公所謂的二八相兼，就是在每坐山中央九度之外的孤虛線上，就要用起星。現在就請您跟我們一起來研究看看。

首先還是麻煩朋友們翻開正福堂的通書，特九三頁。我們一樣先了解丑山未向是屬於地元卦。

九星令星入宮，一律順飛，每一個宮位它所挨到的星就稱為挨星，九入中

宮，一到乾，二到兌，三到艮，四到離，五到坎，六到坤，七到震，八到巽。

坐山艮宮丑山（東北方）挨星是三，三為甲，屬陽，所以入中之後順佈九宮。但是在坤壬乙訣楊公所謂二、八相兼的地方，是不用三的（只用一、二），所以這裡要用1來代替3（因為甲子申、貪狼一路行，因此它的飛法是1、2、3、4、5、6、7、8、9）。

向前坤宮未方（西南方），挨星是六，六為戌，屬陰，所以入中之後逆佈九宮（所以它是6、5、4、3、2、1、9、8、7這樣飛）。

向前坤宮未方（西南方）父母三般卦是79六，當令的財星9到向，所以如果向前有水的話，就可以旺財祿。但是挨星是六乾，山星是7兌，水星是9離，所以容易會有愛出入風月場所，江湖花酒的嗜好。因為《玄空祕旨》有云：「午酉逢而江湖花酒。」午酉逢就是指九與七同宮，火剋金，主貪花戀酒。79同宮，《紫白訣》云：「七九合轍，常招回祿之災。」7為先天火（27河圖生成數為火），9為後天火（洛書數9紫為火），79穿途定遭回祿之災。

巽宮辰方（東南方）是97八，山星9當運，所以這裡宜高不宜低，水星7已經退氣了，所以有水反而會發凶。

坎宮壬方（北方）是61五，山星6已經退氣了，水星1逢生氣，又是零神位的衰氣方，所以這裡有水就可以阻斷北方的衰氣，引南方的旺氣入堂來，次運還可續發財祿。61同宮，《玄空祕旨》有云：「虛聯奎壁，啟八代之文章。」蓋因一六共宗水，水主發秀。

震宮甲方（東方）是88七，七兌金跑到三震宮，金剋木叫鬥牛煞。8已經退氣了，又犯伏吟，八白土生七兌金，但剋三震木的宮位，所以容易會有腰酸背痛的現象。《玄空祕旨》有云：「艮傷殘，筋枯臂折。」《玄空祕旨》又云：「離鄉砂見於艮位，定遭驛路之亡。」所謂離鄉砂，就是指左右龍虎砂往外開，向外反走或反抱的，叫離鄉砂。此方8已經退氣了，又犯伏吟，所以這裡有離鄉砂的話，表示宅中人會有離鄉背井，客死他鄉的情形。

乾宮戌方（西北方）是25一，土來剋一坎水，離宮丙方（南方）是52四

(四巽木剋土，又是2、5交加)《飛星賦》有云：「二黑病符，五黃正煞，二五交加，併生疾病；黃遇黑出寡婦，黑逢黃出鰥夫。」(二黑病符，無論是在小運或流年，多生疾病。)《秘本云》：「二五交加必損主。」所以這兩個方位也不適合當男女主人的房間來使用，否則易成孤寡屋。

酉宮庚方34二，《飛星賦》有云：「同來震巽，昧事無常。」主出反覆怕事之人。

◎結　論：

第一、丑山未向的起星向前是79六，是當令的水星到向前，所以向前有水，可大旺財祿，亦主出人風流有江湖花酒之好，《玄空祕旨》云：「午酉逢，而江湖花酒。」可是坐山43三及其左右兩邊88七、61五，山星都已退氣，所以會敗人丁。只有在巽宮(東南方)97八，山星才逢當令，所以巽宮有山的話，就可補坐山山星人丁之不足。若巽宮無山或高地來對應的話，坐山山星退氣一定會敗人丁。

第二、坐山的右邊坎宮子方，是61五，是零神位衰氣方，水星1也逢生氣，所以這裡有水，可阻斷北方的衰氣，引南方的旺氣入堂來。

第三、九運丑山未向起星，丙、庚兩方可為城門訣。但丙方52四，二黑雖為生氣，仍為病符寡宿之星，所以不宜。

（九）艮山坤向　天元卦　下卦

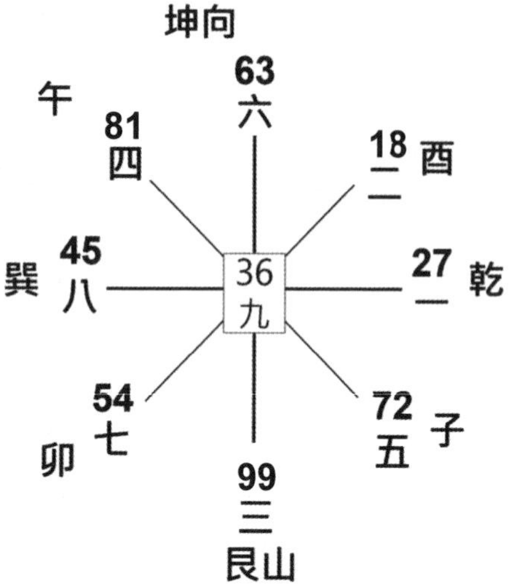

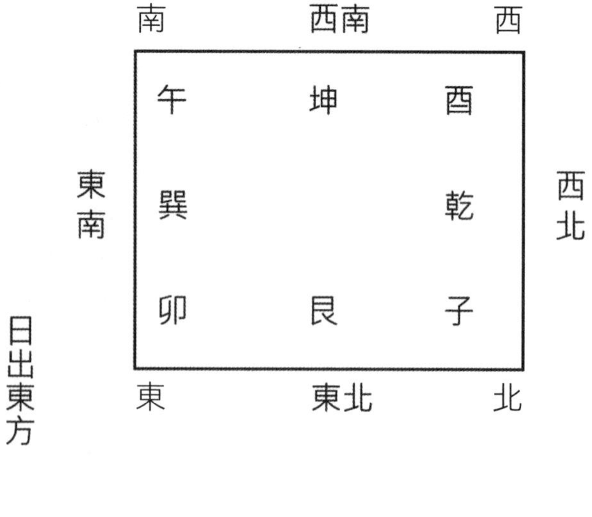

育林出版社

	巽	午	坤	
	4 八	8 四	6 六	
卯	5 七	3 九	1 二	酉
	9 三	7 五	2 一	
	艮	子	乾	

（通書）

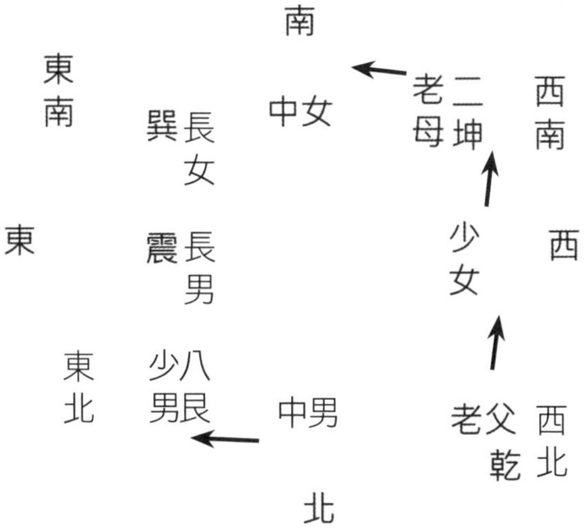

艮山坤向：下卦

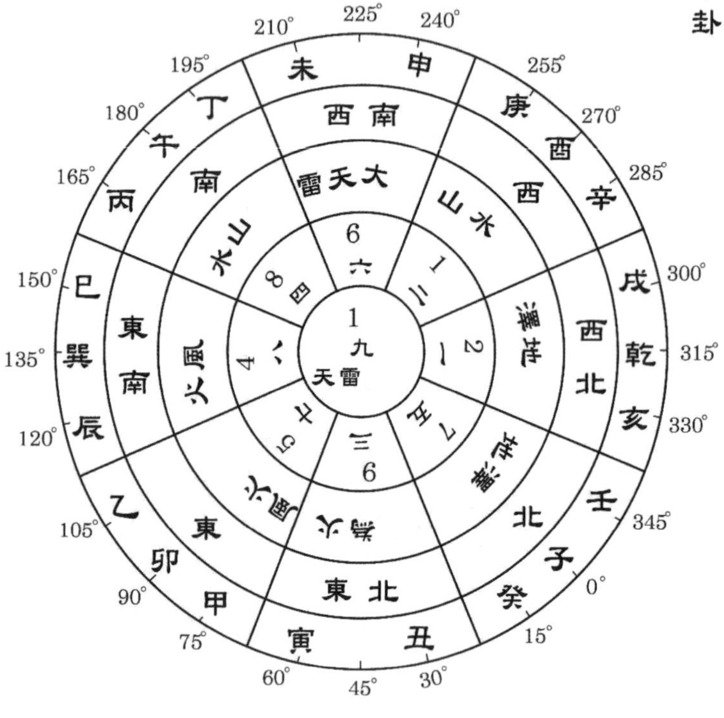

未 申 庚 酉 辛 戌 乾 亥 壬 子 癸 丑 寅 甲 卯 乙 辰 巽 巳 丙 午 丁
西南 西 西北 北 東北 東 東南 南
210° 225° 240° 255° 270° 285° 300° 315° 330° 345° 0° 15° 30° 45° 60° 75° 90° 105° 120° 135° 150° 165° 180° 195°

艮山坤向：天元卦　下卦

繼續要為您介紹「玄空大卦」九運艮山坤向下卦的格局，就是坐東北朝西南。

如果您家的房子，太陽是從左後方升起，下午是在右前方落下的話，那就是坐東北朝西南。

因為一卦管三山，所以坐東北朝西南就有三種不同的山向：第一是地元卦丑山未向，第二是天元卦艮山坤向，第三是人元卦寅山申向。因為天元卦與人元卦的陰陽相同，所以吉凶同論。現在就請您跟我們一起來研究九運艮山坤向下卦的格局。

首先還是麻煩朋友們翻開正福堂的通書，特九四頁。我們先了解艮山坤向是屬於天元卦。

九星令星入宮之後，一律順飛，每一個宮位它所挨到的星就稱為挨星，九入中宮，一到乾，二到兌，三到艮，四到離，五到坎，六到坤，七到震，八到巽。

坐山艮方（東北方）它的挨星是三，三為卯，屬陰，所以入中之後逆佈九宮，因此它的飛法是3、2、1、9、8、7、6、5、4）

向前坤方（西南方）它的挨星是六，六為乾，屬陽，所以入中之後順佈九宮（因此它是6、7、8、9、1、2、3、4、5這樣飛）

再看坐山艮方（東北方）父母三般卦是99三，當運之山星與向星雙星到坐，坐後要有靠，兼水繞玄武。因為坐山在八艮屬土，父母三般卦是99三，木火相生，再生坐山八艮土，就能夠旺財又旺人丁。

離宮午方（南方）是81四，山星8剛退氣，向星1逢生氣，貪狼又逢四巽，此方有水，在次運可發財兼發文貴，名揚科第。

西方（西方）是18二，水星8已退氣，所以不宜有水，此方有山也不宜太高，否則虎抬頭，損小口。

向前坤方（西南方）是63六，與中宮36九，坐山99三，如果在三、六、九宮又符合雙星到向，才能符合打劫運，可論吉。但是艮坤是二、五、八的宮位，又是雙星到坐，所以不論打劫運。而向前坤方63六，山星退氣，又犯伏吟，向前金剋木，所以不宜有山，否則就會像《飛星賦》所云：「壯途躓足」，恐怕會影響前程，不利長房。

乾方（西北方）是27一，水星7已退氣，所以此方不宜有水，有水會敗財。坎宮子方（北方）是72五，山星7已退氣，有山會敗人丁。此方又是零神位衰氣方，所以此方有水可以阻斷北方的衰氣，引南方的旺氣入堂，可旺財又不會敗人丁。

在震宮（東方）54七、巽宮（東南方）45八這兩個方位，都逢五黃廉貞飛臨，《飛星賦》有云：「乳癰兮四五。」所以這兩個方位不適合當房間使用，否則女生容易犯乳房方面的疾病。

◎結　論：

第一、九運艮山坤向下卦，也是一個特殊的格局。各位想一想，九運令星入中時，挨星一飛到六乾，二飛到七兌，三飛到八艮，四飛到九離。（五到坎，六到坤，七到震，八到巽）各位有沒有發現，本來是6、7要接8、9才對，而二坤取代了八艮的位置，讓八艮飛到對宮，摻在一坎三震四巽之間（因為左下角是陽卦，就陰陽不合了。）不正如易經所言：「西南得朋，東北喪朋」（坤卦在西南方得朋，就是全部都是陰卦在一起。如果二坤跑到東北來，就不適合，因為左下角是陽卦，就陰陽不合了。）

第二、在三元九運中，二、五、八都是屬土運。艮山坤向在2、5、8運，當運的令星都犯令星顛倒的格局，也就是當運的山星跑到向前，當運的水星跑到坐山犯上山下水的格局。

第三、七、八、九運都屬下元運，所以七兌、八艮、九離在下元運都屬於當旺的格局，為什麼九運盤艮山坤向是雙星到坐，而坤山艮向卻是雙星到向，格局比艮山坤向來得更旺呢？這都是因為艮、坤位置顛倒所造成的。

第四、開艮宮99三門，諸事吉慶。但不宜開坤方63六門，63主是非麻煩。

第五、離宮81四，是「一四同宮準發科名之舉」，大利讀書。

第六、此局喜離宮81四有水，兌宮18二有山，一運丁財兩旺。

(十) 艮山坤向　天元卦　起星

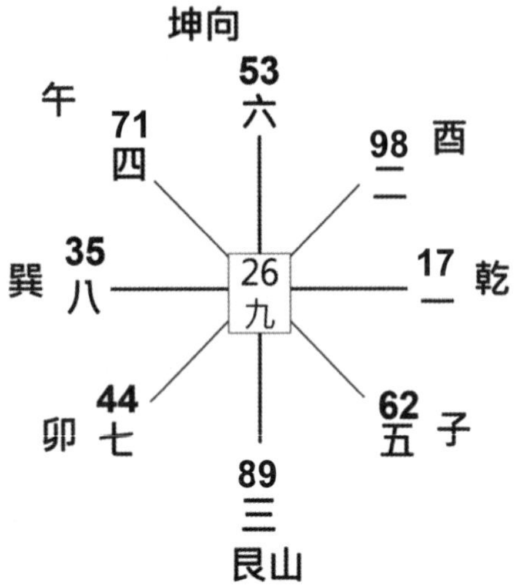

	南	西南	西	
	午	坤	酉	
東南	巽		乾	西北
	卯	艮	子	
	東	東北	北	

日出東方

	巽	離	坤	
	3 八	7 四	5 六	
震	4 七	2 九	9 二	兌
	8 三	6 五	1 一	
	艮	坎	乾	

（通書）

艮山坤向：起星

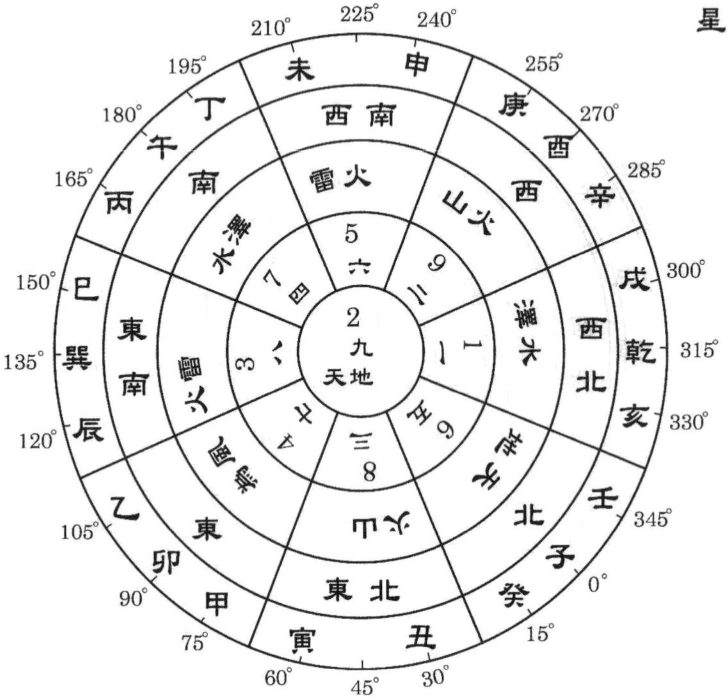

0°
15°
30°
45°
60°
75°
90°
105°
120°
135°
150°
165°
180°
195°
210°
225°
240°
255°
270°
285°
300°
315°
330°
345°
壬 子 癸 丑 艮 寅 甲 卯 乙 辰 巽 巳 丙 午 丁 未 申 庚 酉 辛 戌 乾 亥
北
東北
東
東南
南
西南
西
西北
地天
九
2
5
六
雷火
7
四
澤水
3
八
火雷
4
七
風澤
8
三
山火
6
五
天地
1
一
水澤
9
二
火山

艮山坤向：天元卦　起星

繼續要為您介紹「玄空大卦」九運艮山坤向起星的格局，就是坐東北朝西南起星的格局。

如果您家的房子，太陽是從左後方升起，下午是在右前方落下的話，那就是坐東北朝西南。

因為一卦管三山，所以坐東北朝西南就有三種山向。第一是地元卦丑山未向，第二是天元卦艮山坤向，第三是人元卦寅山申向。我們已經介紹過艮山坤向下卦的部分，就是楊公所謂的三七相兼（就是在坐山中間那九度之間），就要用下卦，而我們現在與您分享的是艮山坤向起星的部份，就是楊公所謂的二八相兼，就是在每坐山中央九度之外的左右孤虛線上，就要用起星。現在就請您跟我們一起來研究看看。

首先還是麻煩朋友們翻開正福堂的通書，特九五頁。我們一樣先了解艮山坤向是屬於天元卦。

九星令星入宮，一律順飛，每一個宮位它所挨到的星就稱為挨星，九入中宮，一到乾，二到兌，三到艮，四到離，五到坎，六到坤，七到震，八到巽。

坐山艮方（東北方）89三，挨星是三，三為卯，屬陰，但是在坤壬乙訣裡，二八相兼的地方，是不用三的，所以這裡要取替星二來代替三，因為卯屬陰，所以入中之後還是逆佈九宮，所以它是2、1、9、8、7、6、5、4、3這樣飛。

向前坤方（西南方），挨星是六，六為乾，屬陽，所以入中之後順佈九宮，因此它是6、7、8、9、1、2、3、4、5這樣飛。

再看坐山艮方（東北方）父母三般卦是89三，水星9當令，山星8退氣了，所以坐後如果沒有山，有水，會旺財。《紫白訣》云：「八逢紫曜，婚喜重來。」89同宮，火土相生，當其旺，富堪敵國，雙喜臨門，吉上加吉。

坎宮子山（北方）是62五，水星2是生氣星，又是零神位衰氣方，所以這邊有水，可阻斷來自北方的衰氣，引南方的旺氣入堂來。62同宮，金生土，鬼神不安，易出家為僧尼。《飛星賦》云：「乾坤鬼神，與他相剋非祥。」《紫白訣》云：「戌未僧尼，自我有緣何益。」當其旺，乾坤交泰，堆金積玉。六二失運時，主出僧尼。

兌宮西方（西方）是98二，乾方（西北方）是17一，水星都已退氣，所以這兩個地方宜高不宜低，不宜低窪有水，否則容易傷丁敗財。但是右邊為虎邊，所以西方98二，雖要高，也不能太高，否則虎抬頭，反而會傷男丁。98同宮，火生土，當其旺，有田莊之富。《紫白訣》云：「八逢紫曜，婚喜重來。」

離宮午方（南方）是71四，水星1為生氣星，所以這裡有水的話，次運還會續發，一四同宮，又主發科甲。71同宮，《玄空祕旨》云：「金水多情，貪花戀酒。」

向前坤方（西南方）是53六，3祿存遇5黃廉貞土，因為木剋土，名為鬪牛煞，主破財傷身、瘟疫。《飛星賦》有云：「寒戶遭瘟，緣自三廉夾綠。」

巽方（東南方）是35八，八白土跑到巽宮的三震木（木剋土），三震木又剋五黃廉貞土，犯了鬪牛煞（木剋土），因此如果太歲二黑、五黃再加臨，會更見災殃。

卯方（東方）是44七，4巽伏吟又逢七兌，47《飛星賦》有云：「辰酉兮閨幃不睦。」所以這裡也不適合當女生的房間。44同宮，當其衰，主漂泊四海。

◎結　論：

第一、艮山坤向的起星坐山是89三，水星當令，當令山星跑到向前的虎邊98二，所以是令星顛倒的格局（意思是山星跑到前面，水星跑到坐山），所以會敗財損丁，如果坐後沒有山，有水，會旺財。

第二、在三震、六乾、九離的宮位，都是犯了1、7、4，《飛星賦》有云：因為1、7是雞交鼠而傾瀉，必犯破敗徒流；金水多情，貪花戀酒，所以乾宮（西北方）17一，與離宮（南方）71四，都不適合當夫妻的房間來使用，易貪花戀酒。

第三、艮山坤向的下卦與起星，格局差很大，所以建議朋友們儘量不要選擇艮山坤向的孤虛線才好。（最好用九度以內的下卦才好）因為艮山坤向下卦是雙星到座，99三，所以坐後有靠，坐山後又有水的話，就可以一直旺。而艮山坤向起星坐山是89三，所以後面有山不好，後面有水可以旺財而不至於損人丁。

第四、向首53六，皆為死煞之氣，主官訟口舌是非。

第五、艮宮89三、兌宮98二，《紫白訣》云：「八逢紫曜，婚喜重來。」兌宮98二，《玄空祕旨》云：「天市合丙坤，富堪敵國」。八白艮為天市，火土相生，主富。

註：寅山申向　人元卦下卦與艮山坤向下卦相同

寅山申向：下卦

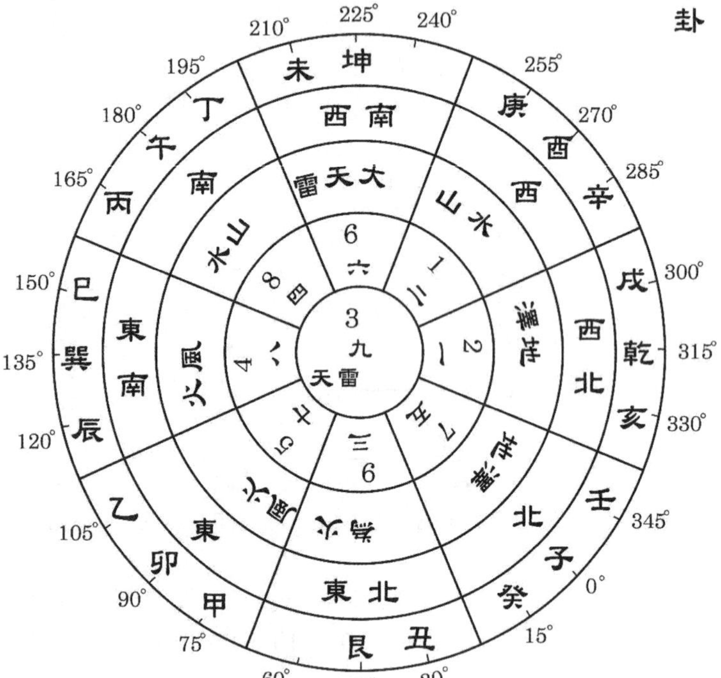

註：寅山申向　人元卦起星與艮山坤向起星相同

寅山申向：起星

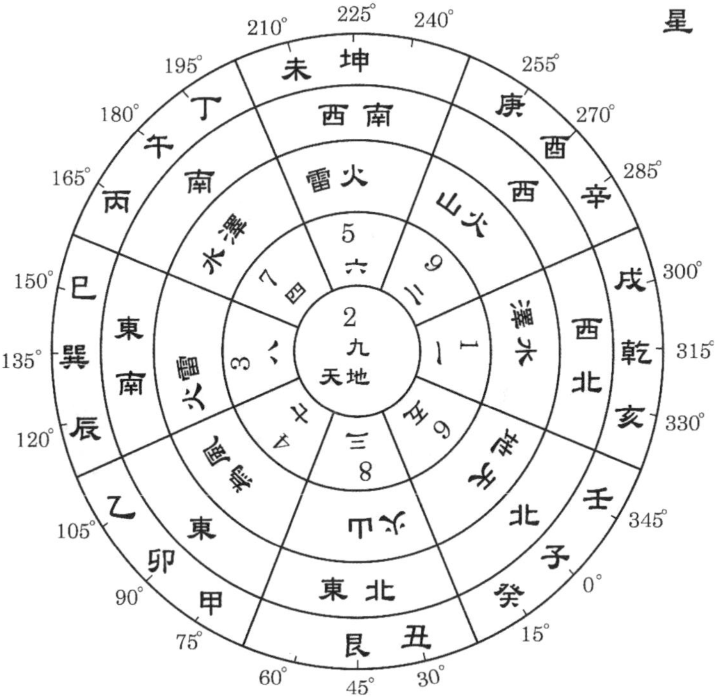

（十二）甲山庚向　地元卦　下卦

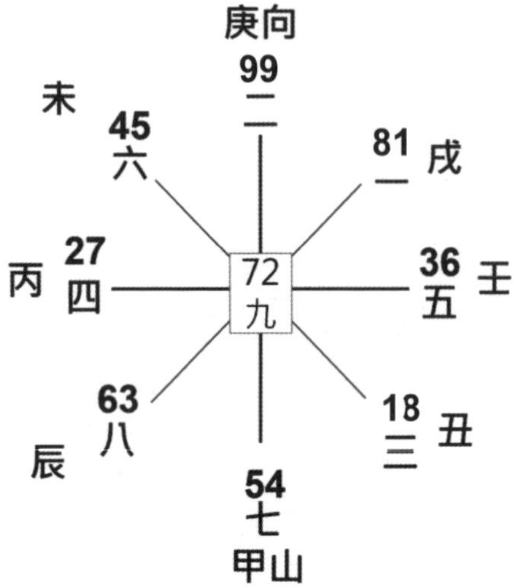

	西南	西	西北	
	未	庚	戌	
南	丙		壬	北
	辰	甲	丑	
	東南	東	東北	

日出東方

	巽	離	坤	
	6 八	2 四	4 六	
震	5 七	7 九	9 二	兌
	1 三	3 五	8 一	
	艮	坎	乾	

（通書）

甲山庚向：下卦

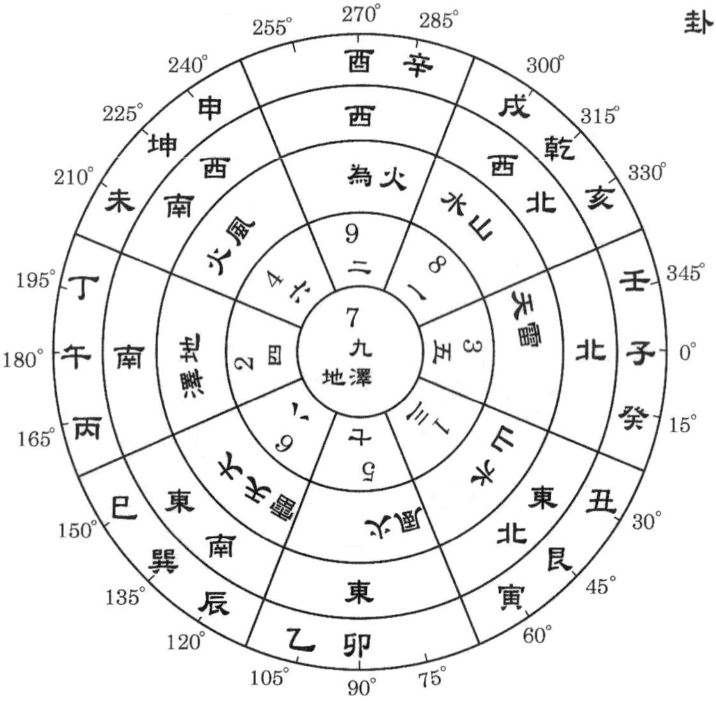
270°
285°
255°
240°
300°
225°
315°
210°
330°
195°
345°
180°
0°
165°
15°
150°
30°
135°
45°
120°
60°
105°
90°
75°
酉
辛
申
戌
坤
乾
未
亥
丁
壬
午
子
丙
癸
巳
丑
巽
艮
辰
寅
乙
卯
西
西南
西北
南
北
東南
東北
東
火為
火風
山水
天雷
地澤
水山
火風
九
地澤
7
9
二
8
一
4
六
3
五
2
四
三
6
八
七
5

甲山庚向：地元卦　下卦

繼續要為您介紹「玄空大卦」九運甲山庚向下卦的格局，就是坐東朝西的格局。

如果您家的房子，太陽是從後方升起，前方西下的話，就是坐東朝西。因為一卦管三山，所以座東朝西，有三種不同的山向：第一是地元卦甲山庚向，第二是天元卦卯山酉向，第三是人元卦乙山辛向。現在就請您跟我們一起來研究九運甲山庚向，就是坐東朝西的格局。

首先還是麻煩朋友們翻開正福堂的通書，特九八頁。我們先了解甲山庚向是屬於地元卦。

九運令星入宮之後，一律順飛，每一個宮位它所挨到的星就稱為挨星，九入中宮，一到乾，二到兌，三到艮，四到離，五到坎，六到坤，七到震，八到巽。

坐山甲方（東方），挨星是七，七為庚，屬陽，所以入中之後順佈九宮。（因此它的飛法是7、8、9、1、2、3、4、5、6）。

向前庚方（西方），挨星是二，二為未，屬陰，所以入中之後逆佈九宮（所以它是2、1、9、8、7、6、5、4、3這樣飛）。

向前庚方（西方）父母的三般卦是99二，當運的雙星到向，如果向前有水，水外又有朝山的話，就可以旺財又旺丁。99同宮，《玄空祕旨》有云：「火曜連珠相值，青雲路上逍遙。」主名揚四海。向前99二，為丁星下水，若宅前只有水不見山，則旺財不旺丁；若有山無水，則旺丁不旺財。

巽宮辰方（東南方）是63八，坎宮（北方）是36五，與雙星到向合成打劫運，坎宮、巽宮、兌宮三個方位，為坎宮打劫局，在上、中、下三元的甲辰跟甲寅旬這二十年，可以續旺，如環境與格局配合得宜，要山得山，要水得水，則主旺財又旺丁。

坎宮壬方（北方）36五為零神位衰氣方，但是水星6是中元退氣星，所以此方不宜低窪有水，否則會敗財，此方宜高有靠，來阻斷北方來的衰氣，引南方的旺氣迴風入堂。此方財星六白是武曲星，飛臨坎宮一白文昌之地，一六組合利文昌，可當書房使用。

坐山震宮甲方（東方）是54七，離宮丙方（南方）是27四，坐山向前與中宮及丙方的父母三般卦，滿盤都是陰星二、四、七、九。所以《玄空祕旨》有云：「陰神滿地成群，紅粉場中空快樂。」54同宮，五黃四綠同臨一方，木剋土，既失令又犯煞，主破財、疾病。《飛星賦》云：「乳癰兮，四五。」27同宮，土生金。《玄機賦》有云：「庶妾難投寡母之歡心。」離宮丙方（南方），27四，此方不宜見水，主損財。

坤宮未方（西南方）45六，可當城門訣，但四綠、五黃兩星既失令又犯煞，所以為實際不可用之城門訣，不宜開門。此方宜靜不宜動。

乾宮戌方（西北方）是81一，此方水星1是生氣星，有水次運可續發財祿。81同宮，土剋水，損中男。

艮宮丑方（東北方）是18三，丁星1逢生氣，故此方宜高，可以補坐山退氣之不足，助旺人丁。東北有水為殺水，過宮水另當別論。18同宮，土剋水，不利小兒，因此不宜當小兒房使用。

◎結　論：

一、甲山庚向在九運中雖然是雙星到向，但坐山屬三震，向前為七兌宮，在下元八、九運都屬於退運的山向。雖然楊公在《都天寶照經》裡曾說：「辰戌丑未地元龍，乾坤艮巽夫婦宗，甲庚丙壬為正向，脈取貪狼護正龍。」但下元運還是以丙山壬向或壬山丙向為優先考慮。也就是南北向為優先考量。

二、甲山庚向是雙星到向，向前虎邊水星逢生氣，故向前及虎邊（乾宮）若有水局，再加上向前水外兼有高山或大樓朝揖，可旺財兼旺人丁。

三、坐山甲方山星與水星都已退運，幸好坐山右後方丁星逢生氣，右後方（丑方）有山為靠，可補坐山甲方丁星之退氣，才不致於敗人丁。

四、此坐向不利文昌，因為54、45同宮。

五、九運甲山庚向下卦坎宮打結，即一、四、七宮同旺，這三個方位可當主臥房。未方45六可當城門訣，但為實際不可用之城門訣，不宜開門。

六、門開在兌宮99二為首選，當運即發。

（十二）甲山庚向　地元卦　起星

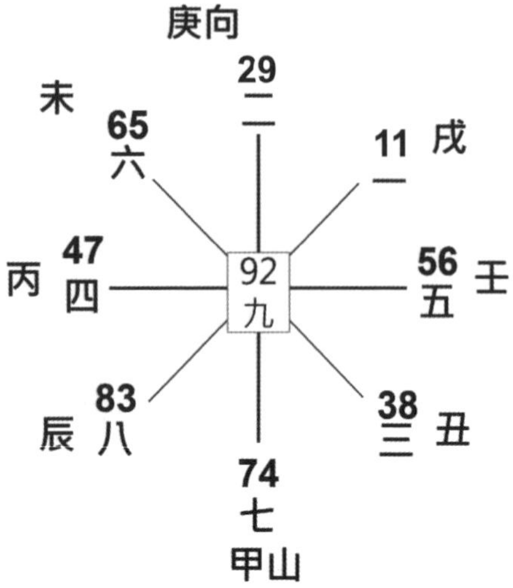

育林出版社

	巽	離	坤	
	8 八	4 四	6 六	
震	7 七	9 九	2 二	兌
	3 三	5 五	1 一	
	艮	坎	乾	

（通書）

	西南	西	西北	
	未	庚	戌	
南	丙		壬	北
	辰	甲	丑	
	東南	東	東北	

日出東方

甲山庚向：起星

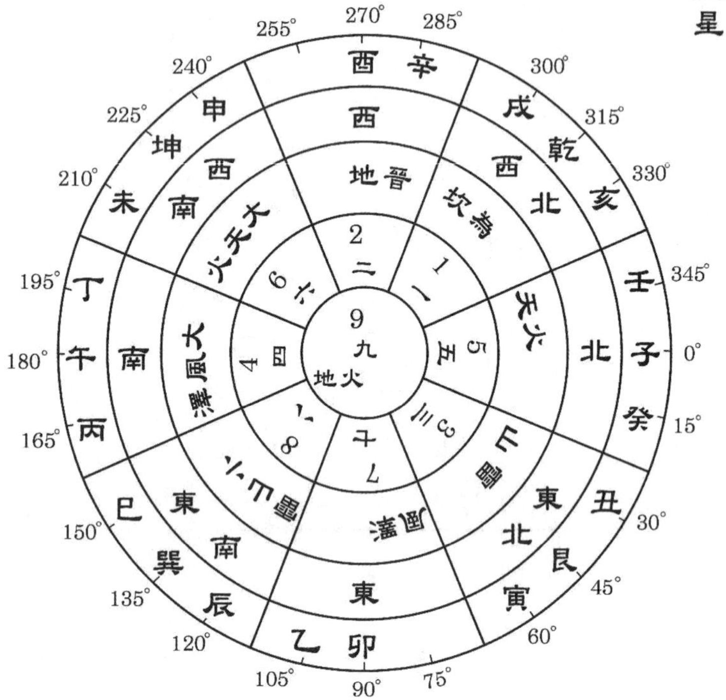
270°
285°
255°
240°
300°
315°
225°
210°
330°
345°
195°
180°
0°
15°
165°
150°
30°
135°
45°
120°
60°
105°
75°
90°
酉
辛
申
坤
未
戌
乾
亥
壬
子
癸
丑
艮
寅
卯
乙
辰
巽
巳
丙
午
丁
西
西南
西北
北
東北
東
東南
南
地晉
坎為
天火
大天火
澤風大
2
二
1
一
5
五
3
三
7
七
8
八
4
四
6
六
9
九
地火

甲山庚向：地元卦　起星

繼續要為您介紹「玄空大卦」九運甲山庚向「起星」的格局，就是坐東朝西的格局。

如果您家的房子，太陽是從後方升起，前方西下的話，就是坐東朝西。因為一卦管三山，所以坐東朝西就有三種不同的山向。第一是地元卦甲山庚向，第二是天元卦卯山酉向，第三是人元卦乙山辛向。我們已經介紹過甲山庚向下卦的部分，就是楊公所謂三七相兼（在坐山中間那九度之間）就要用下卦。而我們今天要與您分享甲山庚向起星的部份，就是楊公所謂的二八相兼，就是在每坐山中央九度之外左右的孤虛線，就要用起星。現在就請您跟我們一起來研究看看。

首先還是請朋友們翻開正福堂的通書，特九九頁。我們先了解甲山庚向是屬於地元卦。

九星令星入宮，一律順飛，每一個宮位它所挨到的星就稱為挨星，九入中宮，一到乾，二到兌，三到艮，四到離，五到坎，六到坤，七到震，八到巽。

坐山甲方（東方）挨星是七，七為庚屬陽，但是因為是在楊公所謂的二八相兼的孤虛線上，所以7破軍要用9右弼星來代替。所以9入中之後順佈九宮，因此它的飛法是9、1、2、3、4、5、6、7、8。

向前庚方（西方）挨星是二，二為未，屬陰，入中之後逆佈九宮，所以它是2、1、9、8、7、6、5、4、3這樣飛。

向前庚方（西方），父母三般卦是29二，9為當運的旺星，所以如果向前有水的話，當運可旺財。29同宮，《紫白訣》云：「二黑飛乾，逢八白而財源大進，遇九紫則瓜瓞緜緜。」為生財發丁之意。

坐山甲方（東方）是74七，坐山的山星退氣又犯伏吟，再加上中宮92九，當運的旺氣山星入囚，又犯伏吟，所以這種坐山立向只會旺財，但恐怕會敗人丁。74同宮，金剋木，《玄空祕旨》云：「雷風金伐，定被刀傷。」

乾宮戌方（西北方）是11一，所以如果這裡有水，水外再有山，就可以旺財又旺丁，又可以補丁星入囚之不足。

離宮丙方（南方）是47四，水星7是下元的退氣星，山星4又犯伏吟。《飛星賦》有云：「辰酉兮閨幃不睦。」意思就是4巽、七兌配在一起，就會閨幃不睦。所以這裡與坐山，都不適合當婦女房間來使用，否則容易會有妯娌不和的現象。

坐山的左右兩邊巽宮辰方（83八）與艮宮丑方（38三），都犯了3震木剋8艮土，艮方山星還犯伏吟。巽宮山星8也犯伏吟，山星8被剋又犯伏吟。《玄機賦》有云：「艮非宜也，筋傷股折。」意思就是因為三震木剋八艮土，所以艮的位置不好，也容易傷了腳和大腿骨。艮宮38三，3震木剋8白土，震為長男，艮為少男，所以這裡如果當男生的房間也會兄弟不和睦，容易損小口。

坤宮（未方）（西南方）是65六，坎宮壬方是56五，因為6、5《飛星賦》有云：「須識乾爻門向，長子痴迷；庭无耄耋，多因裁破父母爻。」因為乾為父，又遇五黃廉貞，所以不是長子痴迷，就是家中無長壽之長者。所以也要特別注意。65同宮，土生金，失令主丁財兩敗。

◎結　論：

第一、甲山庚向起星的格局算是很背，因為只有9當運旺星與1（生氣星）是好的。而9與1只有在向前29二，與向前右邊（乾方）11一是好的。所以這兩個地方有水還可以旺財。水外有山，也可旺人丁，不會犯伏吟。

第二、坐山（74七）丁星7退氣又犯伏吟，中宮（92九）當運的山星入囚，全盤山星又犯伏吟，所以這種格局會容易損人丁，而且也會妯娌不和。

第三、坎宮（北方）56五，坤宮（西南方）65六，這兩個方位都犯了6、5《飛星賦》有云：「須識乾爻門向，長子痴迷；庭无耄耋，多因裁破父母爻。」因為6乾是父，遇5黃廉貞，父母卦位破碎，所以家中沒有高壽的老人。而且坎宮（北方）56五又是零神位衰氣方，所以這兩個方位絕對不能安神位。中宮92九，當令的山星入囚（子嗣艱難）又犯伏吟，所以連中宮也不適合安神位。

第四、九運甲山庚向起星，山星（丁星）入囚，子嗣艱難。未方可當城門訣。

（十三）卯山酉向　天元卦　下卦

註：卯山酉向下卦與起星同

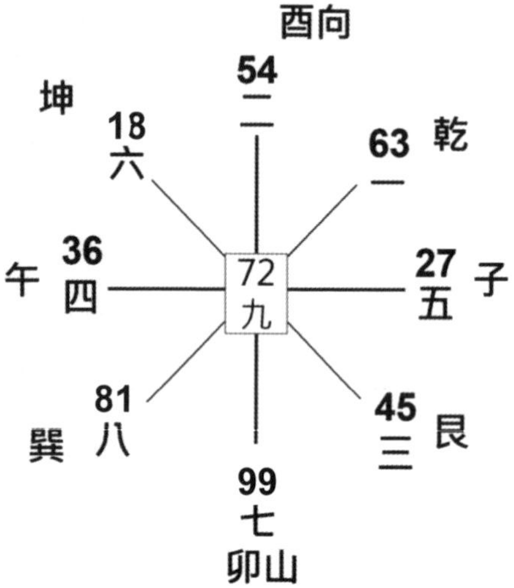

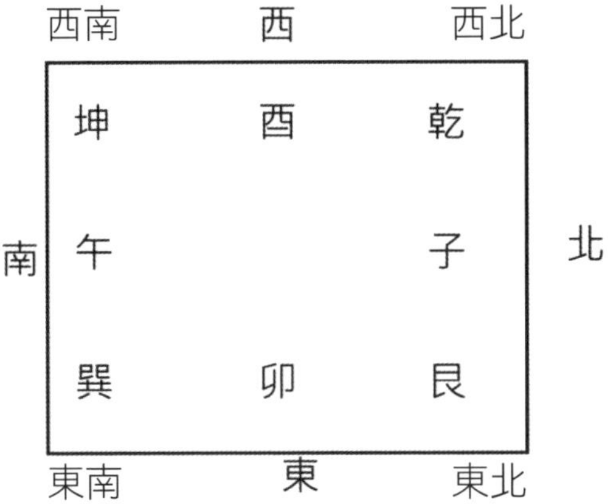
西南
西
西北
坤
酉
乾
南
午
子
北
巽
卯
艮
東南
東
東北

日出東方

巽
午
坤
8
八
3
四
1
六
卯
9
七
7
九
5
二
酉
4
三
2
五
6
一
艮
子
乾

（通書）

卯山酉向：下卦

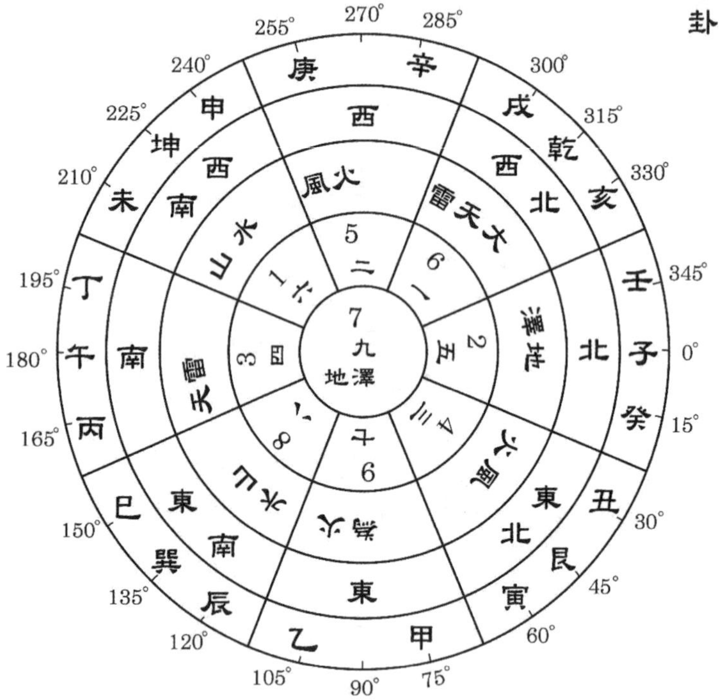
270°
285°
300°
315°
330°
345°
0°
15°
30°
45°
60°
75°
90°
105°
120°
135°
150°
165°
180°
195°
210°
225°
240°
255°
庚
辛
戌
乾
亥
壬
子
癸
丑
艮
寅
甲
乙
辰
巽
巳
丙
午
丁
未
坤
申
西
西北
北
東北
東
東南
南
西南
風火
雷天大
澤地
火風
火爲
山水
天雷
山水
7
九
地澤
5
二
6
一
2
五
三
9
七
8
六
3
四
1
六

※九運卯山酉向下卦、起星與乙山辛向下卦星盤相同

卯山酉向：天元卦　下卦

繼續為您介紹「玄空大卦」九運卯山酉向的格局，就是坐東朝西的房子。如果您家的房子，太陽是從正後方出來，由正前方西下的話，那就是坐東朝西。因為一卦管三山，所以坐東朝西，就有三種不同的山向。第一是地元卦甲山庚向，第二是天元卦卯山酉向，第三是人元卦乙山辛向。因為天元卦與人元卦的陰陽相同，所以吉凶同論。

現在就請您跟我們一起來研究九運卯山酉向下卦的格局。首先還是麻煩朋友們翻開您手邊的通書，特一〇〇頁。我們先了解卯山酉向是屬於天元卦。

九運令星入宮，一律順飛，每一個宮位它所挨到的星就稱為挨星，九入中

宮，一到乾，二到兌，三到艮，四到離，五到坎，六到坤，七到震，八到巽。

坐山震宮卯方（東方）它的挨星是七，屬於天元卦，七為酉，屬陰，所以入中之後就逆佈九宮。（因此它的飛法是7、6、5、4、3、2、1、9、8、）。

向前兌宮酉方（西方），挨星是二，二為坤，屬陽，所以入中之後順佈九宮（所以它是2、3、4、5、6、7、8、9、1、這樣飛）。

再看，坐山震宮卯方（東方）父母三般卦是99七，當運的雙星會合於坐山，所以宜坐後要有山，山外有水繞玄武，否則不宜。坐山99七，為財星上山，若坐後只有山不見水，則主旺丁不旺財；若坐後只有水不見山，則為旺財不旺丁。

巽方（東南方）是81八，丁星8退運了，又犯伏吟，水星1逢生氣，所以巽方宜有水局，否則易傷丁。此方一白水飛入四綠木的巽宮，1四利文昌，可當書房。

坎宮子方（北方）是27五，7為退氣的水星，又是零神位（衰氣方），所以這裡有水不宜，會敗財。但是這裡如果有高山，反而可以阻斷衰氣，引南方的旺氣迴風入堂來。27同宮，土生金。《玄機賦》云：「庶妾難投寡母之歡心。」即婆媳不和。

坤宮（西南方）是18六，山星1逢生氣，又得八白土與六白金相生，所以這裡宜高有山。因為《紫白訣》有云：「武曲青龍，喜逢左輔善曜。」可以彌補丁星之不足。意思就是說：挨星六白金，得八白土來相生，六白金再生一白水，一、六、八三吉星循環相生，六白武曲金為武將，八白土左輔為文將，所以循環相生，可得丁星文武全才，補丁星之不足。所以坤方（18六）三吉星會出官貴。

再看乾方是63一，6是中元的退氣星，所以乾方要低窪，不宜有高山，否則會敗人丁。也會有腳部的疾病。因為《玄空祕旨》有云：「壯途躓足。」也會影響前程。63同宮，金剋木，主頭痛、刀傷，是非日有。此方運盤一白文昌星和丁星六白武曲星組合，大利文昌，可當書房。

離宮午方是36四，水星6已經退運，所以此方宜高不宜低，否則會敗財。而且也容易犯鬥牛煞（因為6乾金剋3震木）《飛星賦》有云：「頭響兮六三。」所以也會有頭痛方面的疾病。

最後再看艮方（東北方）是45三，向前酉方是54二，三震木、四巽木剋五黃土，而且四和五都是已經退元運了。次運酉方54三也是一樣。所以《飛星賦》云：「寒戶遭瘟，緣自三廉夾綠。」因為三為祿存星，五為五黃廉貞土，三震木剋五黃土，就非常不吉利，很容易生病，何況三震木加上四巽木，一起來剋五黃土，就會疾病不斷，家境更加地貧寒了。54二，二五交加必損主。

◎結論：

第一、卯山酉向下卦，是屬於雙星到坐，所以，後面一定要先有高山，山後再有水，才不會敗財。如果後面只有山無水，會旺人丁，但會敗財（因為水星上山敗財），如果後面只有水，無山，就會敗人丁。

第二、朋友們也要特別注意：凶的山星（就是已經退運的山星）下水（到向前），就不會發凶；凶的水星（就是已經退運的水星）上山（到座山），就不會發凶（因為水星不能到高地）。

第三、卯山酉向下卦是雙星到座，因此不符合打劫運。必須要雙星到向，才能符合打劫運。

第四、九運卯山酉向下卦，乾方63一可當城門訣，但有是非。

第五、開震宮99七門為當旺，不宜開54二門，因為「二五交加必損主」。

第六、乾方63一，運盤一白文昌星與丁星六白武曲星組合，大利文昌，可當書房。

註：乙山辛向下卦與卯山酉向下卦全同

乙山辛向：下卦

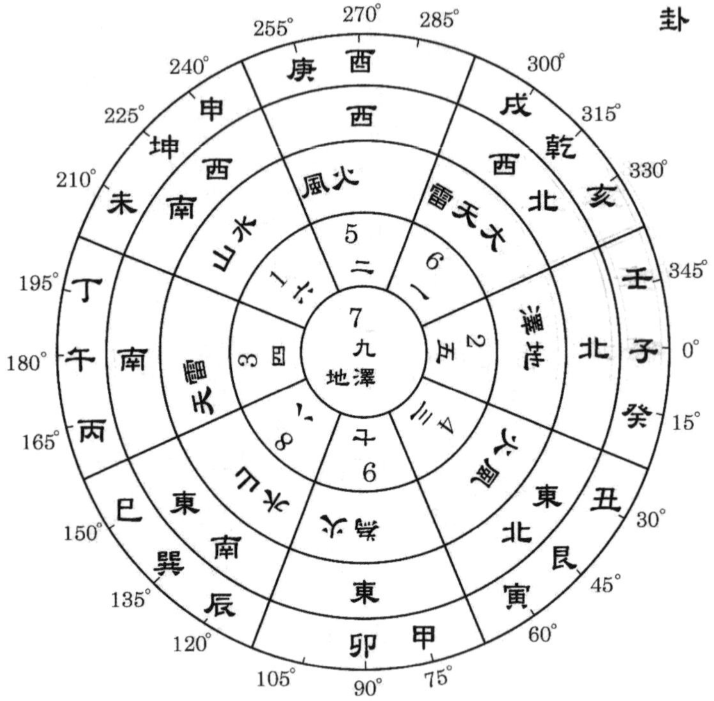

（十四）乙山辛向　人元卦　起星

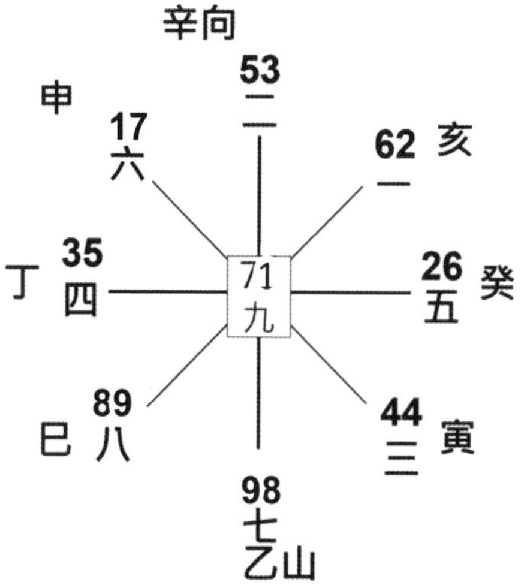

	西南	西	西北	
	坤	酉	乾	
南	午		子	北
	巽	卯	艮	
	東南	東	東北	

日出東方

	巽	離	坤	
	8 八	3 四	1 六	
震	9 七	7 九	5 二	兌
	4 三	2 五	6 一	
	艮	坎	乾	

（通書）

乙山辛向：起星

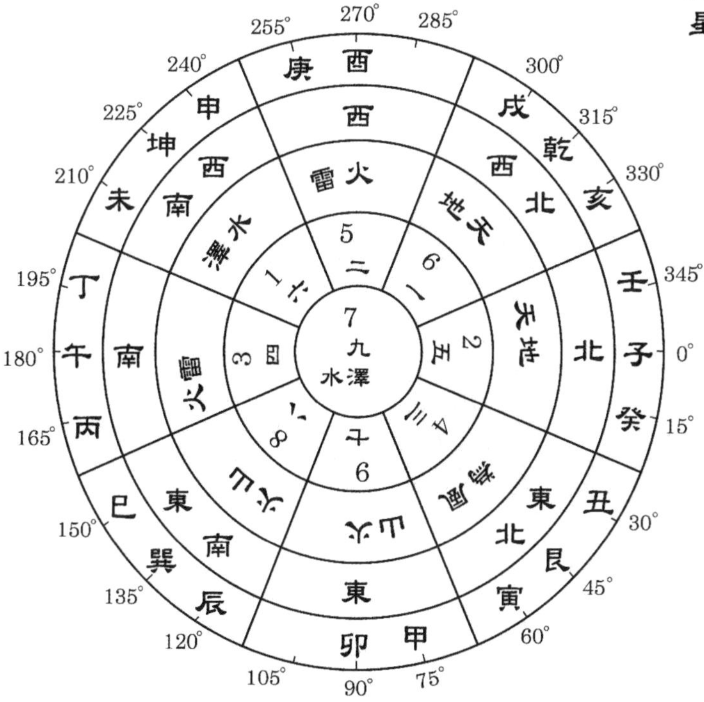
270°
285°
300°
315°
330°
345°
0°
15°
30°
45°
60°
75°
90°
105°
120°
135°
150°
165°
180°
195°
210°
225°
240°
255°
酉
庚
戌
乾
亥
壬
子
癸
丑
艮
寅
甲
卯
辰
巽
巳
丙
午
丁
未
坤
申
西
西北
北
東北
東
東南
南
西南
火雷
天地
地天
風雷
山火
火山
雷火
水澤
5
二
6
一
2
五
三
4
七
6
8
八
3
四
1
六
7
九
水澤

乙山辛向：人元卦　起星

繼續要為您介紹「玄空大卦」九運乙山辛向起星的格局，就是坐東朝西的格局。

如果您家的房子，太陽是從正後方升起，下午是從正前方西照的話，那就是坐東朝西。

因為一卦管三山，所以坐東朝西就有三種山向。第一是地元卦甲山庚向，第二是天元卦卯山酉向，第三是人元卦乙山辛向。雖然天元卦與人元卦的陰陽相同，吉凶同論。但是因為乙山辛向的下卦與乙山辛向的起星略微不同，所以特別為您介紹乙山辛向的起星格局。現在就請您跟我們一起來研究看看。首先還是麻煩朋友們翻開正福堂的通書，特一〇三頁。我們先了解乙山辛向是屬於人元卦。

九星令星入宮，一律順飛，每一個宮位它所挨到的星就稱為挨星，九入中

宮，一到乾，二到兌，三到艮，四到離，五到坎，六到坤，七到震，八到巽。

坐山乙方（東方）它的挨星是七，七為辛，屬陰，所以入中之後逆佈九宮（因此它的飛法是7、6、5、4、3、2、1、9、8）。

向前辛方（西方）挨星是二，二為申，屬陽，但是在楊公所謂二、八相兼坤壬乙訣裡，甲子癸申，是貪狼一路行，所以二要取替星1貪狼來代替，所以它的飛法是1、2、3、4、5、6、7、8、9這樣飛。

坐山乙方（東方）父母三般卦是98七，當令的山星到坐山，所以如果坐後有靠就可以旺人丁，正東有水為殺水。98同宮，火土相生。《紫白訣》云：「八逢紫曜，婚喜重來。」

巽宮（東南方）是89八，水星9當運，但是山星犯伏吟，所以這裡宜低窪有水，有水的話，當運可旺財丁。

中宮是71九，生氣水星1入中宮，主次運財星會入囚。71同宮，金水多情，貪花戀酒。

坤宮申方（西南方）是17六，水星7退氣了，西南為衰水，又犯了交劍煞（因為7兌是金，6乾也是金，名為交劍煞）主遭劫掠。（所以會有遭遇盜賊或受陰謀陷害的事發生）。1、六是旺武貴，丁星1逢生氣，所以這裡宜高，如果有秀麗的山形，一、六同宮，會出官貴。《玄空祕旨》有云：「虛聯奎壁，啟八代之文章」因為虛、奎壁都是廿八星宿之名，虛在一坎宮，奎壁在六乾宮，一六相逢，主出人才。一六共宗水，水主發秀，所以說啟八代之文章。

乾宮亥方（西北方）是62一，6為中元的退氣星，這裡又符合城門訣的條件，因為挨星一是壬子癸，人元卦是癸，屬陰，所以可當城門訣，而且水星2是次運的生氣星。

坎宮癸方（北方）是26五，6為退氣的水星，又是零神位衰氣方，所以這裡有水不宜，會敗財。但是這裡如果有高山，反而可以阻斷北方的衰氣，引南方的旺氣迴風入堂來。26同宮，為土生金，乾坤交泰，家業興盛。

離宮丁方（南方）是35四，4、5都是中元的退運星，所以這裡宜高不宜低，否則會敗財。《飛星賦》有云：「寒戶遭瘟，緣自三廉夾緣。」因為3為祿存星，5為五黃廉貞土，三震木剋五黃土，就非常不吉利了，很容易生病。何況三震木加上四巽木，一起來剋五黃土，所以就會疾病不斷，家境更加的貧寒了。35同宮，主血光、災病、瘟疫。（354三星相會，寒戶遭瘟，緣自三廉夾緣。）

向前是53二，所以次運（53三）也是同論。

◎結論：

第一、坐山與坤宮，有山的話可旺人丁，巽宮89八，有水可旺財。中宮71九，水星的生氣星1入中宮，所以次運水星入囚，不利財祿。向前53二，祿存遇廉貞，離宮午方也是35四，所以正如《飛星賦》所云：「寒戶遭瘟，緣自三廉夾緣。」所以這兩個方位不宜開門，也不宜當房間，否則會疾病連連。

第二、乾宮62一與坎宮26五，2、6為乾坤神鬼，與它相剋非祥。乾宮又是在虎邊，所以此方不宜高，有水次運可補水星入囚退財之運。尤其是坎宮26五，又是零神位衰氣方，所以這裡絕對不能安神位，否則會有靈異之現象發生。

第三、坐山右邊艮方，飛星是44三，也犯了3、4震巽失宮生丐賊。同來震巽，昧事無常，所以這個方位也不是很理想。

第四、如果坐山左邊89八的水連到坐山98七的話，也會敗財，因為坐山的財星8已經退氣了。

第五、九運乙山辛向起星，亥方62一可當城門訣。亥方是生氣水，《玄空祕旨》有云：「土制水復生金，自饒田莊之富。」

（十五）辰山戌向　地元卦　下卦

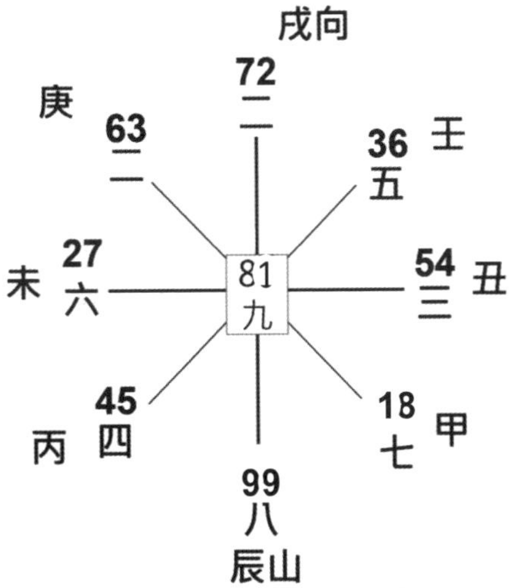

	西	西北	北	
	庚	戌	壬	
西南	未		丑	北
	丙	辰	甲	
	南	東南	東	

日出東方

	巽	離	坤	
	9 八	4 四	2 六	
震	1 七	8 九	6 二	兌
	5 三	3 五	7 一	
	艮	坎	乾	

（通書）

辰山戌向：下卦

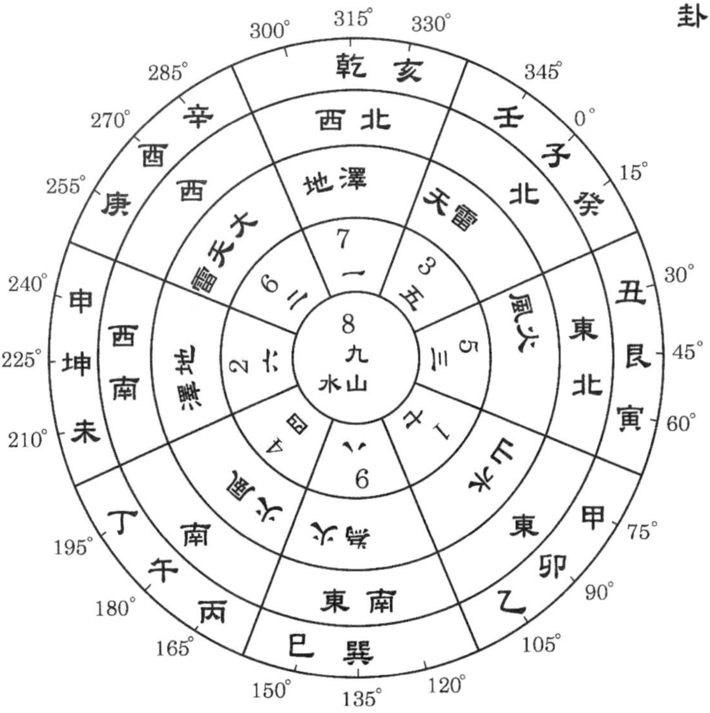

乾 亥
西北
地澤
7
一
壬 子 癸
北
天雷
3
五
丑 艮 寅
東北
風火
5
三
甲 卯 乙
東
山水
1
七
巳 巽
東南
火
6
八
丁 午 丙
南
火風
4
四
申 坤 未
西南
澤地
2
六
辛 酉 庚
西
大天雷
6
二
8
九
水 山
300° 315° 330° 345° 0° 15° 30° 45° 60° 75° 90° 105° 120° 135° 150° 165° 180° 195° 210° 225° 240° 255° 270° 285°

辰山戌向：地元卦　下卦

繼續要為您介紹「玄空大卦」九運辰山戌向的格局，就是座東南朝西北的格局。

如果您家的房子，太陽是從右後方出來，左前方西下的話，那就有可能是座東南朝西北。因為一卦管三山，所以座東南朝西北，就有三種不同的山向：第一是地元卦辰山戌向，第二是天元卦巽山乾向，第三是人元卦巳山亥向。現在就請您跟我們一起來研究辰山戌向下卦九運的格局。

首先還是麻煩朋友們翻開您手邊的通書，特一〇四頁。我們先了解辰山戌向是屬於地元卦。

九運令星入宮，一律順飛，每一個宮位它所挨到的星就稱為挨星，九入中宮，一到乾，二到兌，三到艮，四到離，五到坎，六到坤，七到震，八到巽。

坐山辰方，它的挨星是八，八為丑，屬陰，所以入中之後就逆佈九宮。

（因此它的飛法是8、7、6、5、4、3、2、1、9）。

向前戌方，挨星是一，一為壬，屬陽，因此入中之後順佈九宮（所以它是1、2、3、4、5、6、7、8、9這樣飛）。

再看，坐山巽宮辰方（東南方）父母的三般卦是99八，當運的雙星會合於坐山，如果坐後有靠又有水繞玄武的話，可旺財又旺丁，否則水星到坐山，又沒有水的話，會敗財。中宮是81九，生氣水星入中宮，財星次運（1運）入囚，所以財運會連續退敗四十年，因為九運敗二十年，一運敗二十年。坎方正北有水囚不住。坐山99八，為財星上山，若坐後只有山不見水，則旺丁不旺財；若坐後只有水不見山，則旺財不旺丁。

向前戌方72一，丁星退氣，水星生氣，西北有水二運發，此方宜低不宜高。72同宮，土生金，當其旺，田財萬貫。當其衰，陰神滿地，淫蕩無度。七赤丁星為衰死之星，所以室外不宜有高山或大樓，否則會損丁。

坤宮未方（西南方）是27六，水星7已退氣了，有水為衰水，過宮水別論。7六又犯交劍煞（因為7六都屬金）。七赤財星衰死無氣，所以此方不宜見水，主損財。震宮甲方（東方）是18七，水星8已退氣了，正東為殺水，腰帶水別論。所以坤宮未方和震宮甲方，這兩個方位宜高不宜低，否則會加速敗財運。

兌宮庚方（西方）是63二，山星6已退運了，水星3又不是當運，正西有水三運發，此方合城門訣。但此方宜低不宜高，宜通不宜實。意思是這裡不能有高地，要平的，要通氣才好，所以可以當出入口納氣方。

坎宮壬方（北方）是36五，水星6已經退運了，又是零神位衰氣方，因為壬方是在虎邊，所以有山也不宜太高，否則會白虎抬頭。因此《飛星賦》有云：「壯途躓足，頭響兮六三。」所以在不該有山的地方有山，在不該有水的地方有水，就會犯「壯途躓足，頭響兮六三」的情況。

最後看艮宮丑方（東北方）是54三，離宮丙方（南方）是45四，4、5都是中元的退氣星。丑方54三，三震木、四巽木，一起來剋五黃廉貞土，所以

《飛星賦》有云：「寒戶遭瘟，緣自三廉夾綠。」主易感染流行性病毒。

◎結　論：

第一、我們已經介紹過天元卦的巽山乾向，這裡我們講地元卦的辰山戌向。因為巽的先天是兌，兌為澤，所以放在坐山不是很理想，向前是乾，乾的先天是艮，艮為山在向前也不理想。因為巽山乾向雖然是山水顛倒，但九運雙星到向，符合打劫運。而辰山戌向是雙星到座，格局更差。

第二、丙方（南方）是九運的旺氣方，但是丙方為45四，4、5都是中元的退氣星，又遇四巽木剋五黃廉貞土，所以《飛星賦》有云：「寒戶遭瘟，緣自三廉夾綠。」

第三、坎方（北方）36五，是當運的衰氣方、零神位，坎方水星是中元的退氣星，所以雖然是零神位也不宜有水，虎邊有山也不能太高，否則虎抬頭會損小口。

第四、九運辰山戌向下卦，庚方63二可當城門訣，但32為鬥牛煞，有是非麻煩。

第五、門開在巽宮99八最旺。

第六、文昌位為45四，雙四雖為5所泄，但尚有餘威。

第七、乾宮72一，坤宮27六，見二七合為火，若遇凶山惡水，乃烏焚其巢。

（十六）辰山戌向　地元卦　起星

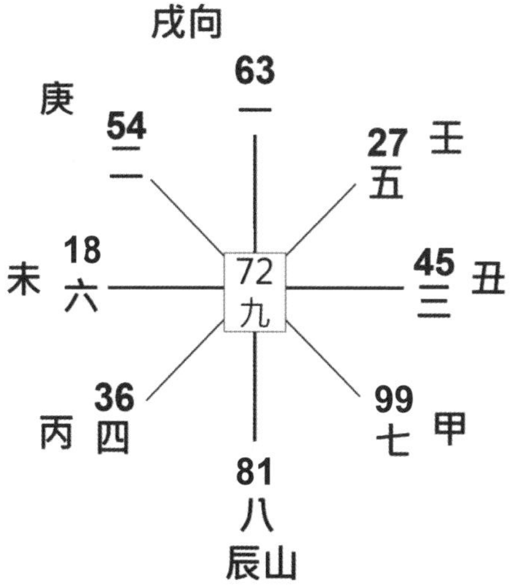

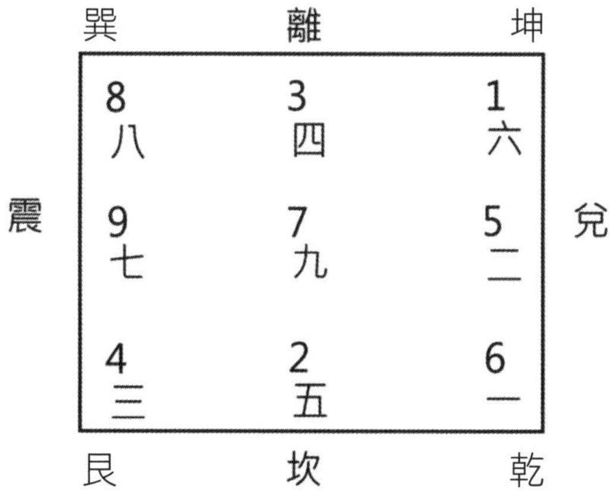

（通書）

辰山戌向：起星

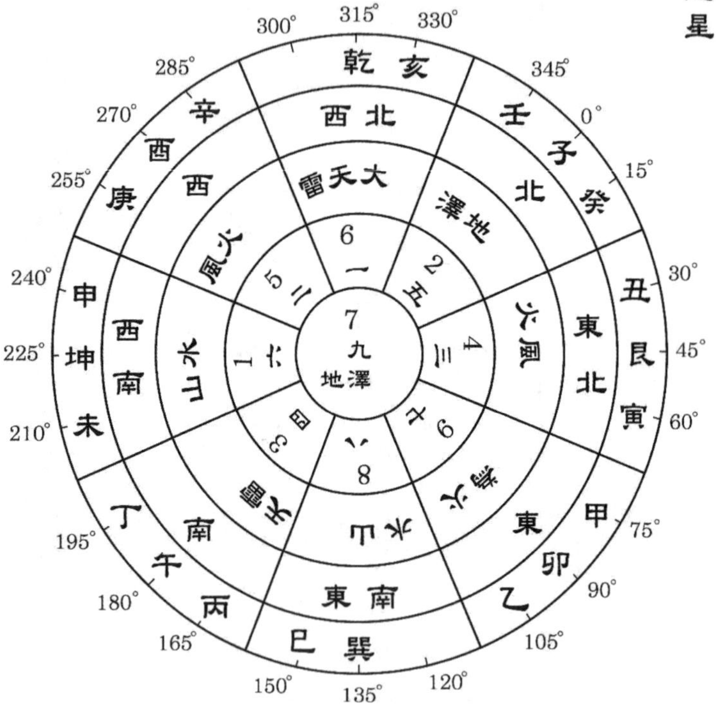
300°
315°
330°
345°
0°
15°
30°
45°
60°
75°
90°
105°
120°
135°
150°
165°
180°
195°
210°
225°
240°
255°
270°
285°
乾 亥
壬 子 癸
丑 艮 寅
甲 卯 乙
巽 巳
丙 午 丁
未 坤 申
庚 酉 辛
西北
北
東北
東
東南
南
西南
西
雷天大
澤地
火風
澤火
水山
火雷
山水
風火
6
一
2
五
4
三
9
七
8
八
3
四
1
六
5
二
7
九
地澤

辰山戌向：地元卦　起星

接著要為您介紹「玄空大卦」九運辰山戌向「起星」的格局，就是坐東南朝西北的格局。

因為一卦管三山，所以坐東南朝西北就有三種可能的山向。第一是地元卦辰山戌向，第二是天元卦巽山乾向，第三是人元卦巳山亥向。我們已經介紹過辰山戌向下卦的部分，就是楊公所謂三七相兼（就是在坐山中間那九度之間），就要用下卦。而我們現在要與您分享的是辰山戌向起星的部分，就是楊公所謂二八相兼，就是在左右孤虛線上，就要用起星，現在就請您跟我們一起來研究看看。

首先還是麻煩朋友們翻開您手邊的通書，特一〇五頁。我們先了解辰山戌向是屬於地元卦。

九星令星入宮，一律順飛，每一個宮位它所挨到的星就稱為挨星，九入中

宮，一到乾，二到兌，三到艮，四到離，五到坎，六到坤，七到震，八到巽。

坐山辰方，挨星是八，八為丑，屬陰，但是在坤壬乙訣裡，是不用八，因為丑跟艮為夫婦宗，所以要取替星7破軍星，入中逆佈九宮。因此它的飛法是：7、6、5、4、3、2、1、9、8。

向前戌方挨星是一，地元卦壬屬陽，在坤壬乙訣裡，坤壬乙是巨門從頭出，所以要取替星2巨門，順佈九宮，因此它的飛法是2、3、4、5、6、7、8、9、1。

坐山辰方（東南方）父母三般卦是81八，丁星8退氣，又犯伏吟，所以坐後要有水來制。水星1逢生氣，所以次運會旺財。81同宮，土剋水，損中男。

震宮甲方（東方）是99七，當運的雙星在此，所以這裡如果有山有水，可旺財，也可以補坐山丁星退運之凶。

坤宮未方（西南方）是18六，1、6、8是三吉星，丁星1逢生氣，又逢八白土來生六白金，所以這裡如果山形端莊可出官貴，因為《紫白訣》有云：

「武曲青龍、喜逢左輔善曜。」否則亦韜略榮身。（因為武曲為六白乾金，左輔為八白艮土，都是吉星，6、8相遇為土生金。所以可出官貴，否則也會因為文韜武略而獲得榮寵。）

坎宮壬方（北方）是27五，水星7退氣了，又是零神位衰氣方，所以這裡有水會敗財，有山在此虎邊也不宜太高，否則會損小口。《飛星賦》云：「若坤（2）配兌（7）女，則庶妾難投寡母之歡心。」所以也容易會有婆媳不和的問題。27同宮，失運主口舌是非。

向前戌方63一，丁星退氣，6為乾，為天，3為震，為雷，《飛星賦》云：「壯途躓足」，所以此方宜低窪有水，否則會如《玄空祕旨》所云：「足以金而蹣跚」容易有腳的毛病。離方是36四，水星退氣，所以此方宜高不宜低，否則六乾金剋3震木及4巽木，容易有腳的毛病。

艮宮丑方（東北方）是45三，4、5都是中元的退運星。東北有水五黃多藥水，此方更忌三叉水口。《飛星賦》有云：「寒戶遭瘟，緣自三廉夾綠。」

（三是三碧，廉是五黃，綠是四綠，意思是三、五、四的組合，容易有瘟疫的疾病。）45同宮，木剋土，失令主損財病傷。

兌宮庚方（西方）是54二，4巽木剋5黃土與二黑土，木剋土，五黃最忌三碧四綠，所以這裡也不宜見水，會有乳房方面的疾病。

◎結　論：

第一、坐山的右後方（99七）當運的雙星到坐，坐山的左邊是36四，所以此兩方有高地可補坐山丁星之不足。

第二、坐山是81八，水星逢生氣，所以坐後有水，連震宮99七，水星也是當令的旺星，所以坐山的後方有水的話，可以補向前水星之不足。

第三、艮宮45三與兌宮54二，5、4都是中元的退氣星，都是木剋土，犯鬥牛煞，而且《飛星賦》云：「寒戶遭瘟，緣自三廉夾綠。」所以此兩方不適合當房間，會疾病不斷，也不適合安神位。

第四、北方27五，是零神位，中宮是72九，因為《玄空祕旨》云：「庶妾難得寡母之歡心。」所以此兩方位不宜當少女的房間來使用，否則會造成婆媳不和的現象。

第五、九運辰山戌向起星，庚方雖可為城門訣。但庚方54二，主乳癰、發瘟。

第六、震宮99七，為當元旺水，須山水同見，可丁財兩旺。

（十七）巽山乾向　天元卦　下卦

※九運巽山乾向下卦與巳山亥向下卦星盤相同

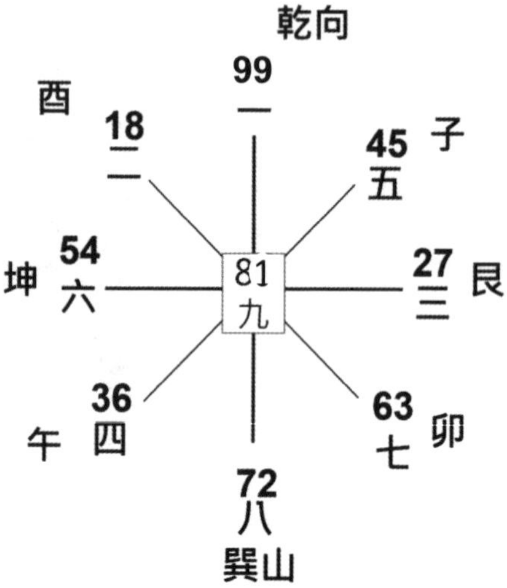

	西	西北	北	
	酉	乾	子	
西南	坤		艮	東北
	午	巽	卯	
	南	東南	東	

日出東方

	巽	午	坤	
	7 八	3 四	5 六	
卯	6 七	8 九	1 二	酉
	2 三	4 五	9 一	
	艮	子	乾	

（通書）

巽山乾向：下卦

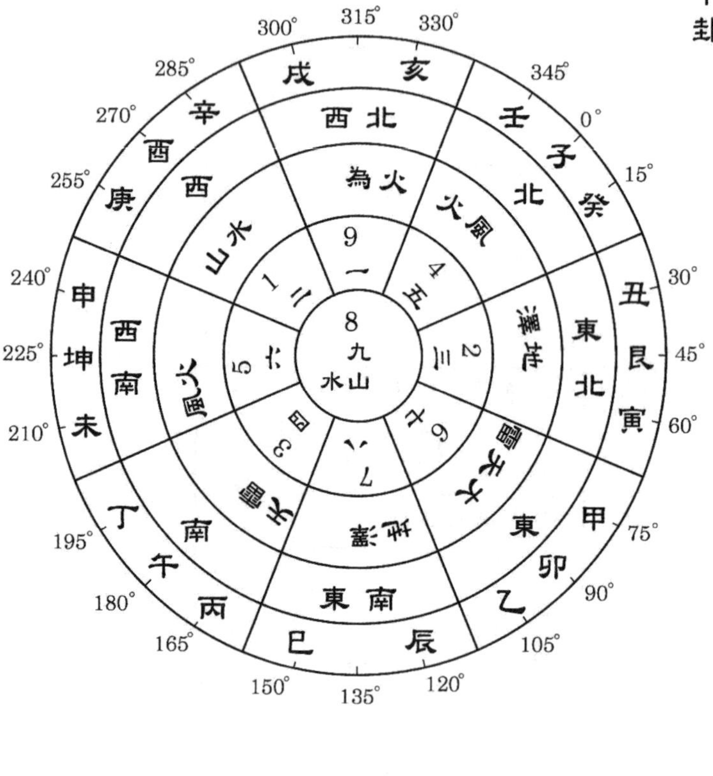
315°
330°
345°
0°
15°
30°
45°
60°
75°
90°
105°
120°
135°
150°
165°
180°
195°
210°
225°
240°
255°
270°
285°
300°
戌
亥
壬
子
癸
丑
艮
寅
甲
卯
乙
辰
巳
丙
午
丁
未
坤
申
庚
酉
辛
西北
北
東北
東
東南
南
西南
西
8
九
山
水
9
4
2
6
7
3
5
1

巽山乾向：天元卦　下卦

繼續要為您介紹「玄空大卦」九運巽山乾向下卦的格局，就是座東南朝西北的格局。

如果您家的房子，太陽是從右後方出來，由左前方西下的話，那就有可能是座東南朝西北。因為一卦管三山，所以座東南朝西北，就有三種不同的山向：第一是地元卦辰山戌向，第二是天元卦巽山乾向，第三是人元卦巳山亥向。現在就請您跟我們一起來研究巽山乾向（座東南朝西北）九運的格局。

首先還是麻煩朋友們翻開您手邊的通書，特一〇六頁。我們先了解巽山乾向是屬於天元卦。

九運令星入宮，一律順飛，每一個宮位它所挨到的星就稱為挨星，九入中宮，一到乾，二到兌，三到艮，四到離，五到坎，六到坤，七到震，八到巽。

坐山巽方，它的挨星是八，八為艮，屬陽，所以入中之後就順佈九宮。

（因此它的飛法是8、9、1、2、3、4、5、6、7）。

向前乾方，挨星是一，一為子，屬陰，因此入中之後逆佈九宮（所以它是1、9、8、7、6、5、4、3、2這樣飛）。

再看，向前乾方（西北方）父母三般卦是99一，當運旺星，雙星會合於向前，合離宮打劫，因此向前有水局，而且水外還有朝山的話，在上、中、下元甲辰到甲寅這二十年間，乾（西北）、離（南方）、震（東方）三方同旺，可旺財又旺丁。尤其是乾方財星9一、子方財星5五、艮方財星7三等全局合十，主得財輕鬆、好賺錢。向前99一，為丁星下水。若宅前只有水沒有山，則旺財不旺丁；若有山無水，則只旺丁不旺財。

中宮是81九，次運財星入囚，所以會退財。若坎方正北有水囚不住。兌宮西方（西方）是18二，水星8已退運了，正西有水為殺水，丁星1逢生氣，所以此方宜高，不宜有水，否則就會退財損丁。

接著看坐山巽方（東南方）是72八，丁星7已經退氣了，所以坐山宜低不宜高，否則會損丁。

艮方（東北方）是27三，水星7已退氣，有水為衰水，過宮水則別論。所以艮方宜高不宜低窪，否則會敗財。三7組合為金剋木，又稱穿心煞。《紫白訣》云：「三七疊至，被劫盜更見官災。」此方不宜見水，主敗財。

再看坤方（西南方）是54六，西南有水四運發。《飛星賦》有云：「乳癰兮四五。」所以婦女的房間如果在這個方位，就容易有乳房方面的疾病。尤其是坎宮子方（北方）是45五，又是零神位（衰氣方）。雙五主凶事連連。丁、財、運三星既失令又犯煞，五黃最忌三碧四綠，為木剋土，主破財、災難橫生。《飛星賦》有云：「五黃飛到三叉，尚嫌多事。」所以有水，交三叉的地方都不好。《飛星賦》亦云：「子癸歲，廉貞飛到，陰處生瘍。」意思是子癸年，因為廉貞飛臨，所以容易犯皮膚潰爛的疾病。

◎結　論：

第一：巽山乾向下卦九運的格局合離宮打劫，山、向當令雙星都飛到向前。一般都會認為向前有水，水外有朝山就可以旺財又旺丁。但是要注意巽山乾向九運的格局比較特殊，向前龍邊（18二）山星逢生氣，水星剛退運；向前虎邊（45五）是零神位衰氣方，水星又是五黃廉貞飛臨，又與挨星犯伏吟，但是向前若有大河流過，玉帶環腰，就未必能旺財或旺丁。而且坐山（72八）及右後方（63七），山星皆退氣，坐後有靠也會損丁。

第二：巽山乾向本來就是陰陽倒置的格局。因為巽的先天為兌，兌為澤，卻用來當坐山。乾的先天為艮，艮為山，卻在向前，不能當靠山。再加上巽山乾向九運的格局又是如此，因此巽山乾向在室內隔間的佈置上要特別小心。

第三：九運巽山乾向下卦，離宮打劫，水星合十，賺錢輕鬆。

第四：這個座向開99一門為首選，開左、右門都不好。

第五：坤宮54六、坎宮45五，不利文昌。

第六：有朋友提問（巽山乾向跟巳山亥向究竟有何不同）巽山乾向跟巳山亥向的陰陽相同，水星入中都是1，下卦所有宮位的水星數字都相同，水主財，財旺財衰的宮位都相同。左邊數字是山星，山星7入中（例如：巽山乾向起星），當運旺星在龍邊。

山星8入中（例如：巽山乾向下卦），旺星在向前，生氣星在龍邊，比7入中棒。

山星9入中（例如：巳山亥向起星）則為丁星入囚最背。

（十八）巽山乾向　天元卦　起星

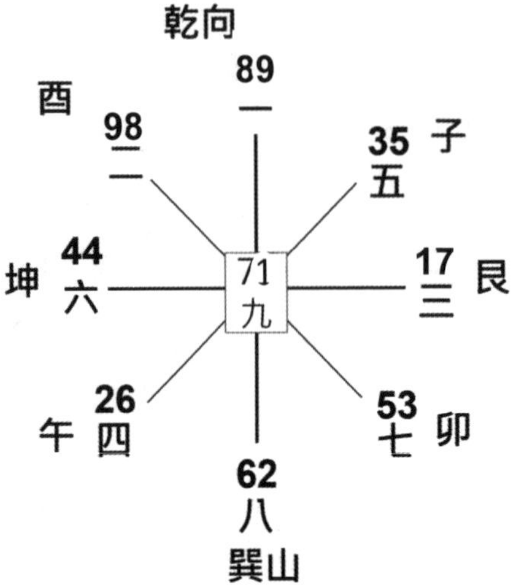

	巽	離	坤	
震	6 八	2 四	4 六	
	5 七	7 九	9 二	兌
	1 三	3 五	8 一	
	艮	坎	乾	

（通書）

巽山乾向：起星

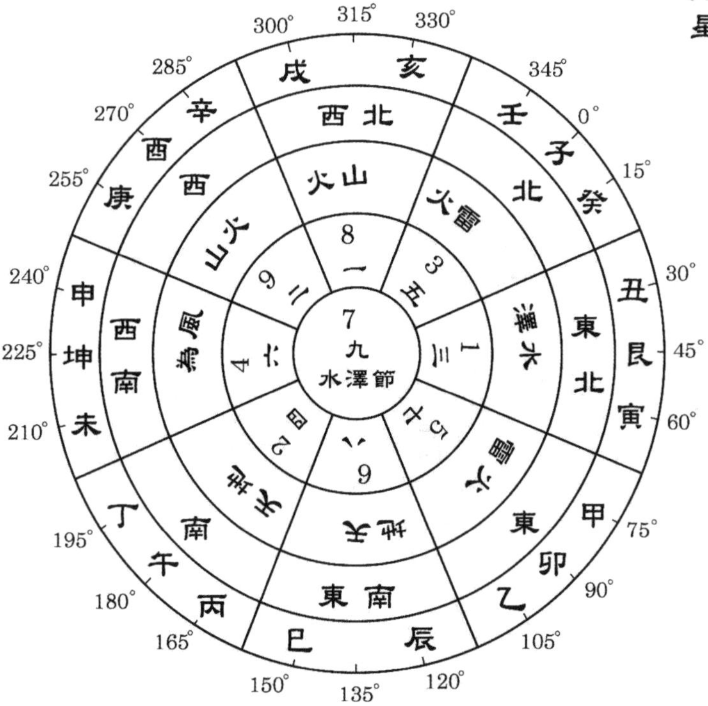
315°
300°
330°
285°
345°
270°
0°
255°
15°
240°
30°
225°
45°
210°
60°
195°
75°
180°
90°
165°
105°
150°
120°
135°
戌 亥
壬 子 癸
丑 艮 寅
甲 卯 乙
辰 巳
丙 午 丁
未 坤 申
庚 酉 辛
西北
北
東北
東
東南
南
西南
西
火山
火雷
澤水
雷火
地天
火地
風為
山火
8
一
3
五
1
三
5
七
6
八
2
四
4
六
9
二
7
九
水澤節

巽山乾向：天元卦　起星

繼續要為您介紹「玄空大卦」九運巽山乾向「起星」的格局，就是坐東南朝西北的格局。

因為一卦管三山，所以坐東南朝西北就有三種可能的山向。第一是地元卦辰山戌向，第二是天元卦巽山乾向，第三是人元卦巳山亥向。我們已經介紹過巽山乾向下卦的部分，就是楊公所謂三七相兼（就是在坐山中間那九度之間），就要用下卦。而我們現在要與您分享的是巽山乾向起星的格局。就是在楊公所謂二八相兼（就是在每坐山中央九度之外的左右的孤虛線上，就要用起星）。現在就請您跟我們一起來研究看看。

首先還是麻煩朋友們翻開您手邊的通書，特一〇七頁。我們先了解巽山乾向是屬於天元卦。

九星令星入宮，一律順飛，每一個宮位它所挨到的星就稱為挨星，九入中

宮，一到乾，二到兌，三到艮，四到離，五到坎，六到坤，七到震，八到巽。坐山巽方，挨星是八，八為艮，屬陽，但是在坤壬乙訣裡有提到：艮丙辛位位是破軍，所以要取替星7破軍星入中順佈九宮，因此它的飛法是：7、8、9、1、2、3、4、5、6。

向前乾方挨星是一，一為子，屬陰，所以入中之後逆佈九宮，因此它是1、9、8、7、6、5、4、3、2這樣飛。

向前乾方是89一，兌宮西方是98二，8為剛退氣的凶星，所以兌宮西方宜高不宜低，正西有水為殺水。向前水星9當旺，西北有水當運發財，但人丁不旺。全局的財星全盤合十，所以賺錢很容易，可以大旺財祿。89同宮，火土相生。《紫白訣》云：「八逢紫曜，婚喜重來。」當其旺，富堪敵國，喜事重來。

坐山巽方（東南方）父母三般卦是62八，離宮午方（南方）是26四，6是中元的退氣星，所以離宮宜高不宜有水，會敗財。坐山巽方（62八），山星6

退氣了，所以坐山宜低窪有水不宜高。有水的話，次運為生氣星，可以續旺財祿。62同宮，金生土，當運主土地田莊。

中宮是71九，全盤財星與挨星合十，所以賺錢很容易，水星1是生氣星，次運（71一）財星入囚，所以財運退敗，若正北有水囚不住。71同宮，金生水，《玄空祕旨》云：「金水多情，貪花戀酒。」

坤宮是44六，4為退氣星，又遇挨星是六乾金，《玄機賦》云：「木見戌朝，莊生難免鼓盆之嘆。」所以坤宮不適合當主臥房，恐有喪妻之痛。

震宮是53七，正東有水三運發，山星五，人丁愚笨。坎宮是35五，正北雙五有水凶事連連，更忌三叉口水在此方。3是祿存，5黃為廉貞。《飛星賦》有云：「寒戶遭瘟，緣自三廉夾綠。」又云：「五黃飛到三叉，尚嫌多事。」又云：「廉貞飛到，陰處生瘍。」所以這兩個宮位，不適合當房間來使用。53同宮，為木剋土，鬪牛煞，主血光、瘟疫。

艮方17三，丁星生氣，水星退氣，東北有水為衰水，水星又與挨星合十，但退氣又逢3、7疊臨，所以也宜高不宜低，低窪有水會大凶。17同宮，當令為金水相生，失運為桃花之應。

◎結　論：

第一、向前乾方89一，水星當旺，所以向前有水，因為水星全盤合十，所以賺錢比較容易。向星9紫到向，九紫火生八白土，八白土又生元旦盤六乾金，六白金生一白水，五行遞生，主子孫繁衍發達。向前有水「囚」不住，1運續發。

第二、山星的旺氣在兌宮98二，還有艮宮17三，而且水星都退氣，所以此兩方宜高不宜低，否則損丁敗財。

第三、坎宮35五，零神位衰氣方也是虎邊，因為5黃廉貞飛到三叉，尚嫌多事，所以此方不宜有水，有山也不宜太高，否則會損小口。

第四、坐山巽方62八，及南方26四，6為乾，2為坤，所以《飛星賦》有云：「乾坤神鬼與他相剋非祥。」所以此兩方不適合當神位，會有靈異現象。坐後若有水，則為《玄機賦》所云：「巨入艮坤，田連阡陌。」

第五、坤宮44六，忌見斷頭山，否則亦為無用之文昌。

註：巳山亥向下卦與巽山乾向下卦相同

巳山亥向：下卦

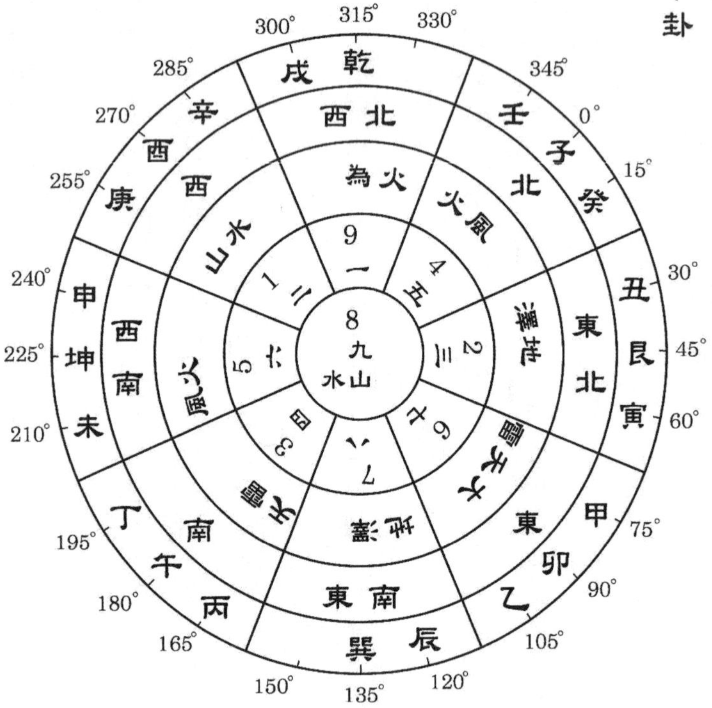

（十九）巳山亥向　人元卦　起星

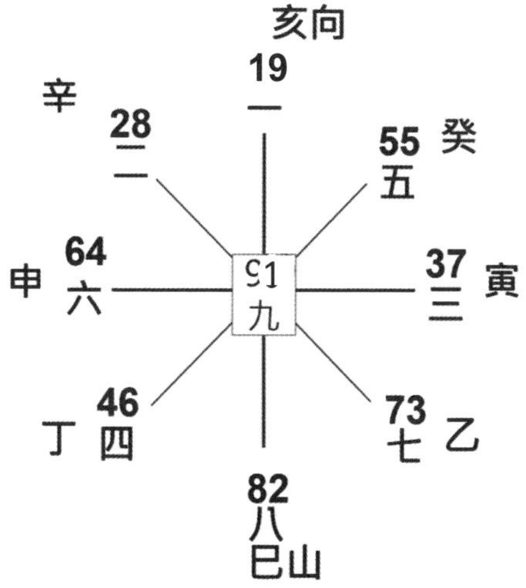

	巽	離	坤	
	8 八	4 四	6 六	
震	7 七	9 九	2 二	兌
	3 三	5 五	1 一	
	艮	坎	乾	

（通書）

巳山亥向：起星

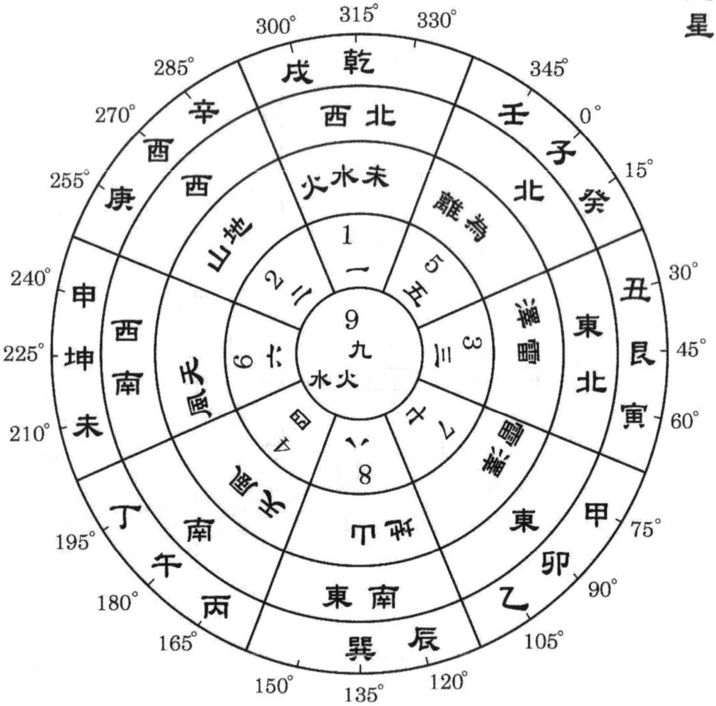
300°
315°
330°
345°
0°
15°
30°
45°
60°
75°
90°
105°
120°
135°
150°
165°
180°
195°
210°
225°
240°
255°
270°
285°
戌 乾
西北
壬 子 癸
北
丑 艮 寅
東北
甲 卯 乙
東
辰 巽
東南
丙 午 丁
南
未 坤 申
西南
庚 酉 辛
西
火水未
離為
山地
天風
9
九
水火
1
一
5
五
3
三
6
六
2
二
4
四
8
八
七

巳山亥向：人元卦　起星

接著要為您介紹「玄空大卦」九運巳山亥向「起星」的格局，就是坐東南朝西北的格局。

因為一卦管三山，所以坐東南朝西北就有三種可能的山向。第一是地元卦辰山戌向，第二是天元卦巽山乾向，第三是人元卦巳山亥向。我們已經介紹過巽山乾向下卦的格局，因為巳山亥向的下卦與巽山乾向的下卦是相同的。而我們現在要為您介紹的是巳山亥向起星的格局。就是在楊公所謂二八相兼，在左右的孤虛線上，就要用起星。現在就請您跟我們一起來研究巳山亥向起星的格局。

首先還是麻煩朋友們翻開正福堂的通書，特一〇九頁。我們一樣先了解巳山亥向是屬於人元卦。

九星令星入宮，一律順飛，每一個宮位它所挨到的星就稱為挨星，九入中

宮，一到乾，二到兌，三到艮，四到離，五到坎，六到坤，七到震，八到巽。

坐山巳方挨星是八，八為寅，屬陽，但是在楊公所謂二、八相兼的地方，寅午庚要用替星9（右弼星）來代替，所以入中之後順佈九宮，因此它的飛法是：9、1、2、3、4、5、6、7、8。

向前亥方挨星是一，一為癸屬陰，所以入中之後逆佈九宮，所以它的飛法是1、9、8、7、6、5、4、3、2這樣飛。

向前亥方是19一，當運的財星到向，全盤水星合十，所以如果向前有水的話，可大旺財祿，而且賺錢容易。山星1是生氣星，又是貪狼星，1走到挨星一，名為還宮復位，所以水外有山，山形秀麗一定會出官貴。

中宮是91九，此運人丁不旺，因為丁星入囚，又犯伏吟，所以恐怕會損人丁。財星1是生氣星，生氣星入囚，次運大敗財祿。（中宮山星9與運星九數相同，謂之丁星入囚），主絕嗣。

坐山巳方（東南方）父母三般卦是82八，山星8是剛退運的凶星，又犯伏吟，但財星全盤合十，2為次運的生氣星，所以坐後宜空不宜實，意思是要空曠才好。82同宮，土土比旺，當運有財。

兌宮辛方是28二，不僅山星犯伏吟，8又為退氣凶星，雖然財星合十，但不宜有水，正西方為殺水，此方宜高才不會敗財。

震宮乙方73七，山星退氣又犯伏吟，3、7又犯凶星，所以此方宜低不宜高，以防山星發凶。7遇3為穿心煞，金木相剋，主官非、破財。正東有水三運發。

艮宮寅方是37三，同樣犯3、7凶星，3又犯伏吟，所以此方宜高不宜低，否則會敗財損丁。因為37、73，《玄空祕旨》有云：「木金相反，背義忘恩。」「足以金而蹣跚。」《紫白訣》有云：「三七相疊至，被劫盜更見官災。」東北有水為衰水，過宮水則別論。

坤宮申方（西南方）是64六，離宮丁方（南方）是46四，4、6都是中元的退運星，又犯伏吟。俗話說：伏吟返吟淚淋淋！西南方有水四運發，南方有水六運發。

六4合十，但六乾金剋4巽木，《玄機賦》有云：「木見戌朝，莊生難免鼓盆之嘆。」因為4為辰巽巳，6為戌乾亥，所以會有喪妻之痛，因此這兩個方位都不適合當主臥房使用。64同宮，金剋木，主喪妻。

坎宮癸方（北方）是55五，五為零神位衰氣方，5黃廉貞相會，戊己大煞重逢。兩個廉貞在一起，又在衰氣方。所以遇到55五，會很危險。因為眾煞群聚，所以容易發生災殃。《紫白訣》有云：「正煞為五黃，不拘臨方到間，人口常損。」所以這個方位不適合當起居室來使用，要特別注意。55同宮，大凶，官災連連，無論生剋俱凶，主財丁兩敗。

◎結 論：

第一、當運的水星9到向前，又全盤合十，當運的山星9入囚又犯伏吟，加上坐山的左右兩方，山星都逢退氣又犯伏吟，所以這個格局只能旺財，而且賺錢容易又得人和，但是丁星入囚又犯伏吟，所以不利人丁。

第二、向前的龍邊28二，水星退氣，山星逢生氣，所以此方宜高不宜低，所以不適合開門，向前的虎邊55五，是零神位衰氣方，5黃廉貞眾煞群聚，所以容易發生災殃，所以向前左右兩方都不適合開門當納氣口，只有由坐山後面當出入口比較適宜。

第三、南方（離宮46四）、西南方（坤宮64四）都是犯4、6與6、4，丁星都犯伏吟，因為《玄機賦》有云：「木見戌朝，莊生難免鼓盆之嘆！」所以這兩個方位不適合當主臥房使用，容易有喪妻之痛。

第四、東方、東北方犯3、7凶星，3震為長男，7兌為少女，所以《飛星賦》有云：「乙辛兮，家室分離」，因為長男（3震）配少女（7兌）（老夫配少妻），所以這裡當主臥房的話，夫妻感情也會不和睦，容易分離，要特別注意。

（二十）丙山壬向　地元卦　下卦

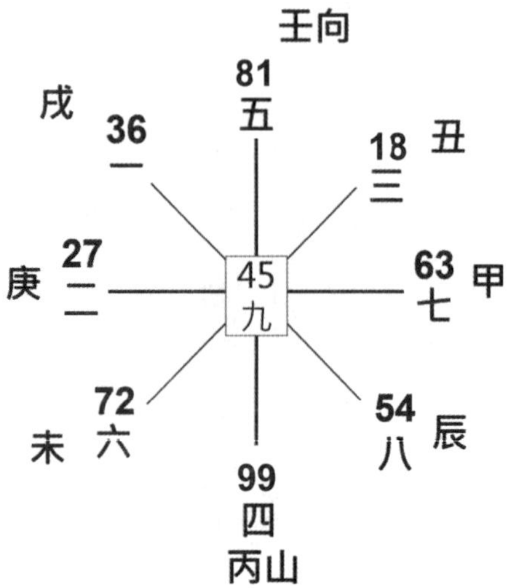

	西北	北	東北	
	戌	壬	丑	
西	庚		甲	東
	未	丙	辰	
	西南	南	東南	

日出東方

	巽	離	坤	
	5 八	9 四	7 六	
震	6 七	4 九	2 二	兌
	1 三	8 五	3 一	
	艮	坎	乾	

（通書）

丙山壬向：下卦

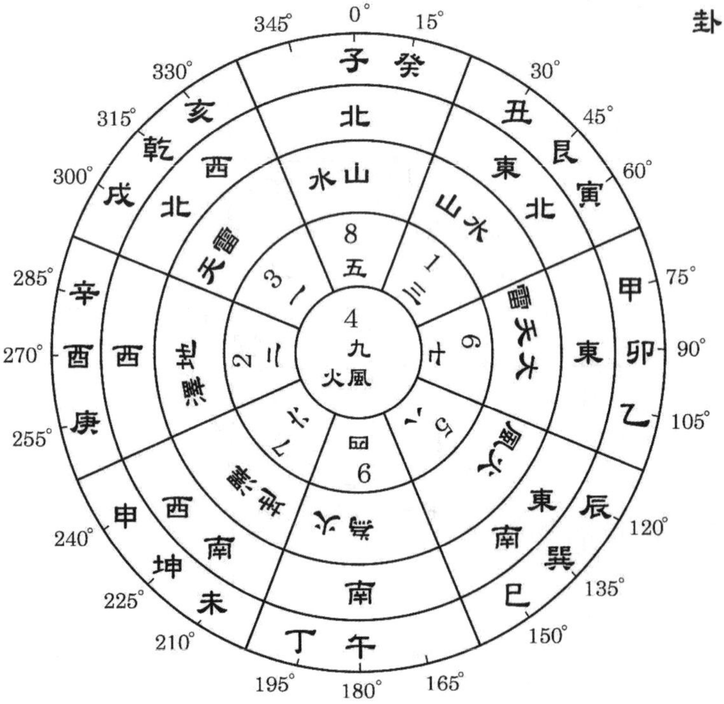
0°
15°
30°
45°
60°
75°
90°
105°
120°
135°
150°
165°
180°
195°
210°
225°
240°
255°
270°
285°
300°
315°
330°
345°
子 癸
丑 艮 寅
甲 卯 乙
辰 巽 巳
午 丁
未 坤 申
庚 酉 辛
戌 乾 亥
北
東北
東
東南
南
西南
西
西北
山水
水山
雷天大
火風
火鼎
火澤
澤
天雷
8 五
1 三
6 七
5 八
9 四
7 六
2 二
3 一
4 九
火風

丙山壬向：地元卦　下卦

繼續為您介紹，玄空大卦，九運丙山壬向下卦的格局（坐南朝北的座向）。

如果您家的房子，太陽是從右方出來，左方西下的話，那就有可能是丙山壬向。因為一卦管三山，所以這種座向，有三種不同的山向。第一是地元卦丙山壬向，第二是天元卦午山子向，第三是丁山癸向。

現在請您跟著我們來一起研究丙山壬向下卦的格局。

首先請朋友們翻開您手邊的通書，特一一〇頁。我們先了解丙山壬向是屬於地元卦。

九星令星入宮，一律順飛，每一個宮位它所挨到的星就稱為挨星，九入中宮，一到乾，二到兌，三到艮，四到離，五到坎，六到坤，七到震，八到巽。

坐山丙方，挨星是四，四為辰，屬陰，所以入中之後逆佈九宮。（因此它的飛法是4、3、2、1、9、8、7、6、5）。

向前壬方，挨星是五，因為座山立向都屬陽，所以五屬於陽土（戊土），因此入中之後順佈九宮（所以它是5、6、7、8、9、1、2、3、4這樣順飛）。

再看，坐山丙方父母三般卦得99四，當運的雙星會合於坐山，所以叫雙星到坐，挨星是四綠，因此四綠木逢九離火，四九同宮就是木火通明之象，表聰明才智。如果坐後有靠山，又有水來纏繞，就可以旺財又旺丁。坐山99四，為財星上山，因此坐後只有山不見水，則只旺丁不旺財；坐後只有水不見山，則為旺財不旺丁。

向前坎宮壬方得81五，丁星8是退氣星，水星1逢生氣，又是零神位的衰氣方，所以這裡有水，一運發，可以繼續旺財，又可以阻斷衰氣，引南方的旺氣入堂來。宅前不宜見高山或高樓，否則主損丁。81同宮，土剋水，損中男。

其次我們再看艮宮丑方得18三，水星8剛退運主凶，丁星1逢生氣，所以這裡不宜有水，東北為殺水，有山也不宜太高，否則就會變成白虎抬頭，損小口，又不利人丁。

兌宮庚方得27二，坤宮未方得72六，7是退氣星，兌宮丁星犯伏吟，坤宮丁星犯交劍煞（因為6乾屬金，7兌也屬金，就像兩把劍，所以稱為交劍煞），因此《玄空祕旨》有云：「庶妾難得寡母之歡心」（因為2坤為老母，7兌為少女，所以才會如此論述。）庚方27二，室外宜見秀麗山峰不宜見水，正西為衰水，此方有山主旺丁。坤宮72六，丁星7為失令的煞星，室外不宜有高山或高樓，否則主損丁，西南有水二運發。

最後我們再看乾宮戌方得36一，六乾金剋三震木，金剋木為鬥牛煞，所以不適合當客廳，可當儲藏室、廁所。震宮甲方得63七，6為中元的退氣星，震宮63七，又犯了交劍煞。（因為6乾金與7兌金），此方不吉，只適合當廁所或雜物間使用。乾宮36一，運星一白文昌星與財星6白武曲組合，大利文昌，可當書房。

《飛星賦》有云：「壯途躓足。」因為三震為木被6乾金所剋，震為雷，乾為天，所以卦名為雷天大壯。《飛星賦》的意思是說：在旅途中腳容易受傷，乾宮水星又犯伏吟。（因為6乾飛到乾宮）《飛星賦》亦云：「頭響兮六三」，意思是六乾金剋三震木，乾又代表頭部，震代表震動，所以要預防頭部暈眩的疾病。

◎結　論：

第一、我們曾經介紹過午山子向是9運的旺星雙星到向，所以在3、6、9的宮位，在上、中、下三元都能同旺的意思，合坎宮打劫。（真能打劫者，僅有坎、離二宮。）丙山壬向是雙星到座，所以就不符合打劫運了。

第二、如果丙山壬向，在座山後有水，水繞玄武就可以旺財又旺丁。

第三、如果丙山壬向，座後只有高山無水，就要在零神位佈水局，因為零神位的水星是1，所以旺在當運，1運更旺。

第四、我們也可以在坤方（水星2），佈水局，也可以達到旺財的效果。

第五、九運丙山壬向下卦，向星5入中宮，向星全盤犯伏吟，（即6到乾宮，7到兌宮，8到艮宮，9到離宮，1到坎宮，2到坤宮，3到震宮，4到巽宮），亦即與元旦盤重疊。向星主財，犯伏吟，有突然大破財之象，要注意須謹慎投資。

第六、中宮45九、坐山99四，共有兩組49木火通明飛星，利聰明才智生財。

第七、開離宮99四門為旺氣，開坎宮81五門為生氣。

第八、乾宮36一，可當文昌位。

第九：回覆YouTube影片楚楚小姐的問題：

楚楚問：我家人昨天突然在房間地板暈倒，我上網查老師說丙山壬向西北房間為鬥牛煞，我該怎麼辨，一一〇年三月住進來的。

老師回覆：

一、丙山壬向西北方的山星是3為木，水星是6為退運星屬金，西北也是金。所以《飛星賦》云：「頭響兮六三。」因為六為乾，屬頭部。

二、民國一一〇年又是六白金運，而今年壬寅年犯五黃，所以頭部才會突然有狀況。尤其是農曆十月份又屬二黑管局，宜多防範，及早作身體檢查為要。

三、若以五行論生剋，金剋木宜用水來化解，可惜水星已退運，佈水局恐招敗財運，故不宜。只能多多利用向前虎邊為生活起居的重要活動空間，龍邊身體有恙者，儘量少待在此方。

（二十一）丙山壬向　地元卦　起星

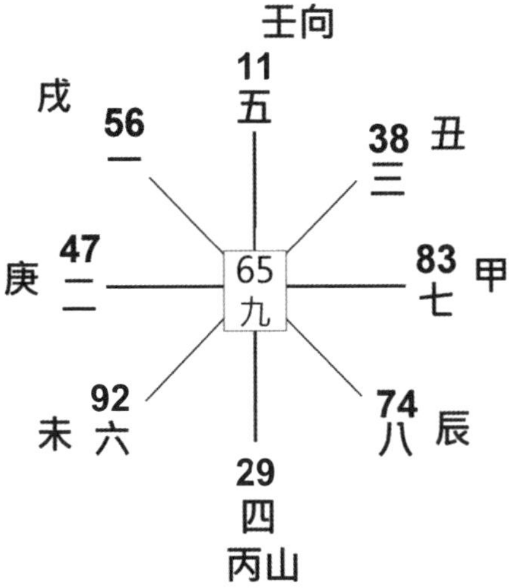

巽	離	坤
7 八	2 四	9 六
震 8 七	6 九	4 二 兌
3 三	1 五	5 一
艮	坎	乾

（通書）

丙山壬向：起星

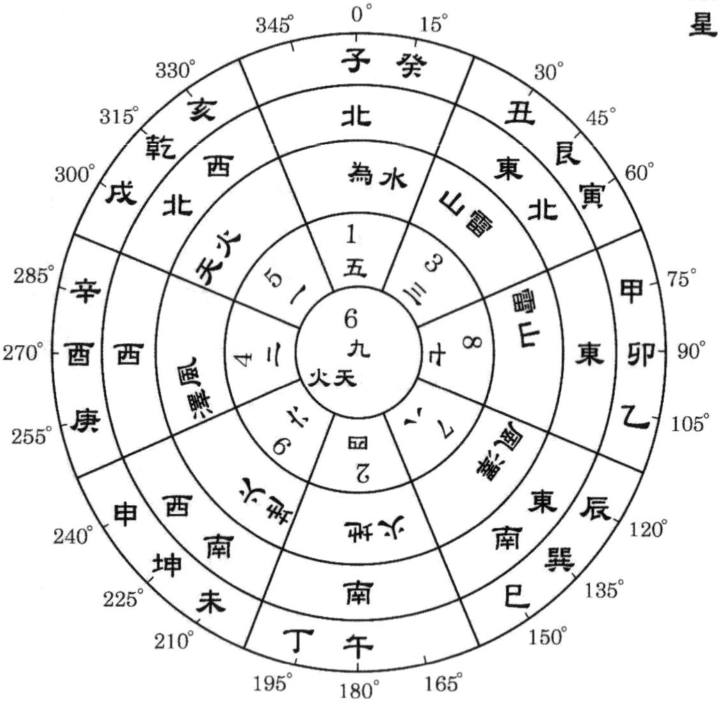
0°
15°
30°
45°
60°
75°
90°
105°
120°
135°
150°
165°
180°
195°
210°
225°
240°
255°
270°
285°
300°
315°
330°
345°
子 癸
丑 艮 寅
甲 卯 乙
辰 巽 巳
午 丁
未 坤 申
庚 酉 辛
戌 乾 亥
北
東北
東
東南
南
西南
西
西北
水為
雷山
山雷
風澤
火地
火天
澤風
天火
1 五
3 三
8 十
7 七
2 四
9 六
4 二
5 一
6 九 天火

丙山壬向：地元卦　起星

繼續要為您介紹「玄空大卦」九運丙山壬向「起星」的格局，就是坐南朝北的格局。

因為一卦管三山，所以坐南朝北就有三種不同的山向。第一是地元卦丙山壬向，第二是天元卦午山子向，第三是人元卦丁山癸向。我們已經介紹過丙山壬向下卦的部分，就是楊公所謂三七相兼（在坐山中間那九度之間）就要用下卦。現在要與您分享的是丙山壬向起星的格局，就是楊公所謂二八相兼，就是在每坐山中央九度之外的左右孤虛線上，就要用起星。現在就請您跟我們一起來研究丙山壬向「起星」的格局。

首先請朋友們翻開正福堂的通書，特一一一頁。我們先了解丙山壬向是屬於地元卦。

九星令星入宮，一律順飛，每一個宮位它所挨到的星就稱為挨星，九入中

宮，一到乾，二到兌，三到艮，四到離，五到坎，六到坤，七到震，八到巽。

坐山丙方挨星是四，四為辰，屬陰，所以入中之後逆佈九宮。但是因為在楊公所謂的二、八相兼的孤虛線上，所以不用4文曲，要用6武曲星來代替。所以6入中之後，逆佈九宮，因此它的飛法是6、5、4、3、2、1、9、8、7。

向前壬方挨星是五，因為山向都屬陽，所以中宮五為戊土屬陽，所以5入中宮之後順佈九宮，因此它是5、6、7、8、9、1、2、3、4這樣飛。

坐山丙方父母三般卦是29四，坤宮未方是92六，9為當運的旺星，所以坐山丙方及未方宜坐後有靠，兼有水繞玄武的話，可當運旺財又旺丁。

向前壬方為11五，生氣的雙星到向，又是零神位的衰氣方，所以向前有水，水外又有山巒端拱來朝揖的話，次運就可以續旺財丁。如果壬方有水的話，可引南方的旺氣入堂來。11同宮，得運財丁兩全。

艮宮丑方是38三，震宮甲方是83七，8為剛退氣的凶星，正東有水三運發。艮宮3三又犯伏吟。《玄空祕旨》云：「足以金而蹣跚」《飛星賦》云：「須識七剛三毅，剛毅者，制則生殃。」所以3、7不能在一起（會互相戰剋），否則容易生殃。《紫白訣》云：「八會四，而小口殞生，三八之逢更惡。」所以艮宮、震宮都不適合當男生的房間。

巽宮辰方是74八，兌宮庚方是47二，4為長女，7為少女，7兌金剋4巽木，所以兌宮與巽宮都不適合當女生的房間，容易造成妯娌不和。74同宮，是非日有、刀傷。《玄空祕旨》云：「雷風金伐，定被刀傷。」

坐山與坐後兩方以及兌宮，山向飛星都逢2、4、7、9，都是陰星。《玄空祕旨》云：「陰神滿地成群，紅粉場中空快樂。」所以男主人房間在這四個方位，容易流連在風月場所。

乾宮是56一，6已經退氣了，所以此方不宜有水。56同宮，當其衰，家主得病。中宮65九，財星五運入囚，不發財。

◎結　論：

第一、坐山後方（29四），是九運的旺氣方，所以丙方（29四）與未方（92六），山星與向星都逢29與92，所以此兩方宜坐後有靠，兼水繞玄武，就可以旺財又旺丁。

第二、向前壬方是11五，生氣雙星到向前，所以向前如果有水，兼山巒端拱朝揖的話，次運又可以旺財兼旺丁。北方又是零神位，所以此方有水，可以引動南方的旺氣入堂來。

第三、東方、東北方都是83、38，3震為長男，8艮為少男，所以此兩方不宜當男生房間，容易兄弟不和睦。

第四、巽宮、兌宮飛星是74、47，4為長女，7兌為少女，7兌金剋4巽木，所以此兩方如果當少女的房間，也容易造成妯娌不和的現象。

第五、九運丙山壬向起星，水星全局犯伏吟。（同下卦）

（二十二）午山子向　天元卦　下卦

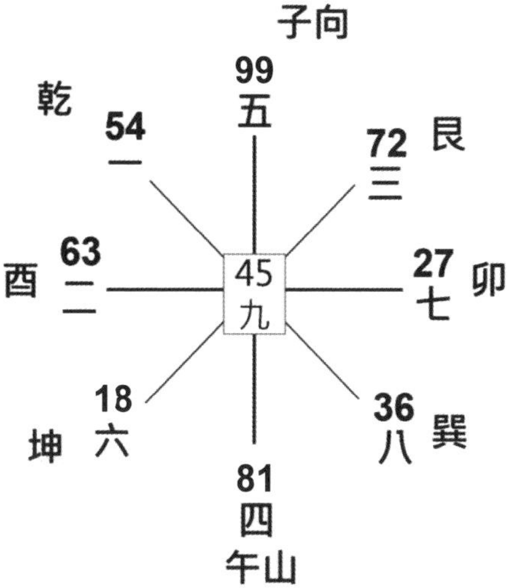

	西北	北	東北	
	乾	子	艮	
西	酉		卯	東
	坤	午	巽	
	西南	南	東南	

	巽	離	坤	
	3 八	8 四	1 六	
震	2 七	4 九	6 二	兌
	7 三	9 五	5 一	
	艮	坎	乾	

（通書）

午山子向：下卦

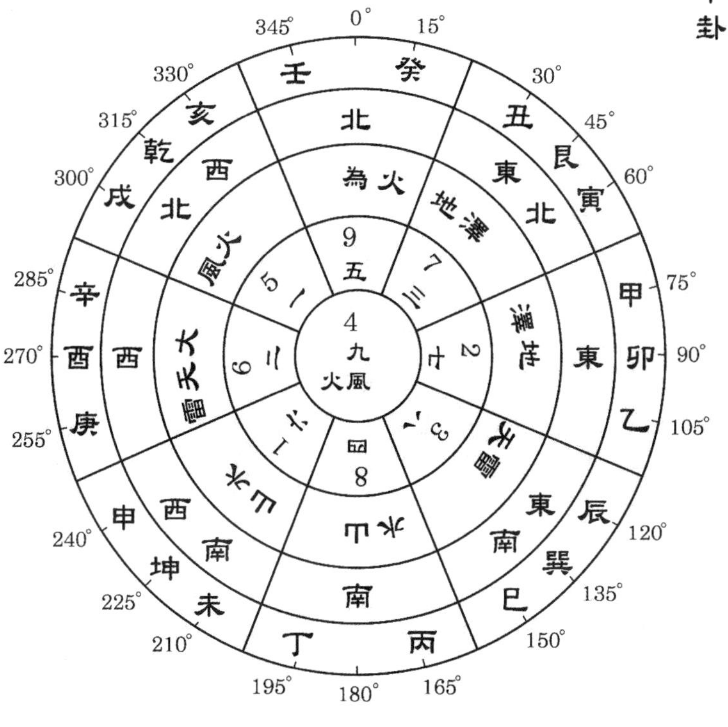
0°
15°
30°
45°
60°
75°
90°
105°
120°
135°
150°
165°
180°
195°
210°
225°
240°
255°
270°
285°
300°
315°
330°
345°
壬
癸
丑
艮
寅
甲
卯
乙
辰
巽
巳
丙
丁
未
坤
申
庚
酉
辛
戌
乾
亥
北
東北
東
東南
南
西南
西
西北
火為
地澤
澤水
雷天
水山
山水
天雷
風火
9
五
7
三
2
七
3
八
8
四
1
六
6
二
5
一
4
九
風火

※九運午山子向下卦、丁山癸向下卦星盤相同。

午山子向：天元卦　下卦

楊公在《都天寶照經》裡，論述的「玄空大卦」九運午山子向的格局，就是坐南朝北的房子。

如果您家的房子，太陽是從右方出來，左方西下的話，那就是坐南朝北。但是因為一卦管三山，所以坐南朝北就有三種不同的山向。第一是地元卦丙山壬向，第二是天元卦午山子向，第三是人元卦丁山癸向，因為天元卦與人元卦陰陽相同，所以吉凶同論。

但是朋友們還是要注意，因為太陽在春夏秋冬出來的位置不太一樣，所以還是要以指南針或羅盤去測量為準。所以您家的房子，太陽是從右方出來的話，現在所介紹的格局就值得您參考了。

首先請朋友們翻開您手邊的通書，我們用的是正福堂七政經緯那本，特一二二頁，我們先了解午山子向是屬於天元卦。

九星令星入宮，一律順飛，每一個宮位它所挨到的星就稱為挨星，九入中宮，一到乾，二到兌，三到艮，四到離，五到坎，六到坤，七到震，八到巽。

坐山午方（南方）挨星是四，屬天元卦，四巽，巽為陽，所以入中順佈九宮（因此它的飛法是4、5、6、7、8、9、1、2、3）。

向前子方（北方），挨星是五，五為中宮土，因為坐山立向都屬陰，所以五為陰土，因此入中逆佈九宮（所以它是5、4、3、2、1、9、8、7、6這樣飛）。

中宮五的陰陽是用座山立向來論，因為午山子向屬陰，所以中宮是己土。

再看，向前子方父母三般卦得99五，當運的雙星到向，合坎宮打劫局，所以坎宮（99五），巽宮（36八），兌宮（63二）三宮，在上、中、下元的甲辰到甲寅旬這二十年，向前如果有水，水外又有山來朝揖的話，就可以旺財又旺丁了。巽宮、兌宮、坎宮為七星打劫方，均宜開門，當主臥房使用，但不宜當廁所，否則會出盜賊。

坎宮（北方）99五為零神位，就是所謂的衰氣方，如果這裡有水（或佈有水局），就可以阻斷來自北方的衰氣，引來南方的旺氣。宅前只見水不見山，則旺財不旺丁；若有山無水，只旺丁不旺財。山水雙見，主富貴雙全，人丁興旺。此方宜開門，當主臥房使用。

其次我們再看坐山離宮午方（南方）得81四，丁星8，因為是剛退運的凶星，水星1逢生氣星，正南有水一運發，又是14同宮，因此如果坐山後面有水的話，就可以發財，又能發科甲。《玄機賦》云：「名揚科第，貪狼星入巽宮。」一白財星與四綠文曲星組合，大利文昌，此方若有秀麗山峰，定主官貴。

坤宮（西南方）得18六，一、六、八三吉星同宮，水星8是退氣星，此方有水為殺水，過宮水不論。丁星1逢生氣，又是三吉星同宮，如果坤方（西南方）山形秀麗的話，就符合《紫白訣》所云：「六、八主武科發跡，否亦韜略榮身。」（意思是說，不然也是文韜武略，會因為您成功的獻策，而得到榮耀。）此方可當書房使用。

接著我們看艮宮（東北方）得72三，東北有水二運發，艮方又犯3、7凶星，因為7為退氣星，所以艮方宜通不宜實，意思是在這裡應該要低窪通氣，不能有高起的建築物。艮方可當城門訣用。

而震宮卯方（東方）得27七，又犯伏吟（7七），所以這裡最好要有高山或高樓，主旺丁，否則就會像《玄空祕旨》裡所云：「庶妾難得寡母之歡心。」因為7兌為少女，2坤為老母，7赤財星為衰死無氣，所以此方不宜見水，有水為衰水，犯之主損財。27同宮，失運主是非口舌，七兌為口舌。

最後我們看乾宮（西北方）是54一，中宮是45九，4跟5都是中元的退氣星。乾方也可當城門訣用。但丁星五黃和財星四綠為煞氣、死氣之星，「毫無生氣入門，糧艱一宿」，所以為實際不可用之城門訣，因此不宜開門。中宮45

九，五運水星入囚，不發財。

而《飛星賦》裡亦云：「乳癰兮四五。」就是說婦女的房間如果是在乾方（西北方）的位置，就容易罹患乳房方面的疾病。

加上向前子方（北方）與艮方（東北方），跟震宮卯方（東方），三般卦飛星都是2、4、7、9陰星滿盤。因為我們知道2是2坤老母，4是4巽長女，7是7兌少女，9是9離中女，所以才會說陰星滿盤。

《玄空祕旨》云：「陰神滿地成群，紅粉場中空歡樂。」所以有這種格局的房子就比較不利於男主人。

◎結　論：

第一、如果山星是退氣星的話，在這個方位就不要有高山或高樓，否則就容易損丁。如果水星是退氣星的話，那裡就不要有水，或低窪，否則就容易敗財。

第二、打圈的部份，就是屬於好的方位，在這個位置就可以用來當主臥房、客廳或佛堂；打叉的地方，就可以規劃成廁所、廚房或儲藏室。

第三、坐山午方81四及乾方54一，共有兩組文昌位。

第四、九運午山子向下卦，水星反吟（相剋謂之反吟）。乾、艮方可當城門訣。但乾方54一為「毫無生氣入門，糧艱一宿。」艮宮（東北方）72三，為可用之城門訣。

第五、可開坎宮子方99五門，為旺氣。開離宮81四門，主添丁發財。

（二十三）午山子向　天元卦　起星

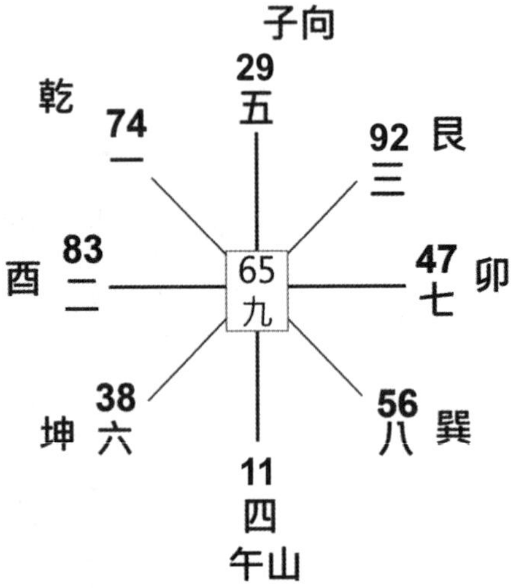

	西北	北	東北	
	乾	子	艮	
西	酉		卯	東
	坤	午	巽	
	西南	南	東南	

	巽	離	坤	
	5 八	1 四	3 六	
震	4 七	6 九	8 二	兌
	9 三	2 五	7 一	
	艮	坎	乾	

（通書）

午山子向：起星

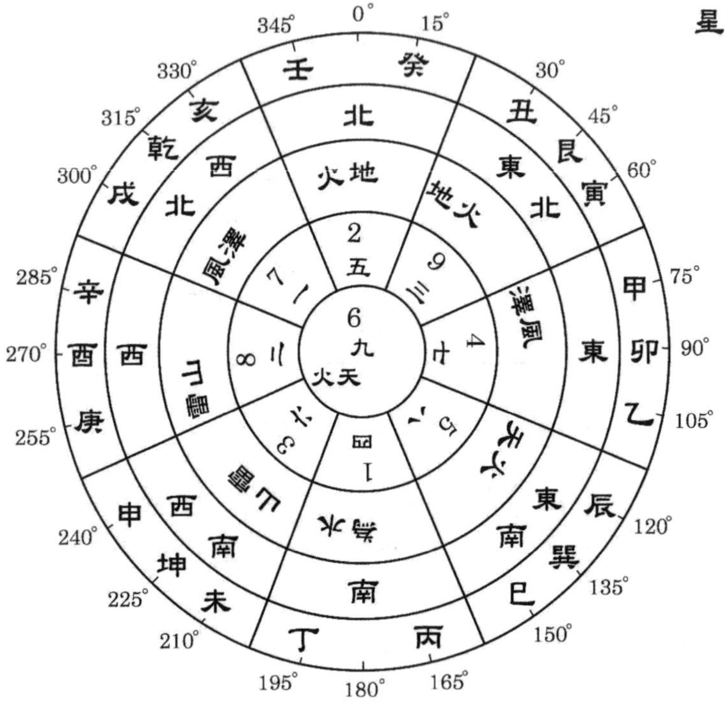
0°
15°
30°
45°
60°
75°
90°
105°
120°
135°
150°
165°
180°
195°
210°
225°
240°
255°
270°
285°
300°
315°
330°
345°
壬
癸
丑
艮
寅
甲
卯
乙
辰
巽
巳
丙
丁
未
坤
申
庚
酉
辛
戌
乾
亥
北
東北
東
東南
南
西南
西
西北
6
九
天火

午山子向：天元卦　起星

繼續要為您介紹「玄空大卦」九運午山子向起星的格局，就是坐南朝北的格局。

如果您家的房子，太陽是從右方出來，左方西下的話，那就是坐南朝北。因為一卦管三山，所以坐南朝北就有三種山向。第一是地元卦丙山壬向，第二是天元卦午山子向，第三是人元卦丁山癸向。我們已經介紹過午山子向下卦的部分，就是楊公所謂三七相兼（就是在坐山中間那九度之間，就要用下卦）。而我們現在要為您介紹午山子向起星的部份，就是楊公所謂的二八相兼，就是在每坐山中央九度以外的左右孤虛線上，就要用起星，現在就請您跟我們一起來研究看看。

首先還是麻煩朋友們翻開正福堂的通書，特一一三頁。我們一樣先了解午山子向是屬於天元卦。

九星令星入宮，一律順飛，每一個宮位它所挨到的星就稱為挨星，九入中宮，一到乾，二到兌，三到艮，四到離，五到坎，六到坤，七到震，八到巽。

坐山午方（南方）挨星是四，屬天元卦，四巽，巽為陽。但是坤壬乙訣有提到：起星二八相兼的孤虛線上，不用四，要用六來代替，所以入中之後就順佈九宮，因此它是6、7、8、9、1、2、3、4、5這樣飛。

向前子方（北方）挨星是五，五為中宮土，因為午山子向坐山立向都屬陰，所以5為陰土（己土），因此入中之後就逆佈九宮，所以它是5、4、3、2、1、9、8、7、6這樣飛。

坐山午方（南方）父母三般卦是11四，山星、水星都逢生氣星，又是1、4同宮，因此如果坐山後面有水的話，就可以發財，又能發科甲。因為《紫白訣》有云：「四一同宮，主發科名。」。

向前子方（北方）父母三般卦是29五，當令的財星9到向前，又是零神位衰氣方，所以如果這裡有水（或佈有水局），當運可進財大發，又可阻斷北方的衰氣，引來南方的旺氣。29同宮，當令主旺丁、發財。

艮方（東北方）是92三，山星9當令，又符合城門訣的兩個條件（第一要在向的左右兩旁。第二挨星要屬陰的，因為龍邊是74一，挨星一坎天元卦是子，屬陰，虎邊92三，挨星三震，天元卦是卯，也屬陰）但是因為艮宮92三（虎邊），丁星9當令，所以此方宜高，才能旺人丁，因此這裡不適合當城門訣。艮宮92三，三震木剋八艮土，所以《玄機賦》有云：「艮非宜，筋傷股折。」意思就是，因為三震木剋八艮土，所以艮的位置不好，也容易傷了腳筋和大腿骨。

再看兌宮酉方（西方）是83二，正西有水三運發。坤方（西南方）是38六，8是剛退運的凶星，西南有水為殺水。3震木剋8白土，震為長男，艮為少男，所以此方不適合當男生房間使用，容易造成兄弟不和睦，又犯了鬥牛煞（因為木剋土）。83同宮，木剋土，不利小口。

震宮卯方（東方）是47七，7七又犯伏吟，7又為退氣的凶星，正東有水為衰水，過宮水另當別論。4、7運不同，金剋木，所以《玄空祕旨》有云：「木金相反，背義忘恩。」（9運火會剋金，4、9木火通明，4會生9）因為現在是9運，接著是旺1、2、3、4運，9運前的6、7、8都是退運的凶星，所以木運當道時金跑進來，金是退氣的，金剋木，因為木金運不同，所以才會說木金相反，背義忘恩。《飛星賦》亦云：「辰酉兮閨幃不睦。」（4巽、7兌配在一起，就會閨幃不睦）因為4巽為長女，7兌為少女，所以這裡不適合當女生房間使用，容易造成妯娌不和的現象。

乾宮（西北方）是74一，西北有水四運發，7是退氣的凶星，所以這裡也不適合當女生的臥房。74同宮，金剋木，是非日有、刀傷。

巽方（東南方）是56八，東南有水六運發。5、6都是中元的退運星，6表老父，5是廉貞。《飛星賦》有云：「須識乾爻門向，長子痴迷。」因為巽宮6乾遇廉貞，乾為首，乾為父，乾也代表長房，所以長房的男孩，容易會有痴呆的現象。56同宮，土生金，失令家主得病。

◎結論：

第一、午山子向起星的坐山是11四，雙星到坐，又是1、4同宮，所以坐後一定要先有山，再有水，就能發科甲。向前29五，9是當運的水星，又是零神位衰氣方，所以這裡有水的話，可阻斷北方來的衰氣，引南方的旺氣入堂來。（在此也提醒朋友們，五是挨星的話，不算是廉貞，如果5是山、水星，才算廉貞。這點也要注意哦！）

第二、從乾宮到卯宮，都是2、4、7、9的陰星；從酉宮到巽宮都是1、3、6、8的陽星，所以這種格局容易造成夫妻感情不和睦。因為《玄空祕旨》有云：「夫婦相逢於道路，卻嫌阻隔不通情。」尤其男生如果在74一、47七當主臥房，也容易有二婚的現象。（因為4也代表大老婆，7也代表小老婆）。至於83二、38六，這兩個方位，也不適合當男生的房間，因為也表示兄弟不和。

第三、要如何選城門訣？

a.向前左右挨星是陰的，才可當城門訣。天元卦與人元卦若是遇到挨星是：1、3、7、9，因為都屬陰，所以可當城門訣。

b.再看哪邊可當真的城門（就是可以開大門的意思），但前提必須是要低窪有水或有馬路。

例如：午山子向起星，虎邊92三，因為山星9沒有高山會敗人丁，所以虎邊不可當城門。午山子向起星龍邊是74一，山星7退氣，所以要低窪，山星才不會作怪，所以這裡可當城門。

第四、如果坐山左邊38六的水連到坐山右邊56八的話，也會敗財，因為坤方財星8、巽方財星6已經退氣了。

第五、九運午山子向起星，水星反吟。

註：丁山癸向下卦與午山子向下卦相同

丁山癸向：下卦

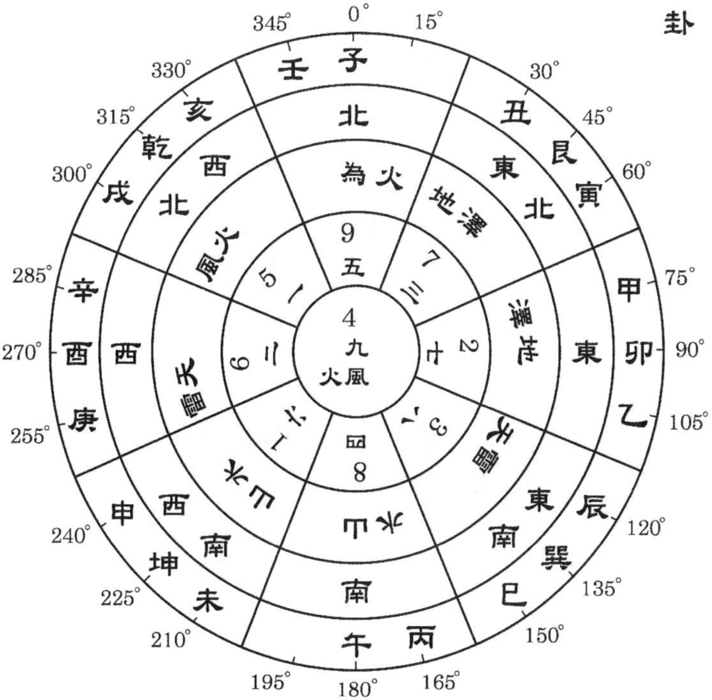

註：丁山癸向起星與午山子向起星相同

丁山癸向：起星

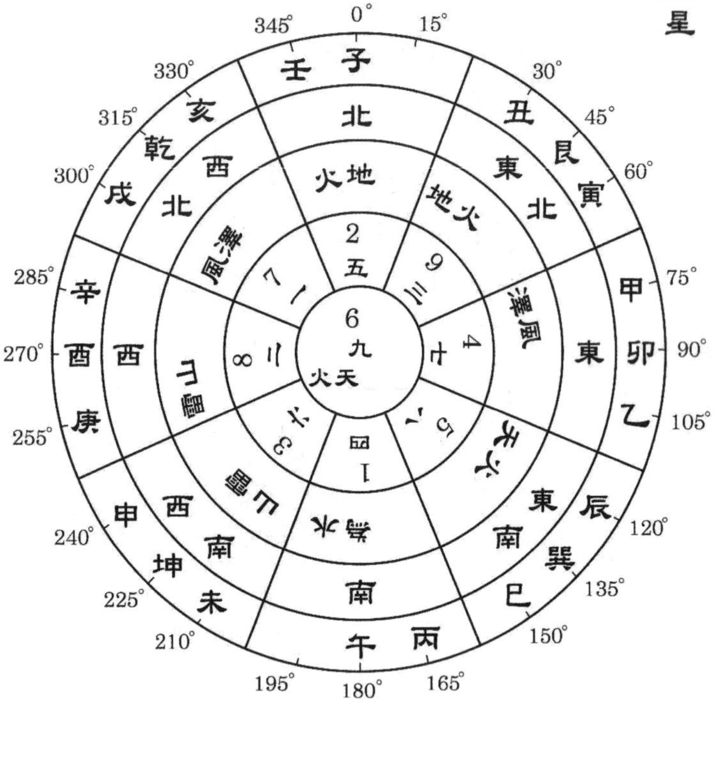

（二十四）未山丑向　地元卦　下卦

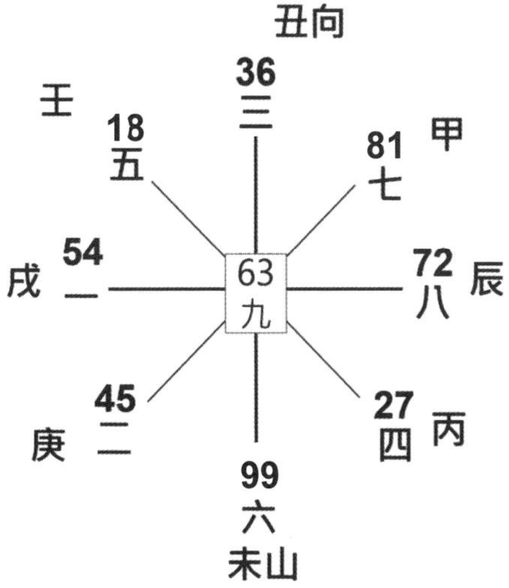

日出東方

	北	東北	東	
	壬	丑	甲	
西北	戌		辰	東南
	庚	未	丙	
	西	西南	南	

	辰	丙	未	
	7 八	2 四	9 六	
甲	8 七	6 九	4 二	庚
	3 三	1 五	5 一	
	丑	壬	戌	

（通書）

未山丑向：下卦

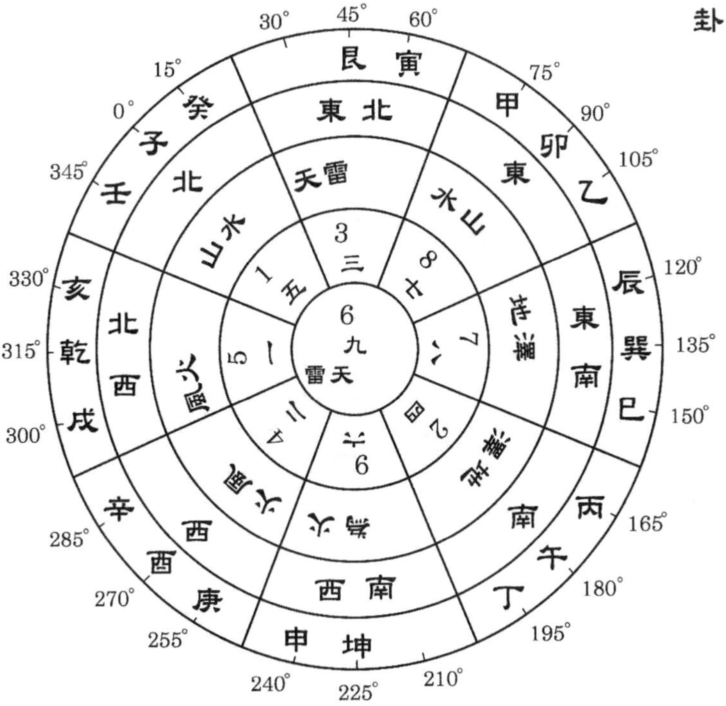
0°
15°
30°
45°
60°
75°
90°
105°
120°
135°
150°
165°
180°
195°
210°
225°
240°
255°
270°
285°
300°
315°
330°
345°
艮 寅
甲 卯 乙
辰 巽 巳
丙 午 丁
申 坤
庚 酉 辛
戌 乾 亥
壬 子 癸
東北
東
東南
南
西南
西
西北
北

未山丑向：地元卦　下卦

繼續為您介紹，玄空大卦九運未山丑向下卦的格局，就是坐西南朝東北的房子。

如果您家的房子，太陽是從右前方出來，左後方西下的話，那就是坐西南朝東北。但是我們說過一卦管三山，所以坐西南朝東北的房子，就有三種不同的山向。第一是地元卦未山丑向，就是我們今天要介紹的格局，第二是天元卦坤山艮向，第三是人元卦申山寅向。

現在請您跟著我們一起來研究未山丑向下卦的格局。

首先還是麻煩朋友們翻開您手邊的通書，特一一六頁。我們一樣先了解未山丑向是屬於地元卦。

九星令星入宮，一律順飛，每一個宮位它所挨到的星就稱為挨星，九入中宮，一到乾，二到兌，三到艮，四到離，五到坎，六到坤，七到震，八到巽。

坐山未方，挨星是六，六為戌屬陰，所以入中之後就逆佈九宮。（因此它的飛法是6、5、4、3、2、1、9、8、7）。

向前丑方，挨星是三，三為甲，屬陽，所以入中之後順佈九宮（所以它是3、4、5、6、7、8、9、1、2這樣順飛）。

再看，坐山坤宮未方父母三般卦得99六，當運的雙星會合於坐山，如果坐後有靠，又有水繞玄武（後方）的話，就可以旺財又旺丁。《玄空祕旨》云：「火燒天門，張牙相鬪，家生罵父之兒。」若坐後山形破碎不佳，反主出逆子。若坐後只有山而不見水，則主旺丁而不旺財；若坐後只有水沒有山，主旺財不旺丁。

向前兩旁震宮甲方是81七，壬方是18五，因為8是剛退運的凶星，1是生氣星，所以右邊震宮81七水星逢生氣，如果在這裡有水，下一個元運一樣可以繼續發；左邊坎宮18五，丁星逢生氣，又是零神位的衰氣方，所以在這裡有山就算是青龍抬頭，又可以阻斷衰氣，引南方的旺氣入堂來。正北有水則為殺水。

接著我們看向前艮宮丑方是36三，6為中元的退氣星，3又犯伏吟。6乾金剋3震木，木代表腳。《飛星賦》有云：「壯途躓足；頭響兮六三。」這點我們在丙山壬向時也介紹過了。36同宮，金剋木，遇衰死，主腿足病，不利長房。

至於乾宮戌方是54一，兌宮庚方是45二，這兩個方位因為廉貞五黃飛臨，所以宜靜不宜動。《飛星賦》有云：「乳癰兮四五。」所以婦女的房間也不適合在這兩個方位。乾宮戌方是54一，此方一白文昌與財星四綠文曲組合，為文昌位。

再看巽宮辰方是72八，午方是27四，因為7是退氣星，2是生氣星，所以在辰方72八，這裡不能有高山或高樓，在午方27四這裡反而要高，否則會犯庶妾難得寡母之歡心，主婆媳不和。（因為2坤是老母，7兌是少女）

最後您看坐山及坐山兩旁，都是逢二（坤）、四（巽）、七（兌）、九

（離）陰星，向前與中宮都屬一（坎）、三（震）、六（乾）、八（艮）陽星，正如《玄空祕旨》所云：「夫婦相逢於道路，卻嫌阻隔不通情。」意思是：陰星一掛，陽星一掛，所以表示夫妻會各自發展，感情不佳。

◎結　論：

第一、這種特殊的格局，坐山及兩旁的飛星全是陰星（2、4、7、9），向前兩旁全都是陽星（1、3、6、8）所以在不該有山的地方，就不能有山；在不該有水的地方，就不能有水。否則容易影響夫妻之間的感情。

第二、向前的左邊（龍邊）坎方，18五的地方要高，因為龍要抬頭，所以最好外局有文筆山或筆架山，就可以既旺人丁兼出官貴。而且坎方是衰氣方，有山也剛好可以阻擋來自北方的衰氣，引南方的旺氣迴風入堂來。至於向前的右邊（虎邊）（81七）的地方，不能高，要低窪有水。（因為山星8已經退氣了）如果高，就會損小口，因為8艮代表少男，所以會損小口。

第三、乾宮戌方54一，一四同宮準發科名之舉，可當文昌位。

第四、離宮27四，27合化成火，又被四木生旺，因此可論吉位。

第五、不宜開丑方36三門，36為金剋木，乃「毫無生氣入門，糧艱一宿」。

第六、無城門。

（二十五）未山丑向　地元卦　起星

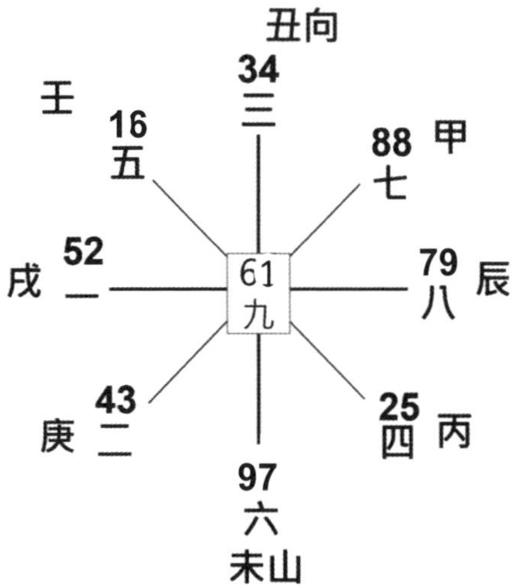

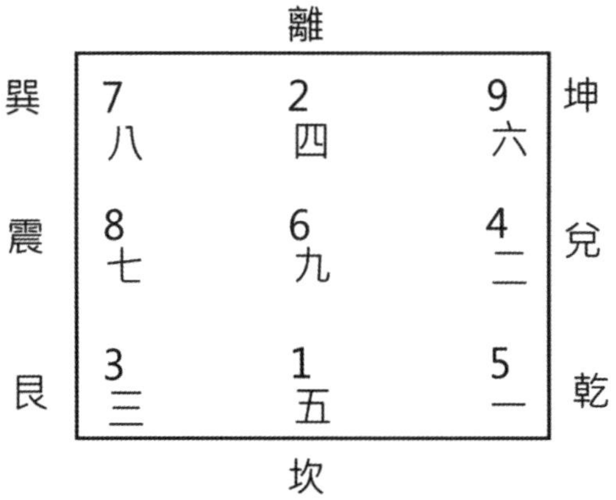

（通書）

未山丑向：起星

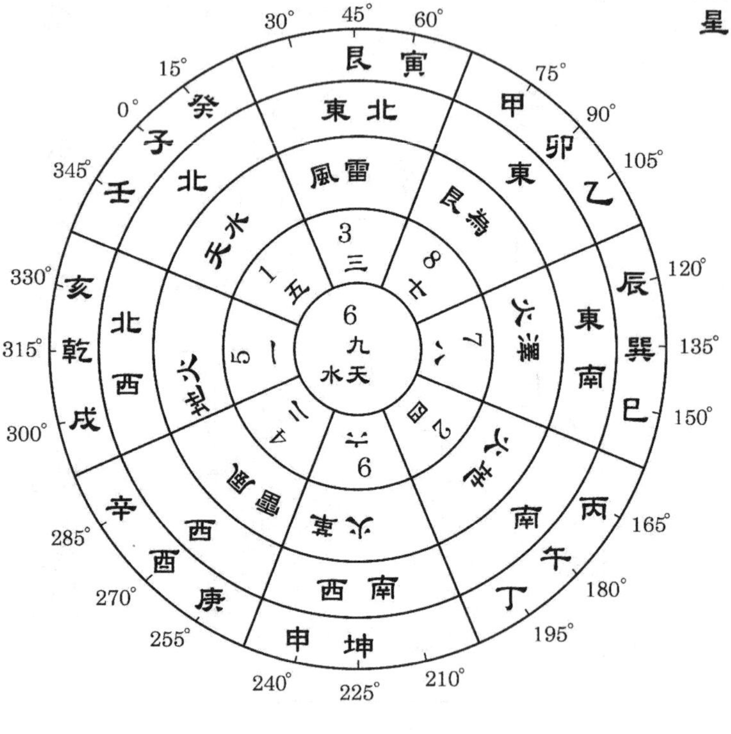
30°
45°
60°
艮
寅
15°
75°
0°
癸
東北
甲
90°
子
卯
345°
105°
壬
北
東
乙
風雷
天水
艮為
3
三
1
五
8
七
330°
120°
亥
辰
北
6
九
水天
7
八
東
315°
135°
乾
5
一
巽
西
南
300°
150°
戌
巳
2
四
9
六
4
二
285°
165°
辛
西
南
丙
酉
午
270°
180°
庚
西南
丁
255°
195°
申
坤
240°
210°
225°

未山丑向：地元卦　起星

繼續要為您介紹「玄空大卦」九運未山丑向「起星」的格局，就是坐西南朝東北的格局。

因為一卦管三山，所以坐西南朝東北，就有三種不同的山向。第一是地元卦未山丑向，第二是天元卦坤山艮向，第三是人元卦申山寅向。我們已經介紹過未山丑向下卦的部分，就是楊公所謂三、七相兼的地方要用下卦，現在我們要為您介紹的是未山丑向起星的格局，就是楊公所謂二、八相兼，在左右的孤虛線上，就要用起星的格局。現在就請您跟著我們一起來研究未山丑向「起星」的格局。

首先還是麻煩朋友們翻開正福堂的通書，特一一七頁。我們先了解未山丑向是屬於地元卦。

九星令星入宮，一律順飛，每一個宮位它所挨到的星就稱為挨星，九入中

宮，一到乾，二到兌，三到艮，四到離，五到坎，六到坤，七到震，八到巽。

坐山未方，挨星是六，六為戌，屬陰，所以入中之後逆佈九宮，因此它的飛法是6、5、4、3、2、1、9、8、7。

向前丑方，挨星是三，三為甲，屬陽，但是在楊公所謂二、八相兼的地方是不用3，甲子申、貪狼一路行，所以要用替星1（貪狼）來代替，所以入中之後順佈九宮，所以它的飛法是1、2、3、4、5、6、7、8、9這樣飛。

坐山未方父母三般卦是97六，9為當令的旺氣星，到坐可旺人丁，九紫火剋七兌金與六白金，但丁星到坐，當運則不忌，《玄空祕旨》云：「午酉逢而江湖花酒。」午酉逢，即九與七同宮，火剋金，主江湖花酒。7為先天火，9為後天火，79穿途定遭回祿之災。

向前丑方是34三，3震木為長男，4巽木為長女，因為4巽木退運，所以長男長女易吵架。《飛星賦》云：「同來震巽，昧事無常。」（震為出，巽為入，出入不當，故因循誤事。）所以不獨會敗財，也會家庭不和睦。

向前龍邊坎宮壬方是16五，水星6已經退運了，山星1為生氣星，又為零神位衰氣方，所以有水會敗財損丁。向前只有山也不行，必須先有水再有山。所以這裡宜高，青龍抬頭，可旺人丁兼出官貴。

向前虎邊震宮甲方是88七，山水星8為剛退運的凶星，所以這裡宜靜不宜動，有水為殺水。

巽宮辰方是79八，7已退氣，9為當令的水星，所以此方有水當運發，可補向前財星之不足。79同宮，乃回祿之災。

乾宮戌方是52一，離宮丙方是25四，《紫白訣》云：「五黃正煞，二黑為病符。不拘臨方到間，常損小口。」乾宮（52一）挨星逢一坎水，土水戰剋也會疾病連連。離宮丙方是25四，二黑五黃逢4巽木相剋，也會疾病連連。所以這兩個方位不宜當房間來使用，可當儲藏室或廚廁。52同宮，主災病，損人口，多病難安。《秘本》云：「二五交加必損主。」

兌宮庚方是43二，4為中元的退運星，所以此方宜低窪有水。木來剋二黑土，犯鬥牛煞。次運（43三）水星入囚，兌宮水星也犯伏吟，所以次運主敗財。三碧主是非、爭鬥、官非，所以也不宜在此開門。

◎結　論：

第一、未山丑向的下卦是雙星到坐（99六）生氣星到向前的左右（18五、81七）格局還算不錯。但是未山丑向的起星，坐山是97六，山星到山，右邊巽宮是79八，水星到巽宮，但是山星與水星都是逢9紫火剋7兌金，所以此兩方有如《玄空祕旨》所云：「午酉逢而江湖花酒。」中宮（61九）水星生氣星次運入囚，所以次運（61一）主敗財，因為入囚又犯伏吟。

第二、向前（34三）水星退氣，山星又犯伏吟，向前的龍邊（北方）是16五，水星退氣又是零神位，向前右邊是（88七），山、水星都是退氣星，所以向前有水會敗財，水外有山也會損人丁。亦主做事盲昧，《飛星賦》

云：「同來震巽，昧事無常。」

第三、乾方是（52一），離方是（25四），2黑是病符，5黃是正煞，所以當運會疾病連連。次運乾宮（52二），2黑伏吟，又遇五黃廉貞，離宮次運（25五），5黃犯伏吟又遇2黑，所以這兩個方位當房間會疾病連連，所以絕對不適合當房間來使用，二五交加必損主。

（二十六）坤山艮向　天元卦　下卦

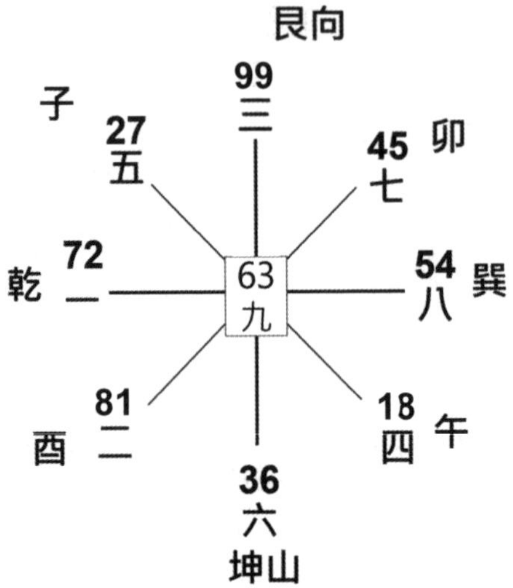

日出東方

	北	東北	東	
	子	艮	卯	
西北	乾		巽	東南
	酉	坤	午	
	西	西南	南	

	巽	午	坤	
	5 八	1 四	3 六	
卯	4 七	6 九	8 二	酉
	9 三	2 五	7 一	
	艮	子	乾	

（通書）

坤山艮向：下卦

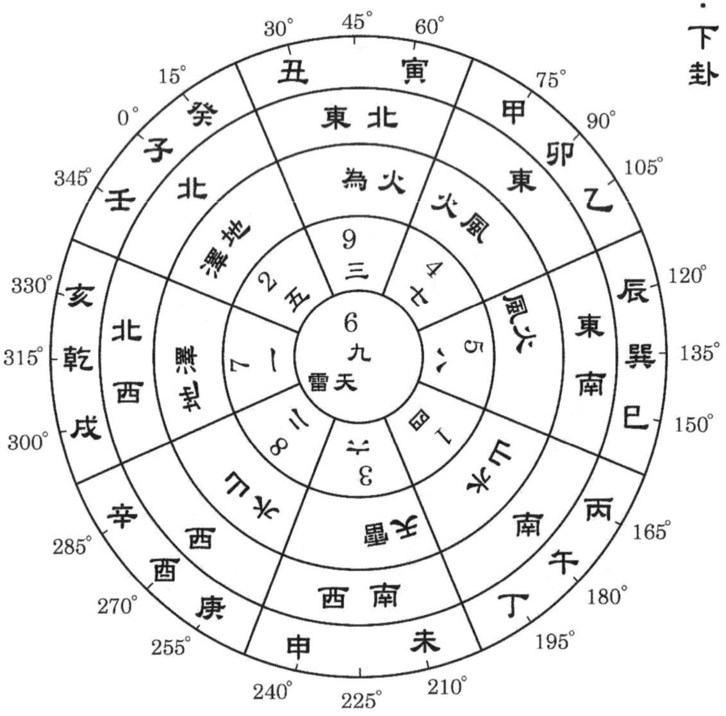
30°
45°
60°
75°
90°
105°
120°
135°
150°
165°
180°
195°
210°
225°
240°
255°
270°
285°
300°
315°
330°
345°
0°
15°
丑
寅
甲
卯
乙
辰
巽
巳
丙
午
丁
未
申
庚
酉
辛
戌
乾
亥
壬
子
癸
東北
東
東南
南
西南
西
北西
北
火為
火風
風火
山水
天雷
水山
地澤
澤地
9
三
4
七
5
八
1
四
3
六
8
二
7
一
2
五
6
九
天雷

※九運坤山艮向下卦與申山寅向下卦星盤相同

坤山艮向：天元卦　下卦

接著介紹玄空大卦九運坤山艮向下卦的格局，也就是坐西南朝東北的格局。如果您家的房子，太陽是從右前方出來，左後方西下的話，這種格局就是坐西南朝東北。

因為一卦管三山，所以坐西南朝東北就有三種不同的山向。第一是地元卦未山丑向，第二是天元卦坤山艮向，第三是人元卦申山寅向。

現在就請您和我一起來研究坤山艮向下卦九運的格局。

首先請朋友們翻開您手邊的通書，特一一八頁，我們先了解坤山艮向是屬天元卦。

九星令星入中，一律順飛，一到乾，二到兌，三到艮，四到離，五到坎，六到坤，七到震，八到巽。坐山坤方（西南方）挨星是六，六為乾，屬陽，所以入中之後就順佈九宮。（所以它是6、7、8、9、1、2、3、4、5）。

向前艮方（東北方）挨星是三，三為卯，屬陰，所以入中之後逆佈九宮（所以它是3、2、1、9、8、7、6、5、4這樣飛）。

再看向前艮方（東北方）父母三般卦是99三，屬於當運的旺氣星，雙星到向。但是打劫運只論離宮打劫，離宮打劫就是指3、6、9宮，或是坎宮打劫，坎宮打劫是指1、4、7宮，坤山艮向是屬於2、5、8宮，所以不符合打劫運。

如果向前艮宮（東北方）有水局，而且水外還有朝山的話，就可以旺財又旺丁，還可以出官貴。為什麼呢？因為向前99三，9離為火，3震為木，所以是木火通明。因為《玄空祕旨》有云：「棟入南離，驟見廳堂再煥。」因為九運的旺星雙星到向，又得到木火來相生，所以才會旺上加旺。若宅前只見水不見山，則旺財不旺丁。若只有山而不見水，則為旺丁不旺財。此方宜當主臥房、客廳來使用。

坐山坤宮（西南方）是36六，6與六是伏吟，又是中元的退氣星，又不符合打劫運，所以坤方（西南方）有水不宜，主敗財。3碧木與6白金，為金剋木，《玄空祕旨》云：「雷風金伐，定被金傷。」因此此方不吉，更忌惡山惡水，犯之主損丁傷財。此方宜當廁所或雜物房使用。

坐山兩旁兌宮是81二，山星8是剛退運的凶星，水星1逢生氣星，所以這裡宜低窪有水，不宜高聳，山星低則不會作怪。

離宮（南方）是18四，水星8是剛退運的凶星，所以此方不宜有水，丁星1逢生氣，1是貪狼又會四巽，所以南方外局如果有筆架山或是文筆山的話，可發科甲、利功名。因為《紫白訣》裡有云：「一白為官星之應，主宰文章。」四巽代表文昌，所以貪狼會四巽，準發科甲，此方可當書房使用。

我們再看乾宮（西北方）是72一，坎宮（北方）是27五，7是退運的凶星，所以乾方（西北方）因為山星7已經退氣了，所以這裡宜低不宜高。至於坎宮（北方）雖然是零神位衰氣方，因為水星退氣，所以不宜有水，這裡宜高不宜低，如果外局有山的話可以擋住北方的衰氣，引南方的旺氣迴風入堂來。坎宮27五，又是二五交加，主官災疾病。72同宮，當其衰，陰神滿地，淫蕩無度。

最後我們看震宮卯方（東方）是45七，巽宮（東南方）是54八，這兩個方位剛好遇到5黃廉貞飛臨，所以這兩個方位宜靜不宜動，不要當起居室，也不要作出入口，否則容易會有3震木和4巽木來剋五黃土，此方不吉，主得瘟病。震宮卯方更忌三叉水口，疾病連連。

《飛星賦》有云：「乳癰兮四五」，所以婦女朋友們在東方和東南方最好不要當房間來使用，否則容易有乳房方面的疾病。

◎結　論：

第一點、您只要掌握左邊山星如果是退氣星的話，那裡就不要有高山或高樓。

右邊水星如果是退氣星的話，就不要有水或低窪。

第二點、坤山艮向，是旺在向前，雙星到向，如果向前有水，水外又有山峰秀麗，又名木火通明，旺財又旺丁，兼出官貴。向前的龍邊是坎宮27五，也是零神位衰氣方，但是因為水星退氣，所以不宜有水（及低窪）有山反而可以阻斷北方來的衰氣，引南方的旺氣迴風入堂。向前的虎邊（右方），就是震宮（45七），與巽宮（54八），都遇到五黃廉貞飛臨，所以虎邊宜低不宜高。

第三點、我們前面有談到坎宮打劫和離宮打劫，在楊公、青囊奧語裡提到：「識得父母三般卦，便是真神格，北斗七星去打劫，離宮要相合。」意思就是說：坎宮打劫旺在1、4、7宮，1、4、7運，但是次運逢二、五、八運，所以旺氣無法連續。楊公說「離宮要相合」，實際上是指離宮打劫的三、六、九運，三運、四運都屬木運，六運、七運都屬金運，所以氣運同旺，九運是雙星到向，一運水星是生氣星又能續旺財祿，所以才說離宮打劫才是真打劫。

第四點、九運坤山艮向下卦卯方45七，可當城門訣用。但四綠、五黃同臨一方，既失令又犯煞，所以此方為實際不可用之城門訣，不宜開門。

第五點、坤方36六，36金木交戰，不宜當主臥房用。

第六點、正南方18四，是文昌位，可當書房。

第七點、開艮宮99三門，為吉。開離宮18四門，旺田宅。開兌宮81二門，大發財帛。

（二十七）坤山艮向　天元卦　起星

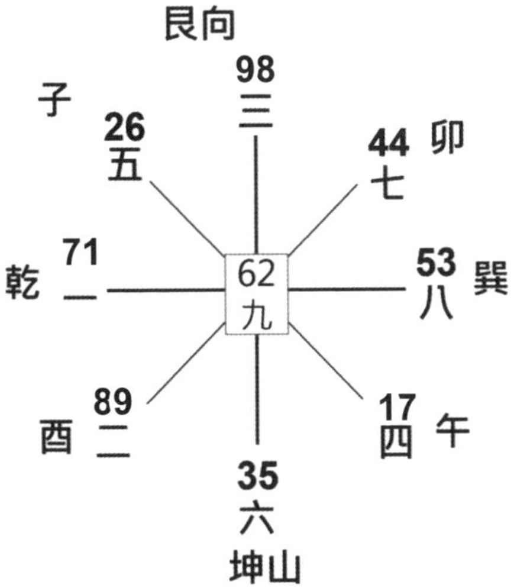

。

日出東方

	北	東北	東	
	子	艮	卯	
西北	乾		巽	東南
	酉	坤	午	
	西	西南	南	

	巽	離	坤	
	5 八	1 四	3 六	
震	4 七	6 九	8 二	兌
	9 三	2 五	7 一	
	艮	坎	乾	

（通書）

坤山艮向：起星

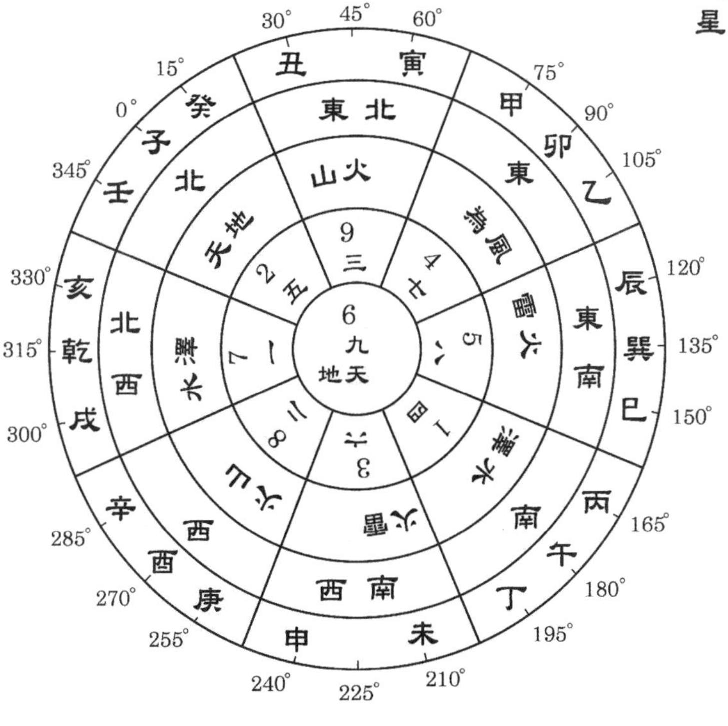

30°
45°
60°
15°
75°
0°
90°
345°
105°
330°
120°
315°
135°
300°
150°
285°
165°
270°
180°
255°
195°
240°
225°
210°
丑
寅
癸
子
壬
甲
卯
乙
辰
巽
巳
亥
乾
戌
丙
午
丁
辛
酉
庚
申
未
東北
北
東
北西
東南
西
南
西南
山火
天地
風為
雷火
水澤
澤水
火已
火雷
9
三
2
五
4
七
6
九
地天
5
八
7
一
1
四
8
二
3
六

坤山艮向：天元卦　起星

接著要為您介紹「玄空大卦」九運坤山艮向起星的格局，就是坐西南朝東北起星的格局。

如果您家的房子，太陽是從右前方出來，左後方西下的話，那就是坐西南朝東北。

因為一卦管三山，所以坐西南朝東北就有三種不同的山向。第一是地元卦未山丑向，第二是天元卦坤山艮向，第三是人元卦申山寅向。我們已經介紹過坤山艮向下卦的格局，就是楊公所謂三七相兼（就是在坐山中間那九度之間，就要用下卦）。現在我們介紹坤山艮向起星的格局，就是楊公所謂的二八相兼（就是在每坐山中央九度以外的左右孤虛線上），就要用起星，現在就請您跟我們一起來研究坤山艮向起星的格局。

首先請朋友們翻開您手邊的通書，特一一九頁，我們先了解坤山艮向是屬於天元卦。

九星令星入宮，一律順飛，每一個宮位它所挨到的星就稱為挨星，九入中宮，一到乾，二到兌，三到艮，四到離，五到坎，六到坤，七到震，八到巽。

坐山坤方（西南方）挨星是六，六為乾，屬陽，所以入中之後就順佈九宮。（因此它是6、7、8、9、1、2、3、4、5這樣飛）。

向前艮方（東北方）挨星是三，三為卯，屬陰，但是坤壬乙訣在二、八相兼的孤虛線上，是不用三的，所以這裡要取替星二來代替，所以入中之後就逆佈九宮，所以它是2、1、9、8、7、6、5、4、3這樣飛。

向前艮方（東北方）父母三般卦是98三，山星9為當運的旺氣星，水星8為剛退運的凶星，所以東北方有水就是殺水。（不應該有水的地方有水就是殺水，有水會敗財）。此方有山主旺丁。

兌宮西方（西方）是89二，水星9為當運的旺氣星，山星8為剛退運的凶星，所以這裡有水的話，當運會旺財，並出文才秀士。

坎宮子方（北方）是26五，6為中元的退運星，又是零神位（衰氣方），所以坎宮宜高不宜低。雖然是零神位衰氣方，因為水星退氣，所以不宜有水。如果外局有山的話，可以阻擋來自北方的衰氣，引南方的旺氣迴風入堂來。26同宮，土生金，主富貴。乾坤交泰，表家業興盛。但二五交加還是有官災疾病。

離宮午方（南方）是17四，水星7已退運了，所以此方不宜有水。丁星1逢生氣，1是貪狼又會四巽，所以南方外局如果有筆架山或是文筆山的話，可發科甲、利功名。因為《紫白訣》有云：「一白為官星之應，主宰文章。」四巽代表文昌，所以貪狼會四巽，準發科甲。17同宮，當令為金水相生，失運為桃花之應。《玄空祕旨》云：「金水多情，貪花戀酒。」

乾方（西北方）是71一，因為山星7已經退氣了，所以這裡宜低不宜高，因為挨星是一，水星也是1，名為貪狼還宮復位，所以這裡有水，也會發科甲。

巽方（東南方）是53八，剛好遇到五黃廉貞飛臨，所以不要當起居室來使用，否則會有3震木和4巽木來剋五黃土的情形。因為《飛星賦》有云：「寒戶遭瘟，緣自三廉夾綠。」53同宮，為木剋土，名為鬪牛煞，逢衰死，主血光、瘟疫。

坐山坤方（西南方）三般卦是35六，5是退氣星，3是祿存星，又遇五黃廉貞飛臨，所以主敗財，此方不可有水，有山還可以。所以此方也不宜當房間來使用，因為在坐山後方，所以可當廚房或浴室、廁所來使用，因為可以以煞制煞。坐山35六為木剋土，名為鬪牛殺，易出盜賊。

◎結　論：

第一、向前是98三，山星當令，水星剛退氣，所以向前如果有大樓或高山，可旺人丁，而不會敗財，但不能有水，有水為殺水，主敗財。向首98三，為三木九火八土遞生，但八白為退氣水。坐山35六，3祿存遇5黃廉貞，所以坐後不宜有山，也不宜有水，此方只能當廚房、廁所來使用。

坐山35六，木剋土，為鬥牛煞，易出盜賊匪類。

第二、如果坐山的左方西北方71一，和左後方西方89二，9水星當令，左方西北方水星1逢生氣，這兩個方位有水的話，就可以補坐山（35六）財星之不足。坐山的右後方南方17四，丁星逢生氣，又是一、四同宮，所以坐後右方有山的話，可旺人丁，如果有筆架山還可發科甲。

第三、再看哪邊可當城門訣，向前虎邊挨星七，是指庚酉辛的酉，天元卦，屬陰，所以可當城門訣。而龍邊26五，挨星「五」，五是零神位衰氣方，當然不能當城門訣。所以向前虎邊44七，此方可開門納氣。另外我們可用乾方71一，來佈水局，可旺財丁，兼發科甲。因此只能靠兌宮89二的水氣，和乾宮71一的水星來引動南方的旺氣入堂來。

第四、巽宮53八，忌山水反背，主蕩子無歸。

註：申山寅向下卦與坤山艮向下卦相同

申山寅向：下卦

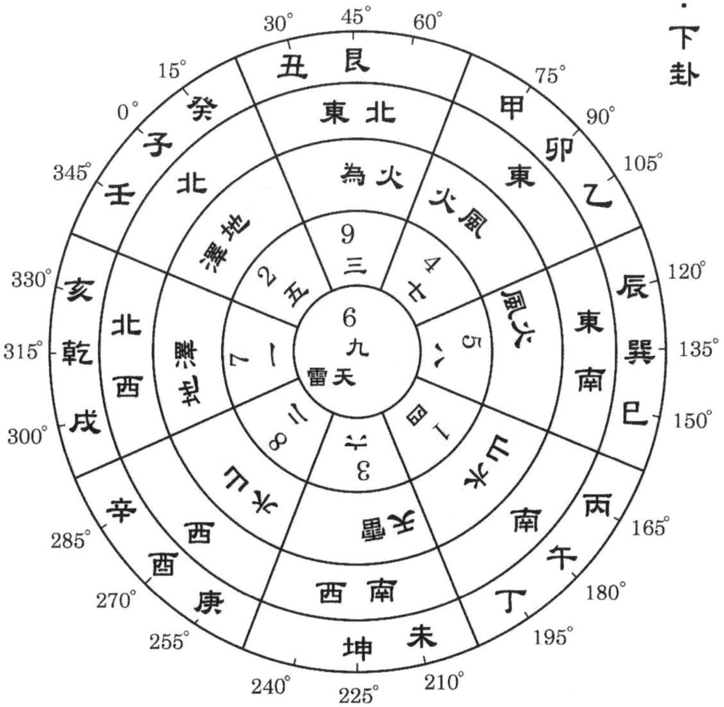

註：申山寅向起星與坤山艮向起星相同

申山寅向：起星

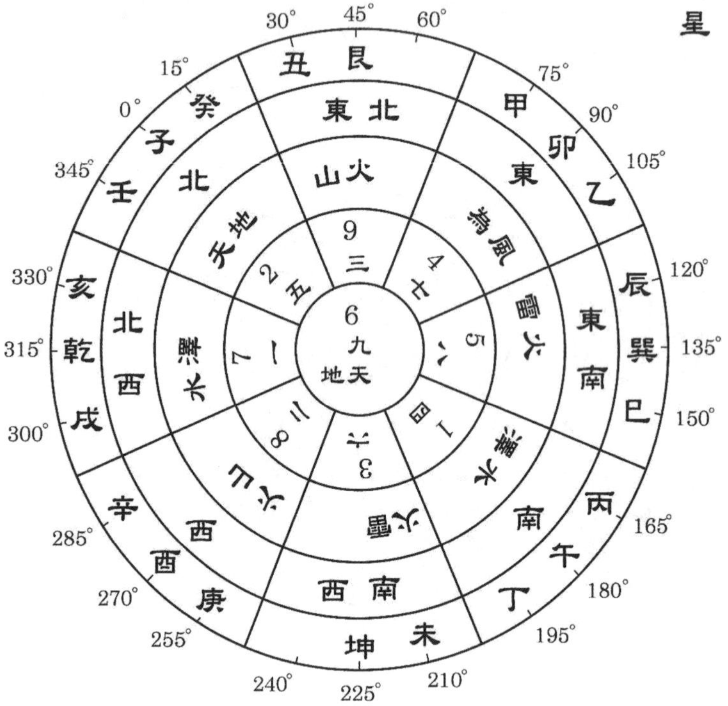

（二十八）庚山甲向　地元卦　下卦

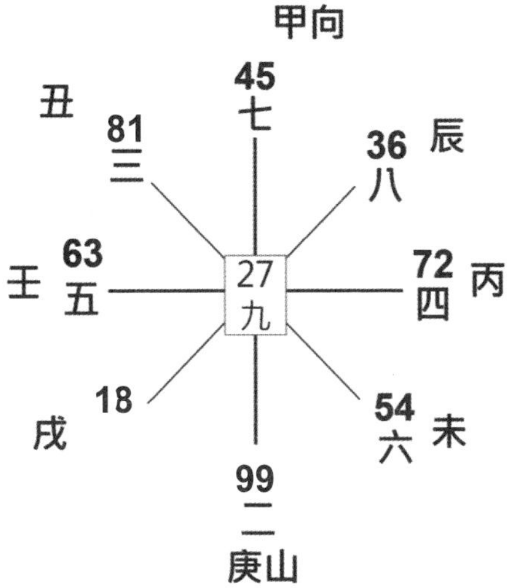

日出東方

	東北	東	東南	
	丑	甲	辰	
北	壬		丙	南
	戌	庚	未	
	西北	西	西南	

	巽	離	坤	
	3 八	7 四	5 六	
震	4 七	2 九	9 二	兌
	8 三	6 五	1 一	
	艮	坎	乾	

（通書）

庚山甲向：下卦

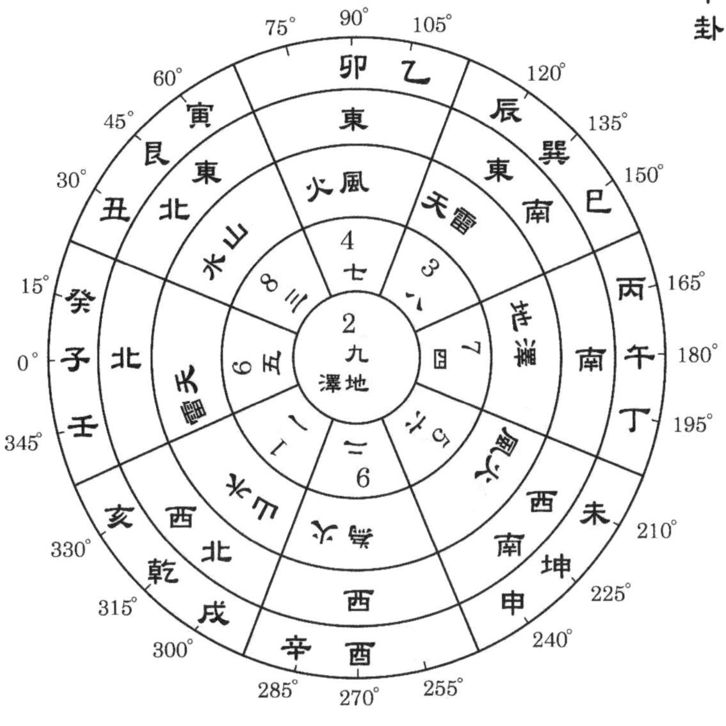
75°
90°
105°
120°
135°
150°
165°
180°
195°
210°
225°
240°
255°
270°
285°
300°
315°
330°
345°
0°
15°
30°
45°
60°
卯
乙
辰
巽
巳
丙
午
丁
未
坤
申
酉
辛
戌
乾
亥
壬
子
癸
丑
艮
寅
東
東南
南
西南
西
西北
北
東北
火風
天雷
地澤
風火
雷天
山水
4
七
3
八
7
四
5
六
6
二
1
一
6
五
8
三
2
九
澤地

庚山甲向：地元卦　下卦

繼續為您介紹，玄空大卦九運庚山甲向下卦的格局，就是坐西朝東的房子。

如果您家的房子，太陽是從正前方出來，由正後方落下的話，那就是坐西朝東。因為一卦管三山，所以坐西朝東，就有三種不同的山向。第一是地元卦庚山甲向，第二是天元卦酉山卯向，第三是人元卦辛山乙向。

現在就請您一起來研究九運庚山甲向下卦的格局。

首先還是麻煩朋友們翻開您手邊的通書，特一二二頁。我們先了解庚山甲向是屬於地元卦。

九星令星入宮，一律順飛，每一個宮位它所挨到的星就稱為挨星，九入中宮，一到乾，二到兌，三到艮，四到離，五到坎，六到坤，七到震，八到巽。

坐山庚方，它的挨星是二，二是未，未屬陰，所以入中之後就逆佈九宮。

（因此它的飛法是2、1、9、8、7、6、5、4、3）。

向前甲方，挨星是七，七為庚，庚屬陽，所以入中之後順佈九宮（所以它是7、8、9、1、2、3、4、5、6這樣順飛）。

再看，坐山兌宮庚方父母三般卦是99二，當運的旺氣雙星會合於坐山，所以坐後有靠山又有水繞玄武的話，就可以旺財又旺丁。坐山99二，為財星上山，若坐後只有山而不見水，則為旺丁不旺財；若坐後只有水不見山，則為旺財不旺丁。

乾宮戌方是18一，艮宮丑方是81三，8為剛退運的凶星，1為生氣星，所以乾宮最好要有秀麗的山巒來朝揖。因為1為貪狼星又是生氣星，挨星也是一，所以《玄空祕旨》有云：「土制水復生金，自主田莊之富。」這句話的意思就是說戌方18一，八白土本來會來剋1白水，但是因為它在乾宮，乾宮屬金，所以八白土反而會來生六乾金，金再來生水，所以《玄空祕旨》才會有此論述。

丑方（東北方）雖然不符合城門訣，但是在這個方位有水的話，次運還是會續發的。

補充：楊公的城門訣有兩個要件

一、要在向的左右兩旁。

二、但是在向前的兩旁，挨星要屬陰的才可以逆飛把旺氣帶回本宮。因此只有巽宮辰方挨星是八，八為丑屬陰，才能當城門訣，艮宮丑方挨星是三，三屬甲，甲屬陽，是順飛就無法把旺氣飛回本宮，當然不符合城門訣的要件了。

我們再看離宮丙方是72四，7是退運的星，所以這裡宜低不宜高。巽宮辰方是36八，坎宮壬方是63五，6是中元退氣星，巽宮辰方可當城門訣，但是因為水星6是退氣星，所以有水不宜，只適合當出入門來使用。

壬方（63五）又是零神位（衰氣方），所以在這裡有水可以阻斷衰氣，引來南方的旺氣入堂。此方丁星六白與財星三碧為金剋木，《玄空祕旨》云：

「雷風金伐，定為刀傷。」所以此方忌有高山，否則易有傷痛。

最後，再看坤宮未方是54六，向前震宮甲方是45七，五黃廉貞飛臨，又被四巽木來剋，所以這兩個方位宜靜不宜動，宜通不宜實，《飛星賦》有云：「乳癰兮四五。」因此坤宮未方，以及向前的甲方，都不適合當婦女的房間來使用。

◎結　論：

第一、庚山甲向，水星生氣在龍邊（81三），因為山星8退氣，所以龍邊不宜高，必須要有水。向前的右邊虎邊（36八），水星退氣，所以不能有水與低窪，因為在虎邊，所以山也不能太高。北方63五又是零神位，所以要低窪有水，才能阻斷衰氣，引旺氣入堂。

第二、向前45七與坤方（54六）要記得不適合當婦女的房間來使用。

第三、庚山屬七兌，所以是旺在5、6、7運，8、9運就比較退氣。所以在退氣時，要懂得在零神位佈水局。

第四、九運庚山甲向下卦辰方可當城門訣。但辰方36八，為金木相剋，毫無生氣入門，糧艱一宿，為實際不可用之城門訣。

第五、所謂城門訣，就是選擇作為陽宅出入的門口。如果向前左右兩宮，它所挨到的飛星屬陰的，便符合城門訣，因為陰的是逆飛，才能將旺氣飛回本宮。

第六、門開在兌宮99二，當運丁財兩旺，乾宮18一亦能召吉。

（二十九）庚山甲向　地元卦　起星

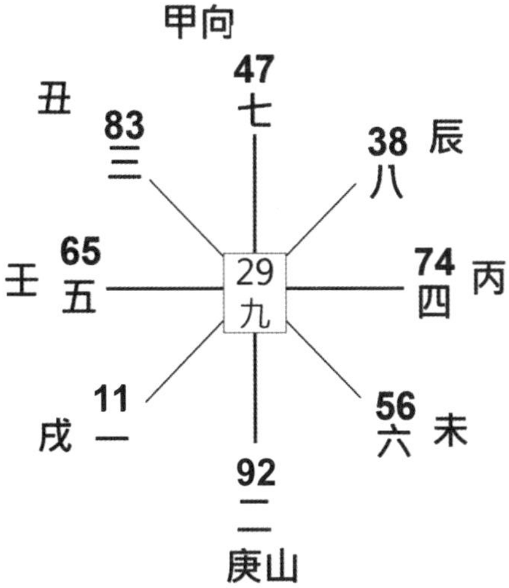

	巽	離	坤	
震	3 八	7 四	5 六	兌
	4 七	2 九	9 二	
	8 三	6 五	1 一	
	艮	坎	乾	

（通書）

庚山甲向：起星

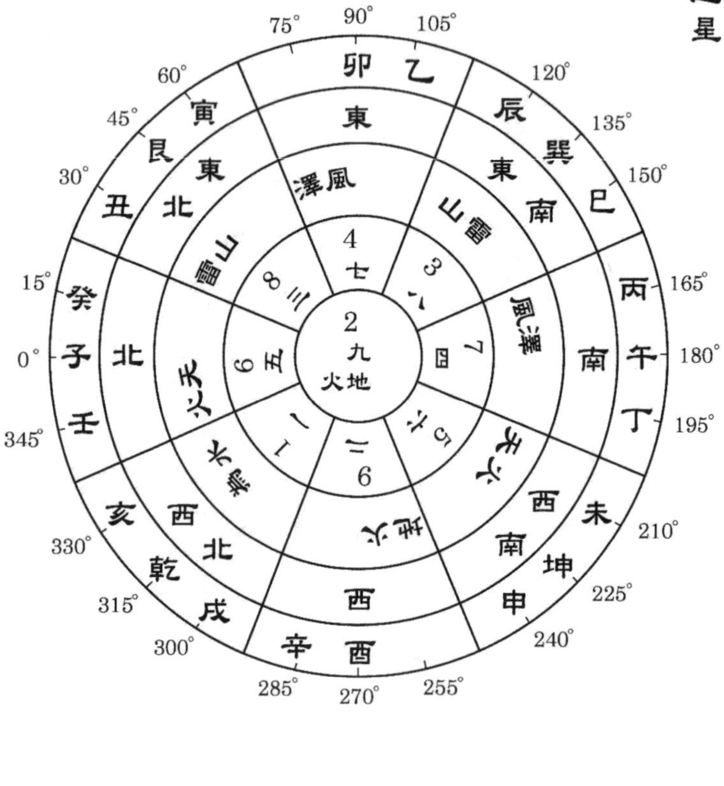
75°
90°
105°
120°
135°
150°
165°
180°
195°
210°
225°
240°
255°
270°
285°
300°
315°
330°
345°
0°
15°
30°
45°
60°
卯
乙
辰
巽
巳
丙
午
丁
未
坤
申
辛
酉
戌
乾
亥
壬
子
癸
丑
艮
寅
東
東南
南
西南
西
西北
北
東北
澤風
山雷
風澤
天火
地火
水地
火天
雷山
4
七
3
八
7
四
5
六
9
二
1
一
6
五
8
三
2
九
火地

庚山甲向：地元卦　起星

繼續要為您介紹「玄空大卦」九運庚山甲向「起星」的格局，就是坐西朝東的格局。

因為一卦管三山，所以坐西朝東就有三種可能的山向。第一是地元卦庚山甲向，第二是天元卦酉山卯向，第三是人元卦辛山乙向。我們已經介紹庚山甲向下卦的部分，就是楊公所謂三七相兼的部分要用下卦，而現在我們要為您介紹庚山甲向起星的部份，就是楊公所謂二八相兼，就是在左右孤虛線上，就要用起星。現在就請您跟著我們一起來研究庚山甲向「起星」的格局。

首先還是麻煩您翻開正福堂的通書，特一二三頁。我們先了解庚山甲向是屬於地元卦。

九星令星入宮，一律順飛，每一個宮位它所挨到的星就稱為挨星，九入中宮，一到乾，二到兌，三到艮，四到離，五到坎，六到坤，七到震，八到巽。

坐山庚方，挨星是二，二為未，屬陰，所以入中之後逆佈九宮，因此它的飛法是2、1、9、8、7、6、5、4、3。

向前甲方挨星是七，七為庚屬陽，但是在楊公所謂二八相兼的地方，寅午庚都要用替星9（右弼星）來代替，所以入中宮之後順佈九宮，因此它的飛法是9、1、2、3、4、5、6、7、8這樣飛。

坐山庚方是92二，9為當運山星的旺氣星，2為次運水星生氣星，如果坐後有靠山兼水繞玄武，當運可旺人丁，次運續旺財祿。

中宮29九，當令水星入囚又犯伏吟，所謂伏吟反吟淚淋淋，因為財星入囚，所以賺錢不容易，而且挫折連連。

乾宮戌方是11一，雙星逢生氣，所以此方坐後有山兼水繞玄武，次運可續旺財丁。

坎宮壬方是65五，山星6已退運又逢水星廉貞飛臨，所以此方宜靜不宜動，因為《飛星賦》有云：「須識乾爻門向，長子痴迷。」此方又為衰氣方，所以也不宜開門。更忌三叉水會於此方。坤宮未方是56六，5、6都是中元的退氣星，6又犯伏吟，山星5又逢廉貞飛臨，《紫白訣》有云：「五黃正煞，不拘臨方到間，常損小口。」《玄空祕旨》云：「庭無耄耋，多因裁破父母爻。」因為6乾為老父，所以坤宮不適合當年長者的房間。

離宮丙方是74四，水星伏吟，向前甲方是47七，水星7兌犯伏吟，4為長女，7為少女，7又為退氣星，《飛星賦》有云：「辰酉兮閨幃不睦」所以這兩個方位不適合當女生的房間，否則會妯娌不和。

巽宮辰方是38八，水星8剛退運又犯伏吟，艮宮丑方是83三，3震木剋8艮土，艮宮水星又犯伏吟，所以此兩方不宜當兄弟房來使用，容易造成兄弟不和睦的現象。

◎結　論：

第一、中宮29九，水星入囚又犯伏吟，所以全盤水星伏吟，幸好坐山是92二，乾宮是11一，所以坐後以及乾方有山巒或大樓為靠，兼水繞玄武，不僅可旺人丁，水星逢生氣，可彌補水星入囚退財運之不足。

第二、坤宮56六、坎宮65五，此兩方不宜開門，否則會如《飛星賦》所云：「須識乾爻門向，長子痴迷。」尤其坎宮是零神位，水星逢5黃廉貞，所以此方不宜有水，有山可阻斷衰氣，引南方的旺氣迴風入堂。

第三、向前47七與離宮74四，都逢47與74，所以此兩方不宜當少女的房間，否則會妯娌不和。向前龍邊與虎邊都犯83與38，所以此兩方不宜當男生房間使用，否則會兄弟不睦或損小口。

第四、九運庚山甲向起星，中宮29九，水星入囚。辰方38八，可當城門訣。

（三十）酉山卯向　天元卦　下卦

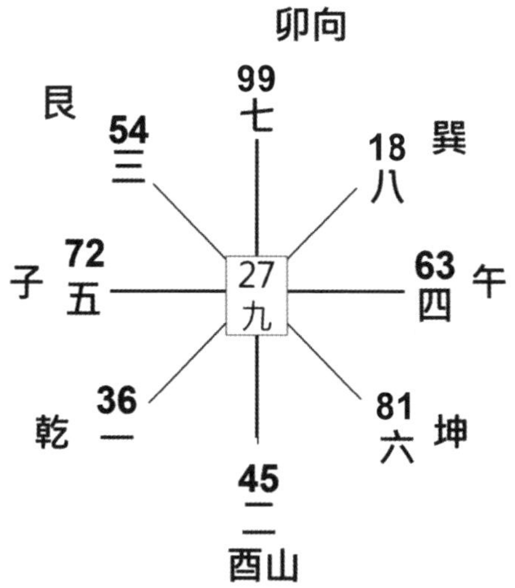

日出東方

東北	東	東南
艮	卯	巽
子		午
乾	酉	坤
西北	西	西南

北（左）　南（右）

巽	午	坤
1 八	6 四	8 六
9 七	2 九	4 二
5 三	7 五	3 一
艮	子	乾

卯（左）　酉（右）

（通書）

※酉山卯向下卦、起星，與辛山乙向下卦星盤相同

酉山卯向：下卦

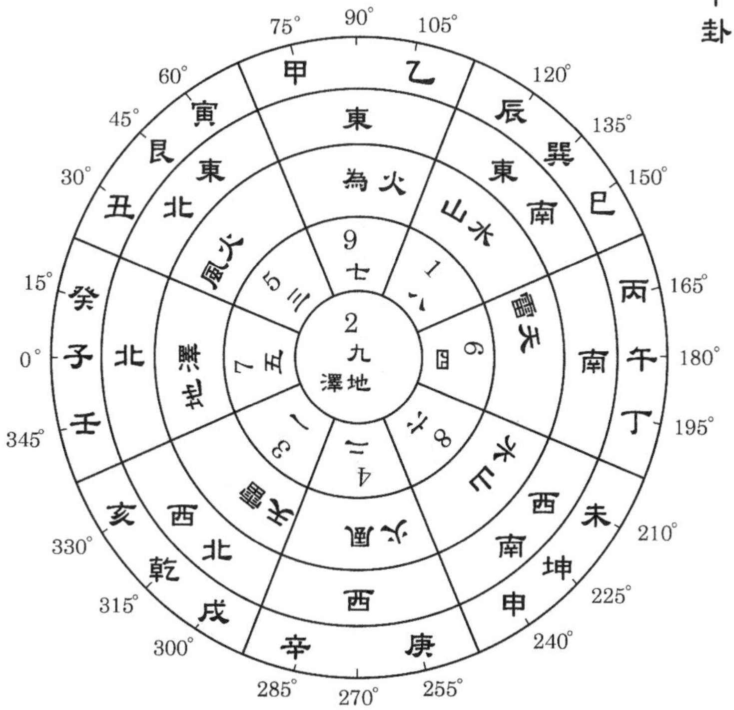
75°
90°
105°
120°
135°
150°
165°
180°
195°
210°
225°
240°
255°
270°
285°
300°
315°
330°
345°
0°
15°
30°
45°
60°
甲
乙
辰
巽
巳
丙
午
丁
未
坤
申
庚
辛
戌
乾
亥
壬
子
癸
丑
艮
寅
東
東南
南
西南
西
西北
北
東北
火為
水山
天雷
山水
風火
雷火
地澤
火風
9
七
1
八
6
四
8
六
4
二
3
一
7
五
5
三
2
九
地
澤

酉山卯向：天元卦　下卦

楊公在《都天寶照經》裡論述的「玄空大卦」九運酉山卯向下卦的格局，就是坐西朝東的房子。

如果您家的房子，太陽是從正前方出來，由正後方落下的話，那就是坐西朝東。

我們說過一卦管三山，所以坐西朝東就有三種不同的山向。第一是地元卦庚山甲向，第二是天元卦酉山卯向，第三是人元卦辛山乙向，因為天元卦與人元卦，陰陽相同，所以吉凶同論。但是我們說過，您家的正確座向最好還是要能用羅盤去測量，比較準確。您家的房子，倘若太陽是從正前方升起，今天所介紹的格局，就值得您來參考。

首先麻煩朋友們翻開您手邊的通書，我們用的是正福堂蔡先生那本，請翻開特一二四頁，我們先了解酉山卯向是屬天元卦。

九星令星入宮，一律順飛，每一個宮位它所挨到的星就稱為挨星，九入中宮，一到乾，二到兌，三到艮，四到離，五到坎，六到坤，七到震，八到巽。

坐山酉方（西方）它的挨星是二，屬於天元卦，二坤，坤為陽，所以，所以入中之後順佈九宮。（因此它的飛法是2、3、4、5、6、7、8、9、1）。

向前卯方（東方）挨星是七，七為酉，屬陰，因此入中之後就逆佈九宮（所以它是7、6、5、4、3、2、1、9、8這樣飛）。

再看，向前震宮卯方（東方）父母三般卦得99七，當運的雙星到向，合離宮打劫，所以震宮、乾宮、離宮三個宮位，在上、中、下的甲辰到甲寅旬這二十年，如果向前有水，水外又有秀麗的山巒來朝揖，就可以旺財又旺丁。向前99七，為丁星下水局，若宅前只見水不見山，為旺財不旺丁；若有山無水，則旺丁不旺財。

坐山兌宮酉方（西方）得45二，4、5都是退運星，4綠會廉貞。所以

《飛星賦》有云：「乳癰兮四五。」所以婦女的房間就不適合在這裡。而次運的挨星也逢三，所以同論為三廉夾綠。45二，二五交加必損主，也不宜當文昌位，只宜當廁所、雜物房使用。

艮宮（東北方）是54三，4、5都是中元的退運星，4綠會5黃廉貞，所以《飛星賦》有云：「寒戶遭瘟，綠自三廉夾綠。」（意思是因為三震木、四巽木來剋五黃土，所以才會家境貧寒又疾病纏身。）又財星4與運星三的組合，《飛星賦》有云：「同來震巽，昧事無常。」所以此方不吉，只宜當廁所或雜物間使用。

再看，巽方（東南方）是18八，坤方（西南方）是81六，8是剛退運的凶星，1為生氣星，所以在巽方（東南方）有秀麗的山巒來朝揖，在坤方（西南方）有水，就可以發財又發官貴。坤方81六有武文昌，1與六合成16，為武貴。巽宮18八，一白飛入四巽宮，一四利文昌，可當書房。

最後再看坎宮子方（北方）得72五，7是退氣星，坎宮（北方）又是零神位衰氣方，所以在這裡有水的話，就可以阻斷來自北方的衰氣，引來南方的旺氣。7赤丁星為衰死之星，所以室外不宜見高山或高樓，否則主損丁。坎宮72五，又為孤陰，主婆媳不和。

◎結論：

第一、因為酉山卯向它是屬於金山，所以會旺在6、7運，以及5運的後10年。在8運的時候是屬於土運，所以酉山卯向的氣運不算旺。

第二、雖然現在酉山卯向（坐西朝東）也是雙星到向，旺財又旺丁，但是沒有九運南方的旺氣來加持，所以沒那麼旺。

第三、九運是旺在南方，台灣是南北走向，從辛丑年，木、土星交會之後就已經轉九運了，所以壬寅年立春開始以後，台灣從新竹以南，就有很多台商、外商來投資，由此可證明九運是旺在南方。

第四、最重要的一點，朋友們要特別注意在挨星五的地方，還是要找山星是退氣星，水星是未來氣的地方，佈水局，才能達到效果。

第五、以上打圈的位置，您可以善加來利用。

第六、九運酉山卯向下卦合離宮打劫，艮方可當城門訣。但艮方54三，為毫無生氣入門。所以為實際不可用之城門訣，此方不宜開門。

第七、乾、坤、巽三宮的向盤挨星是一、六、八，三吉，因此若有水，則主三元不敗。

第八、開震宮99七門為吉，本運主旺。開坤宮81六之門，為丁財並添。

註：辛山乙向下卦與酉山卯向下卦同

辛山乙向：下卦

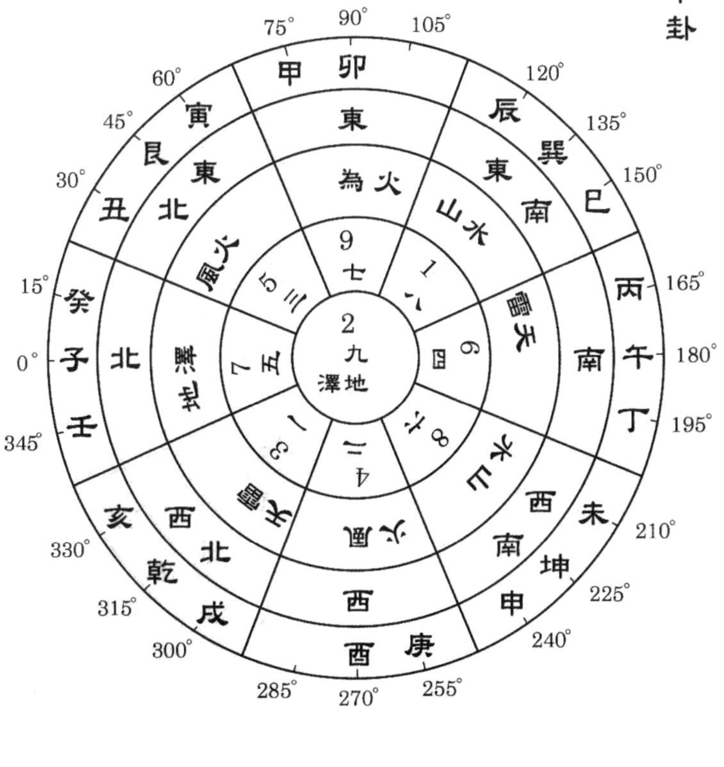

（三十二） 辛山乙向 人元卦 起星

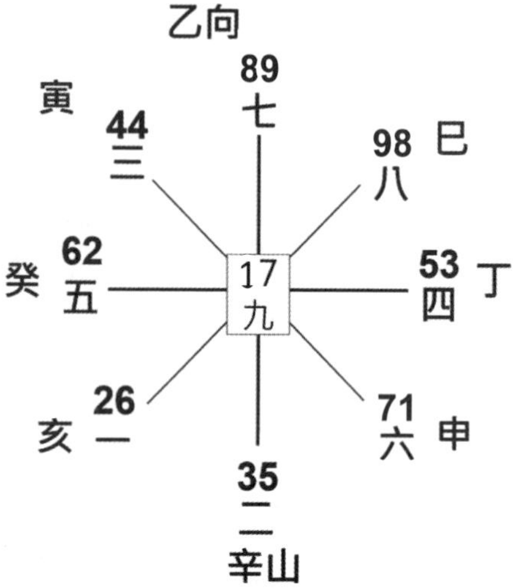

		離		
巽	9 八	5 四	7 六	坤
震	8 七	1 九	3 二	兌
艮	4 三	6 五	2 一	乾
		坎		

（通書）

辛山乙向：起星

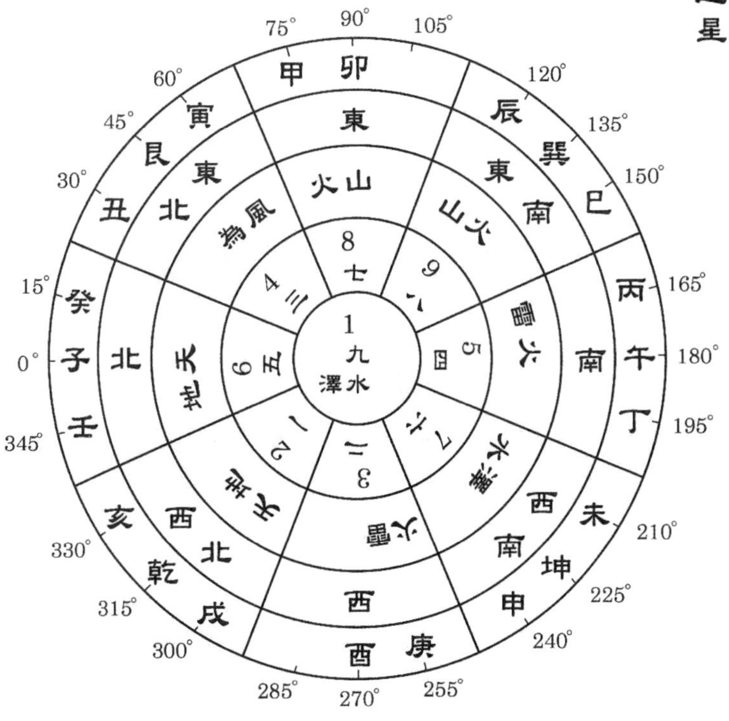
75°
90°
105°
120°
135°
150°
165°
180°
195°
210°
225°
240°
255°
270°
285°
300°
315°
330°
345°
0°
15°
30°
45°
60°
甲 卯
東
辰 巽 巳
東南
丙 午 丁
南
未 坤 申
西南
庚 酉
西
戌 乾 亥
西北
壬 子 癸
北
丑 艮 寅
東北
火山
山火
雷火
水澤
火雷
水地
地天
風為
8 七
9 八
5 四
7 六
3 三
2 二
6 五
4 三
1 九
澤水

辛山乙向：人元卦　起星

繼續要為您介紹「玄空大卦」九運辛山乙向「起星」的格局，就是坐西朝東的格局。

因為一卦管三山，所以坐西朝東，就有三種可能的山向。第一是地元卦庚山甲向，第二是天元卦酉山卯向，第三是人元卦辛山乙向。我們已經介紹過酉山卯向下卦的格局，因為辛山乙向下卦與酉山卯向下卦是一樣的，而我們現在要為您介紹辛山乙向起星的格局，就是楊公所謂二、八相兼，在左右孤虛線上，就要用起星。現在就請您跟著我們一起來研究辛山乙向起星的格局。

首先還是麻煩朋友們翻開正福堂的通書，特一二七頁。我們先了解辛山乙向是屬於人元卦。

九星令星入宮，一律順飛，每一個宮位它所挨到的星就稱為挨星，九入中宮，一到乾，二到兌，三到艮，四到離，五到坎，六到坤，七到震，八到巽。

向前乙方挨星是七，七為辛，屬陰，所以入中之後逆佈九宮，所以它的飛法是7、6、5、4、3、2、1、9、8。

坐山辛方挨星是二，二為申，屬陽，但是在楊公所謂二、八相兼的地方，甲子申、貪狼一路行，所以要用替星1（貪狼）來代替，所以入中之後順佈九宮，因此它的飛法是1、2、3、4、5、6、7、8、9這樣飛。

向前乙方父母三般卦是89七，8為剛退氣之凶星，9為當運的財星，所以向前有水的話可發財祿。向前虎邊巽宮巳方是98八，8為退氣的財星，又犯伏吟，9為當運的丁星，所以此方宜高不宜低窪有水，否則會敗財損丁。向前龍邊艮宮寅方是44三，4為中元退運的凶星，所以《飛星賦》云：「同來震巽，昧事無常。」（震為出，巽為入，出入不當，故因循誤事。）

坐山辛方是35二，離宮丁方是53四，3為祿存星，又逢五黃廉貞飛臨，所以宜靜不宜動，宜空不宜實，所以宜空曠才好。35同宮，木剋土，主血光、瘟疫。坐山35二，亦為鬥牛煞，主出逆子，二五交加必損主。（354三星相會，寒戶遭瘟，緣自三廉夾綠。）

坎宮癸方是62五，6為中元的退氣星，又是零神位的衰氣方，所以這裡有水可防丁星發凶。2為次運（62六）水星的生氣星，所以此方有水，次運可續旺財祿，又可防丁星發凶。62同宮，當其衰，吝嗇如鬼，或出家為僧尼。二五交加亦多厄。

中宮17九，1為山星的生氣星，又是1九合十，所以當運人丁和諧，但次運（17一）丁星入囚又犯伏吟，所以不利人丁，而且7為少女，9為中女，9、7《玄空祕旨》有云：「午酉逢而江湖花酒。」

乾宮亥方26一，山星為生氣星，水星是退氣星，所以這裡宜高不宜低，有水會敗財。

坤宮申方71六，山星7是退氣星，水星1是生氣星，有水一運發，所以這裡宜低窪有水，不宜高。

◎結　論：

第一、向前是（89七），所以向前有水，當運可旺財。虎邊巽宮是（98八），所以此方宜高不宜低，因為是虎邊，所以也不宜太高，否則會損小口。

第二、向前龍邊是（44三），4巽木退氣又逢3震木，《飛星賦》有云：「同來震巽，昧事無常。」（震為出，巽為入，出入不當，故因循誤事。）所以會家庭不和。

第三、北方坎宮是（62五），乾宮亥方是（26一），次運坎宮癸方（62六）丁星犯伏吟，乾宮亥方次運（26二）丁星也犯伏吟，所以此兩個方位不宜當主臥房或安神位。《飛星賦》云：「乾坤鬼神，與他相剋非祥。」（乾為神，坤為鬼，剋則有鬼神指責）。

第四、坐山右後方坤宮是71六，中宮是17九，7為7兌少女，9為9離中女，6為乾，為父，1為坎，為中男，所以中宮與坤宮不適合當房間來使用，否則容易會有老少配的情形。而且17九（為一男配兩女）、71六（為一女配兩男），也要注意才好。

第五、九運辛山乙向起星，寅方44三可當城門訣。

第六、向首89七，令星到向，坤方71六，為生氣，若乙、申兩方有水，可旺四十年，《飛星賦》有云：「破近文貪，秀麗乃溫柔之本。」

（三十二）戌山辰向　地元卦　下卦

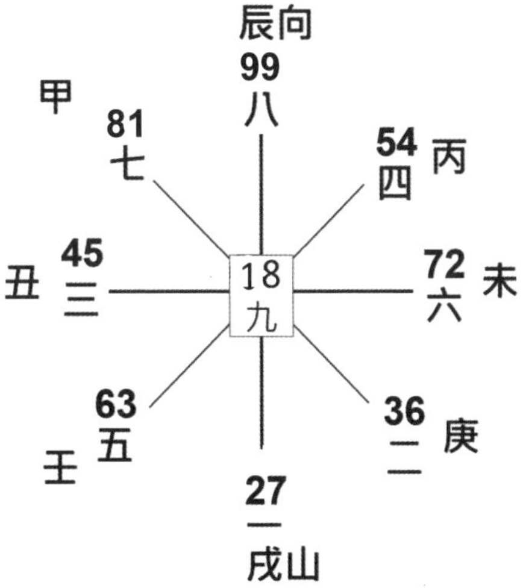

日出東方

	東	東南	南	
	甲	辰	丙	
東北	丑		未	西南
	壬	戌	庚	
	北	西北	西	

	巽	離	坤	
	9 八	5 四	7 六	
震	8 七	1 九	3 二	兌
	4 三	6 五	2 一	
	艮	坎	乾	

（通書）

戌山辰向：下卦

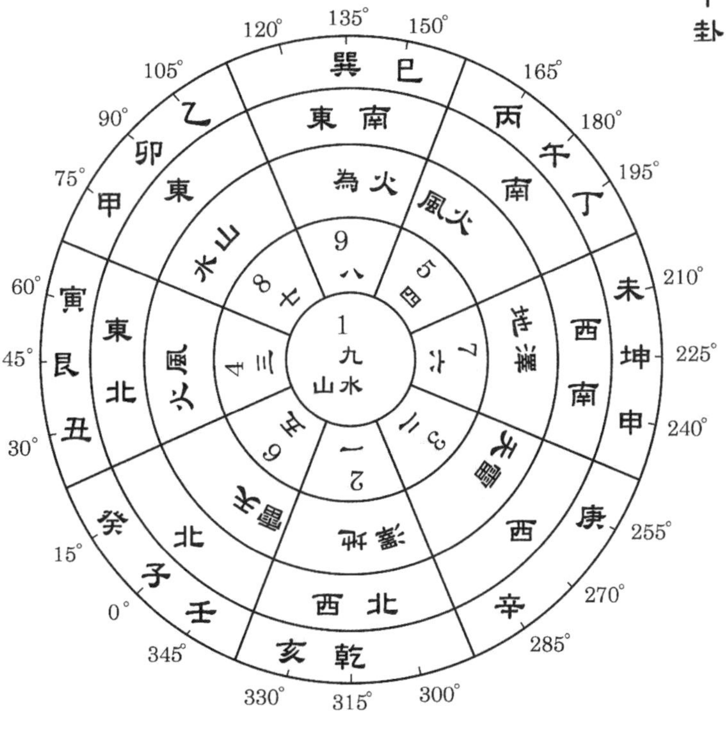
135° 150° 165° 180° 195° 210° 225° 240° 255° 270° 285° 300° 315° 330° 345° 0° 15° 30° 45° 60° 75° 90° 105° 120°
巽 巳 丙 午 丁 未 坤 申 庚 酉 辛 戌 乾 亥 壬 子 癸 丑 艮 寅 甲 卯 乙 辰
東南 南 西南 西 西北 北 東北 東
火為 火風 地澤 天雷 澤地 雷天 風火 山水
9 八
5 四
7 六
3 二
2 一
6 五
4 三
8 七
1 九 山水

戌山辰向：地元卦　下卦

繼續要為您介紹「玄空大卦」九運戌山辰向下卦的格局，就是坐西北朝東南的格局。

如果您家的房子，太陽是從左前方出來，由右後方西下的話，就是坐西北朝東南的格局。因為一卦管三山，所以坐西北朝東南，就有三種不同的山向：第一是地元卦戌山辰向，第二是天元卦乾山巽向，第三是人元卦亥山巳向。因為天元卦與人元卦陰陽相同，所以吉凶同論，現在就請您跟我們一起來研究九運戌山辰向下卦的格局，就是坐西北朝東南的格局。

首先還是麻煩您翻開正福堂的通書，特一二八頁。我們先了解戌山辰向是屬於地元卦。

九運令星入宮之後，一律順飛，每一個宮位它所挨到的星就稱為挨星，九入中宮，一到乾，二到兌，三到艮，四到離，五到坎，六到坤，七到震，八到巽。

坐山戌方（西北方），挨星是一，一為壬，屬陽，所以入中之後順佈九宮。（因此它的飛法是1、2、3、4、5、6、7、8、9）。

向前辰方（東南方），挨星是八，八為丑，屬陰，所以入中之後逆佈九宮（所以它是8、7、6、5、4、3、2、1、9這樣飛）。

向前巽宮辰方（東南方）父母三般卦是99八，當運的雙星會合於向前，合坎宮打劫，所以向前有水的話，在上元的三運、中元的六運，以及下元的九運，在甲辰到甲寅旬這二十年，一坎、四巽、七兌這三個宮位，都可以旺財又旺祿。若向前有水，水外又有案山、朝山，定主富貴兩全，人丁興旺。

震宮甲方（東方）是81七，中宮是18九，8為剛退運的凶星，1為生氣星，所以中宮主旺人丁。震宮甲方（東方）如果有水的話，次運可續發。但是因為1入中宮，所以一運，丁星入囚。

坤宮未方（西南方）是72六，坐山戌方（西北方）是27一，7為退運的凶星，未方（西南方）72六，又犯7、6交劍煞，所以未方（西南方）要有水光，以防丁星之凶。七赤丁星為衰死之星，因此室外不宜有高山或高樓，否則會損丁。至於戌方（西北方）不能低窪有水，坐後要高，以防財星退氣發凶。坐山戌方27一，一7為貪花戀酒，2一為買臣常被賤婦之欺，女人作主。

艮宮丑方（東北方）是45三，離宮丙方（南方）是54四，4、5都屬於中元的退氣星，四綠逢廉貞，《飛星賦》有云：「寒戶遭瘟，緣自三廉夾綠」，意思是說在離宮（南方）與艮宮（東北方）父母的三般卦，都遇到三震木和四巽木來剋五黃廉貞土，所以就容易引發瘟疫等疾病不斷。（345三星相會，碧綠風魔，他處廉貞莫見。）艮宮忌三叉水口在此方。

◎結　論：

一、戌山辰向是雙星到向，所以向前有水的話，1、4、7宮會大旺財祿，因為合坎宮打劫。向前的龍邊，81七，山星8退氣，水星1逢生氣，所以不宜有山，有水的話，次運（1運）會續旺財祿。

向前的虎邊，是54四，以及丑方東北方45三，都犯了「三廉夾綠」所以會疾病不斷。

二、辰戌丑未四個山向，很多風水書籍都稱為四大水口。例如：北京紫禁城的建築，這四個角落都作為護城河。但是楊公在寶照經裡提到：「辰戌丑未地元龍、乾坤艮巽夫婦宗。」以前的地元龍二十四天星都論不好的，如果用地元卦辰戌丑未，一定是配甲丙庚壬。用乾坤艮巽天元卦，一定是配子午卯酉。他們的旺衰是有互補的作用。例如：戌山辰向是旺在3、5、6、7、9運，而乾山巽向是旺在1、2、4、8運。

三、九運乾山巽向是雙星到坐，而戌山辰向卻是雙星到向。如果向前以及龍邊有水的話，就可以大旺財祿。

四、九運戌山辰向下卦合坎宮打劫，丙方可當城門訣。但丙方54四，為毫無生氣入門，糧艱一宿。此向雖合打劫陣，都要損丁，因兌宮36二，丁星3被6所剋；坎宮63五，財位3被6所剋。

五、開巽宮99八門為宜。

（三十三）戌山辰向　地元卦　起星

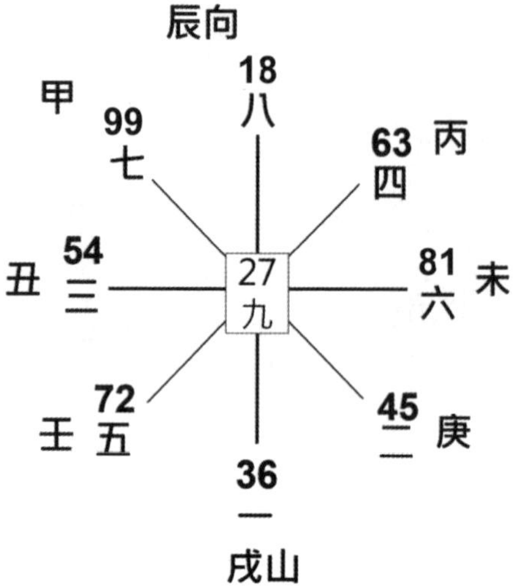

		離		
巽	1 八	6 四	8 六	坤
震	9 七	2 九	4 二	兌
艮	5 三	7 五	3 一	乾
		坎		

（通書）

戌山辰向：起星

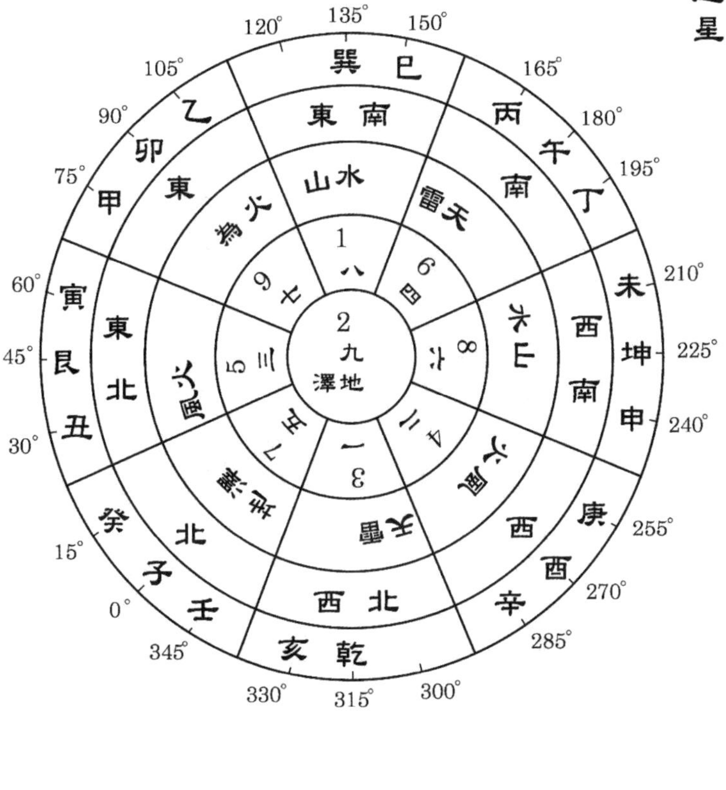
135°
150°
165°
180°
195°
210°
225°
240°
255°
270°
285°
300°
315°
330°
345°
0°
15°
30°
45°
60°
75°
90°
105°
120°
巽
巳
丙
午
丁
未
坤
申
庚
酉
辛
乾
亥
壬
子
癸
丑
艮
寅
甲
卯
乙
東南
南
西南
西
西北
北
東北
東
山水
天雷
水山
火風
雷天
澤天
火風
為火
1
八
6
四
8
六
4
二
3
一
7
五
5
三
9
七
2
九
澤地

戌山辰向：地元卦　起星

繼續要為您介紹「玄空大卦」九運戌山辰向「起星」的格局，就是坐西北朝東南的格局。

因為一卦管三山，所以坐西北朝東南，就有三種可能的山向。第一是地元卦戌山辰向，第二是天元卦乾山巽向，第三是人元卦亥山巳向。我們已經介紹過戌山辰向下卦的部分，現在要為您介紹的是戌山辰向起星的格局，就是楊公所謂二八相兼，在左右孤虛線上，就要用起星的格局。現在就請您跟著我們一起來研究戌山辰向「起星」的格局。

首先還是麻煩您翻開正福堂的通書，特一二九頁。我們先了解戌山辰向是屬於地元卦。

九星令星入宮，一律順飛，每一個宮位它所挨到的星就稱為挨星，九入中宮，一到乾，二到兌，三到艮，四到離，五到坎，六到坤，七到震，八到巽。

坐山戌方，挨星是一，一為壬，屬陽，但是在楊公所謂二、八相兼的地方，坤壬乙、巨門從頭出，所以壬要用替星2（巨門星）來代替，所以入中之後順佈九宮，因此它的飛法是2、3、4、5、6、7、8、9、1。

向前辰方挨星是八，八為丑，屬陰，，但是在坤壬乙訣裡，丑與艮是夫婦宗，所以同屬7破軍星，所以取替星7，所以入中逆佈九宮，所以它的飛法是7、6、5、4、3、2、1、9、8這樣飛。

向前辰方父母三般卦是18八，8為剛退運的凶星又犯伏吟，1為丁星的生氣星，所以向前不宜有水，有水會敗財損丁。18同宮，土剋水，不利小兒。

向前虎邊丙方（63四）合城門訣，因為挨星四，地元卦為辰，屬陰。向前龍邊甲方為99七，如果這裡有水，可以旺財祿，水外如果又有山，可旺人丁。所以如果在龍邊震宮開門、納氣，就可以財源大旺。

坤宮未方是81六，是1、6、8三吉星同宮，8白土生六白金再生1白水，所以這裡有水的話可旺財又可出官貴。

中宮是27九，坎宮壬方是72五，7為退氣星，2是次運的生氣星，所以坎宮壬方有水，次運（72六）可續旺財祿，並可阻斷來自北方的衰氣，引南方的旺氣入堂來。

坐山戌方是36一，因為6為中元的退運星，所以此方宜高不宜低，否則六乾金剋三震木，乾為天，也為首，震為雷，也為動，《飛星賦》云：「頭響兮六三」，所以坐山有水的話，不獨會敗財（因為水星退氣了）還會犯頭痛的毛病。離宮丙方是63四，六乾金剋三震木及四巽木，6又為中元的退運星。《玄空祕旨》云：「雷風金伐，定被刀傷。」雷指三碧震，風指四綠巽，山向二星如果是三六同宮、四七同宮，就是雷風金伐，主刀傷。

兌宮庚方是45二，4綠逢廉貞，4巽木剋二黑、五黃土，犯鬥牛煞。艮宮丑方是54三，四綠逢廉貞與三震木，《飛星賦》云：「寒戶遭瘟，緣自三廉夾綠。」《紫白訣》亦云：「正煞為五黃，二黑為病符，四巽木剋二黑五黃土，主疾病叢生。」《飛星賦》云：「乳癰兮四五。」四、五相逢失時，亦主患乳疾。（354三星相會，寒戶遭瘟，緣自三廉夾綠。）

◎結論：

第一、向前（18八）與龍邊（99七）都得到山星的旺氣，龍邊水星9也當令，所以龍邊（甲方）宜有水，水外再有山，可補坐山丁星之不足。

第二、坤方（81六），水星逢生氣，又是1、6、8三吉星同宮，可補向前水星之不足。

第三、坐山（36一）與向前（18八）及離宮（63四）和坤宮（81六）都是1、3、6、8陽星匯聚，兌宮（45二）、坎宮（72五）、震宮（99七），都是陰星（2、4、7、9）滿盤，因此開門在右手邊的離宮或坤宮，有利於男生（因為63四、81六是男生）。開門在艮宮（54三）、坎宮（72五），就不利於女生（因為艮宮54三，是風火家人，三廉夾綠；坎宮72五，2是老母，7為少女）

第四、開門要從水星的旺氣方進來，例如坎宮72五，零神位低窪有水可開門。

第五、九運戌山辰向起星，丙方可當城門訣。

第六、震宮99七，為當元旺水。

（三十四）乾山巽向　天元卦　下卦

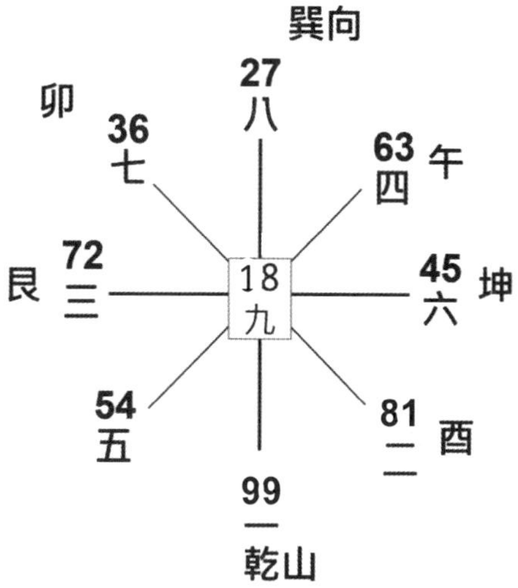

※九運乾山巽向下卦與亥山巳向下卦相同

日出東方

	東	東南	南	
東北	卯	巽	午	西南
	艮		坤	
	子	乾	酉	
	北	西北	西	

	巽	離	坤	
	2 八	6 四	4 六	
震	3 七	1 九	8 二	兌
	7 三	5 五	9 一	
	艮	坎	乾	

（通書）

乾山巽向：下卦

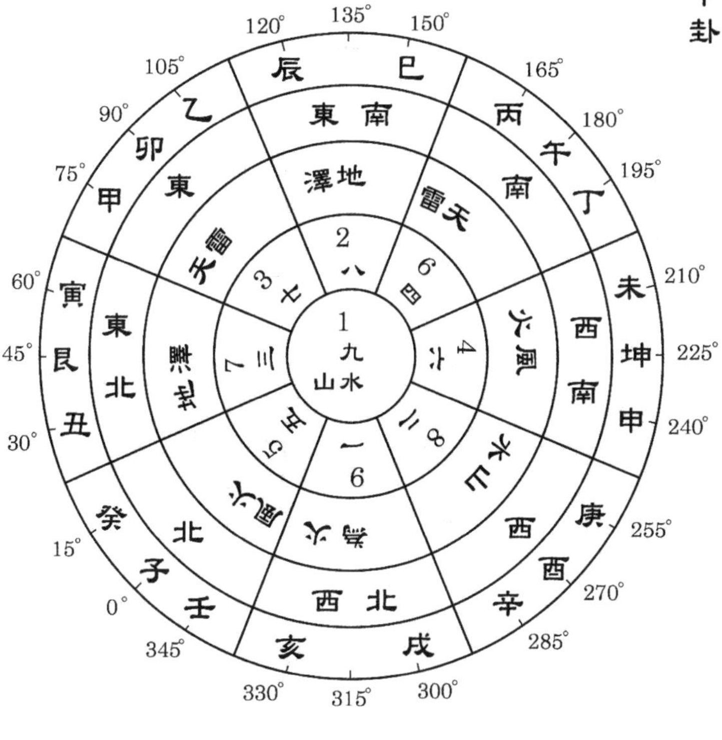

120°
135°
150°
165°
180°
195°
210°
225°
240°
255°
270°
285°
300°
315°
330°
345°
0°
15°
30°
45°
60°
75°
90°
105°
辰
巳
丙
午
丁
未
坤
申
庚
酉
辛
戌
亥
壬
子
癸
丑
艮
寅
甲
卯
乙
東南
南
西南
西
西北
北
東北
東
澤地
天雷
火風
水山
山水
風火
雷天
地澤
2 八
6 四
4 六
8 二
9 一
5 五
7 三
3 七
1 九
山 水

乾山巽向：天元卦　下卦

接著要為您介紹「玄空大卦」九運乾山巽向下卦的格局，就是坐西北朝東南的格局。

如果您家的房子，太陽是從左前方出來，由右後方西下的話，就是坐西北朝東南。因為一卦管三山，所以坐西北朝東南，就有三種不同的山向：第一是地元卦戌山辰向，第二是天元卦乾山巽向，第三是人元卦亥山巳向。現在就請您跟我們一起來研究九運乾山巽向下卦的格局，就是坐西北朝東南的格局。

首先還是麻煩朋友們翻開正福堂的通書，特一三〇頁。我們先了解乾山巽向是屬於天元卦。

九運令星入宮之後，一律順飛，每一個宮位它所挨到的星就稱為挨星，九入中宮，一到乾，二到兌，三到艮，四到離，五到坎，六到坤，七到震，八到巽。

坐山乾方（西北方），挨星是一，一為子，屬陰，所以入中之後逆佈九宮。（因此它的飛法是1、9、8、7、6、5、4、3、2）。

向前巽方（東南方），挨星是八，八為艮，屬陽，所以入中之後順佈九宮（所以它是8、9、1、2、3、4、5、6、7這樣飛）。

坐山乾宮乾方（西北方）父母的三般卦是99一，當運的雙星會合於坐山，如果坐後有靠，又有水環繞玄武的話，就可以旺財又旺丁。坐山99一，為財星上山，若坐後只有山不見水，則旺丁不旺財；若坐後只有水不見山，則旺財不旺丁。

中宮是18九，因為山星1是生氣星，主旺人丁。而且全盤丁星合十，家人有助，代表家人和朋友都能互助合作。次運18一，丁星入囚，無丁。

兌宮西方（西方）是81二，山星8剛退氣了，水星1為生氣星，所以這地方有水的話，次運可以續旺（就是下一個元運可以續旺）。

向前巽方（東南方）是27八，艮方（東北方）是72三，7為退氣星，如果向前低窪又有水，就會如《玄空祕旨》所云：「庶妾難得寡母之歡心。」因為2坤是老母，7兌是少女，所以《玄空祕旨》才會如此論述。巽方27八，七赤財星衰死無氣，所以此方不宜見水，主損財。艮方72三，七赤丁星為衰死之星，所以此方室外不宜有高山或高樓，主損丁。

震宮卯方（東方）是36七，離宮午方（南方）是63四，6為中元的退運星，卯方（東方）又犯交劍煞（因為6、7都屬金），離宮午方63四，又是金木戰剋。《玄空祕旨》有云：「雷風金伐，定被刀傷。」卯方可當城門訣，但36七，為金剋木，為實際不可用之城門訣。

坎宮子方（北方）是54五，坤方（西南方）是45六，四綠又逢廉貞，《飛星賦》有云：「乳癰兮四五。」所以婦女朋友也不適合在這兩個方位當房間使用。

子方（北方）是54五，山星五黃廉貞犯伏吟，又為零神位衰氣方。所以坎方宜通不宜實，宜空曠平靜，忌惡山惡水，否則主損丁傷財。

◎結　論：

第一、九運乾山巽向的格局是雙星到坐，雖然比不上地元卦戌山辰向、雙星到向的格局，但是如果外局配合得當的話，也不會輸給地元卦的戌山辰向。乾山巽向是雙星到坐，所以如果坐山後面有靠，又有河流彎抱，不但可以財源大旺，又可旺人丁。

第二、左後方坎宮是零神位，坐後有水流，不但可以阻斷北方的衰氣，更可以引動向前虎邊南方的旺氣入堂來。雖然二十年後轉為上元一運時丁星入囚，但是右後方兌宮81二的水星逢生氣，財運依然大旺。

第三、乾山巽向是雙星到坐，所以3、6、9宮就不符合打劫運，但是因為全盤的丁星合十，所以如果坐後有高山的話，就能夠旺人丁，並且能得到家人和朋友互助合作、和睦相處。

第四、九運乾山巽向下卦，山星合十，卯方雖可當城門訣。但卯方為36七，亦不甚佳。

總而言之，地元卦戌山辰向與天元卦乾山巽向，各有其優缺點，我們只要懂得天運的星盤，依大自然的格局去選擇最有利的坐向，不管是東、南、西、北，不管是天元、地元，或人元卦的坐向，都能有旺財或旺人丁的格局，可以作為選擇。

第五、門可開27八門。

第六、向首27八，二七合化火，若遇惡形山水，有鳥焚其巢之患。宜遠山遠水。

（三十五）乾山巽向　天元卦　起星

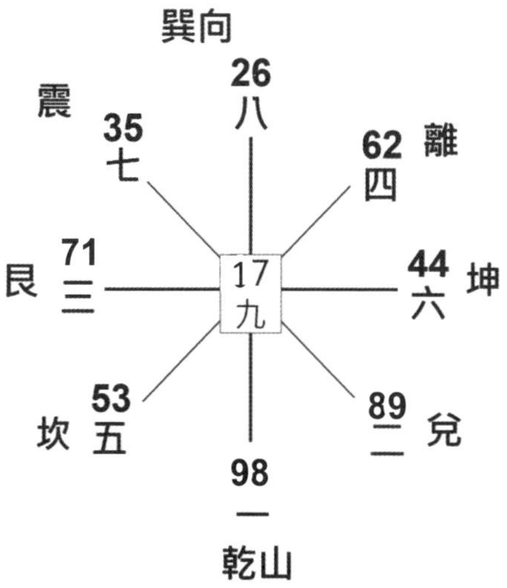

離

巽				坤
巽	2 八	6 四	4 六	坤
震	3 七	1 九	8 二	兌
艮	7 三	5 五	9 一	乾

坎

（通書）

乾山巽向：起星

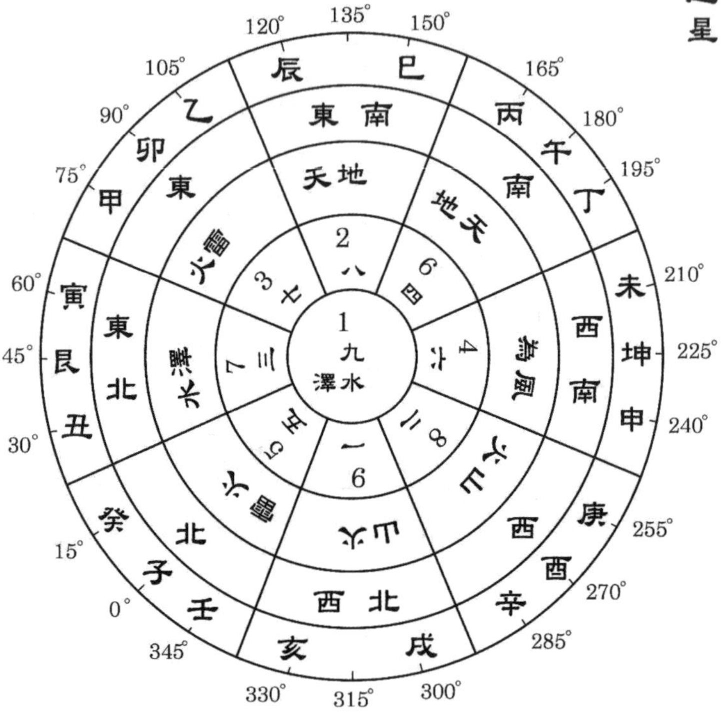
135°
120°
150°
105°
165°
90°
180°
75°
195°
60°
210°
45°
225°
30°
240°
15°
255°
0°
270°
345°
285°
330°
315°
300°
辰 巳
東南
丙 午 丁
南
未 坤 申
西南
庚 酉 辛
西
戌 亥
西北
壬 子 癸
北
丑 艮 寅
東北
甲 卯 乙
東
天地
地天
風為
山火
火山
雷火
水澤
火雷
2 八
9 四
4 六
8 二
6 一
5 五
7 三
3 七
1 九
水澤

乾山巽向：天元卦　起星

繼續要為您介紹「玄空大卦」九運乾山巽向「起星」的格局，就是坐西北朝東南的格局。

因為一卦管三山，所以坐西北朝東南，就有三種不同的山向。第一是地元卦戌山辰向，第二是天元卦乾山巽向，第三是人元卦亥山巳向。我們已經介紹乾山巽向下卦的部份，就是楊公所謂三七相兼的部份，要用下卦，現在要為您介紹的是乾山巽向起星的格局，就是楊公所謂二八相兼，在左右孤虛線上，就要用起星。現在就請您跟著我們一起來研究乾山巽向起星的格局。

首先還是麻煩朋友們翻開正福堂的通書，特一三一頁。我們一樣先了解乾山巽向是屬於天元卦。

九星令星入宮，一律順飛，每一個宮位它所挨到的星就稱為挨星，九入中宮，一到乾，二到兌，三到艮，四到離，五到坎，六到坤，七到震，八到巽。

坐山乾方挨星是一，一天元卦為子，屬陰，所以入中之後逆佈九宮，因此它的飛法是1、9、8、7、6、5、4、3、2。

向前巽方挨星是八，天元卦為艮，屬陽，但是在楊公所謂二八相兼的地方，是不用8，艮丙辛，位位是破軍，所以要用替星7（破軍星）來代替，所以入中之後順佈九宮，因此它的飛法是7、8、9、1、2、3、4、5、6這樣飛。

坐山乾方父母的三般卦是98一，當運的旺星9到山，所以如果坐後有靠可旺人丁，坐後不可見水損丁。而且中宮是17九，丁星1與令星合十，所以全盤丁星合十，代表家庭一團和氣，人丁興旺。但是次運（17一）就入囚，會敗人丁。

坐山右邊兌宮西方是89二，當運的水星到此，所以這裡有水可以旺財祿。艮方是71三，7為退氣的山星，1為生氣的財星，所以這裡有水，次運（71四）可續旺財祿。

向前巽方是（26八），離宮午方是（62四），6為中元的退運星，《飛星賦》云：「乾坤神鬼，與他相剋非祥。」（乾為神，坤為鬼，剋則有鬼神指責）所以向前不宜有水，虎邊離方也不宜有高山，否則會敗財損丁兼損小口。（268三星相會，二黑飛乾，逢八白而財源大進）

坤宮是44六，4為中元的退運星，所以此方宜靜不宜動。

震宮卯方是35七，坎宮子方是53五，3碧祿存逢5黃廉貞，所以此兩方宜靜不宜動，不要開門，也不能當起居室，否則會引動五黃廉貞。坎宮子方又是零神位衰氣方，所以宜空不宜實。雙五又是凶事連連。《飛星賦》云：「寒戶遭瘟，緣自三廉夾綠。」《飛星賦》亦云：「五黃飛到三叉，尚嫌多事。」

◎結　論：

第一、坐山是（98一），山星9當令，坐山的右邊是（89二）水星當令，所以坐山有山，兌宮酉方有水的話，當運可旺財又旺人丁。可是中宮17九，次運（17一）丁星入囚，就會敗人丁。艮宮是（71三），所以次運（71

四）的財運續旺。

第二、向前巽宮是（26八），向前虎邊是（62四），所以向前水星6退氣，不宜有水，虎邊離宮山星6退氣，所以不宜有山，否則會如《飛星賦》所云：「乾坤神鬼，與他相剋非祥。」

第三、向前的龍邊是（35七），坐山的左邊是（53五），都是3碧祿存遇到五黃廉貞，所以此兩個宮位不宜當房間，否則會如《飛星賦》所云：「寒戶遭瘟，緣自三廉夾綠。」

第四、九運乾山巽向起星，卯方35七可當城門訣。

註：亥山巳向下卦與乾山巽向下卦相同

亥山巳向：下卦

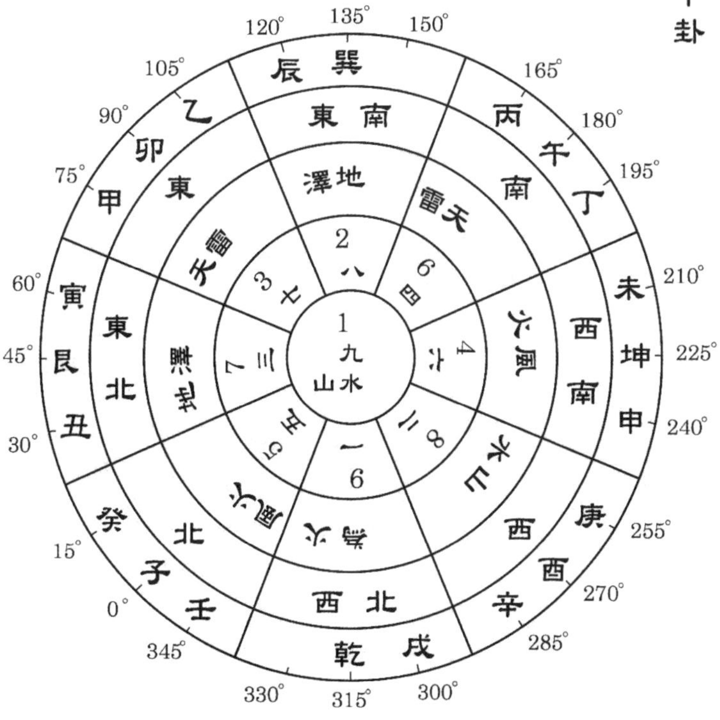

（三十六）亥山巳向　人元卦　起星

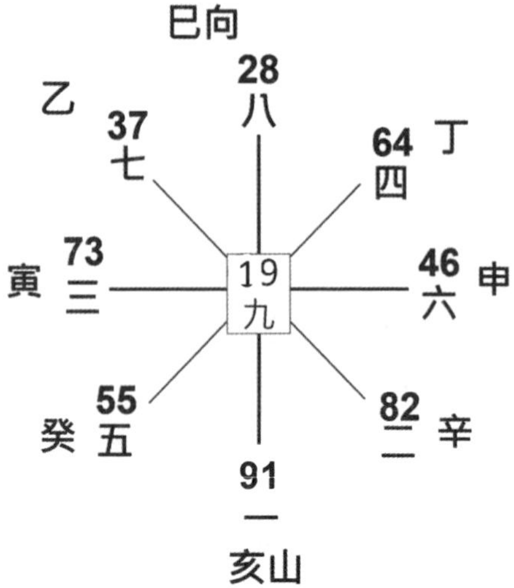

	巽	離	坤	
	2 八	6 四	4 六	
震	3 七	1 九	8 二	兌
	7 三	5 五	9 一	
	艮	坎	乾	

（通書）

亥山巳向：起星

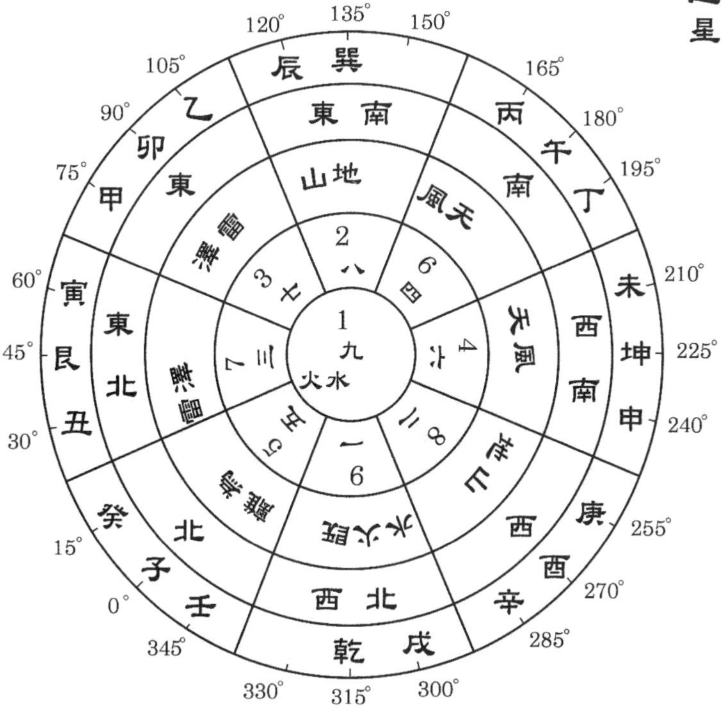
120°
135°
150°
105°
165°
90°
180°
75°
195°
60°
210°
45°
225°
30°
240°
15°
255°
0°
270°
345°
285°
330°
315°
300°
辰
巽
東南
丙
午
丁
南
乙
卯
甲
東
山地
天風
澤雷
2
八
6
四
3
七
1
九
水
火
4
六
未
坤
申
西南
寅
艮
丑
東北
雷澤
7
三
天風
5
五
一
6
8
二
地山
雷澤
天火既
庚
酉
辛
西
癸
子
壬
北
西北
乾
戌

亥山巳向：人元卦　起星

繼續要為您介紹「玄空大卦」九運亥山巳向「起星」的格局，就是坐西北朝東南的格局。

因為一卦管三山，所以坐西北朝東南，就有三種可能的山向。第一是地元卦戌山辰向，第二是天元卦乾山巽向，第三是人元卦亥山巳向。我們已經介紹過乾山巽向下卦的部分，因為亥山巳向的下卦與乾山巽向的下卦是相同的，而現在要為您介紹的是亥山巳向起星的格局，就是楊公所謂二八相兼，在左右孤虛線上，就要用起星。現在就請您跟著我們一起來研究亥山巳向「起星」的格局。

首先還是麻煩朋友們翻開正福堂的通書，特八五頁。我們先了解亥山巳向是屬於人元卦。

九星令星入宮，一律順飛，每一個宮位它所挨到的星就稱為挨星，九入中

宮，一到乾，二到兌，三到艮，四到離，五到坎，六到坤，七到震，八到巽。

坐山亥方，挨星是一，一為癸，屬陰，所以入中之後逆佈九宮，因此它的飛法是1、9、8、7、6、5、4、3、2。

向前巳方挨星是八，八人元卦為寅，屬陽，但是在楊公所謂二、八相兼的地方，寅午庚要用替星9（右弼星）來代替，所以入中之後順佈九宮，因此它的飛法是9、1、2、3、4、5、6、7、8這樣飛。

坐山亥方父母三般卦是91一，9為當運山星的旺星，1為水星的生氣星，所以如果坐後有靠兼水繞玄武的話，當運可旺人丁，次運可旺財。如果有水無山，會發但損丁。91同宮，當令丁財兩旺，婦多產男兒。

中宮19九，9為當令的財星入囚（正南有水囚不住），全盤水星又犯伏吟，俗話說：伏吟（就是兩個字相同）反吟（就是相沖，例如：四綠落在乾宮）淚淋淋，多為無妄之災，例如車禍等，所以此運要旺財不容易，賺錢會很辛苦。山星1為次運的生氣星，全盤合十。所以九運時家庭和睦相處，但次運

（19一），山星入囚，會敗人丁。

向前龍邊震宮乙方是37七，艮宮寅方是73三，都犯3、7凶星，全盤向星都犯伏吟，又犯3、7穿心煞，所以此方不宜當夫妻房，容易感情不睦。因為《飛星賦》有云：「乙辛兮，家室分離。」意思就是三、七同宮，乙為震，為夫，辛為兌，為少女，震兌金剋木相沖剋，所以會家室分離。

坤宮申方是46六，離宮丁方是64四，4、6都是中元的退運星，《玄機賦》有云：「木見戌朝，莊生難免鼓盆之嘆！」（意思是：戌為乾，乾巽的組合，6乾金剋4巽木，巽為婦，所以主男人喪妻。）因此這兩個方位也不適合當夫妻房使用，容易有喪妻之痛的遺憾！

向前巳方是28八，財星8剛退運，又犯伏吟，所以向前低窪有水，都主退財損丁。兌宮辛方是82二，山星8剛退運發凶，水星2次運逢生氣，但當運犯伏吟，所以這裡不宜有山，宜低窪空曠，否則會敗財損丁。28同宮，比旺，且二八合十，當其旺，田連阡陌，有地產之富。

坎宮癸方是55五，山、向飛星都是五黃廉貞飛臨，又是零神位衰氣方，所以此方不宜有水，宜靜不宜動，因為五黃為戊己大煞，不論生剋俱凶，所以這裡宜靜不宜動。

◎結論：

第一、中宮19九，當運的水星入囚又犯伏吟，所以財祿不旺，而且賺錢會很辛苦。向首有水，可囚不住，但為殺水，用之主破敗不堪。還好坐山是91一，如果坐山後面有山，兼水繞玄武的話，尚可彌補財星之不足。

第二、向前是28八，以及坐山的右後方是82二，《飛星賦》云：「須識坤卦庭中，小兒憔悴。」8與2因為是艮、坤，是屬於2、5、8運的退氣星，2為病符，飛到8艮東北方，所以主少男病。因此這兩個方位不適合當育嬰房來使用，會不利於小孩的成長。向首28八，八為退氣，為鬼門，《玄空祕旨》云：「丑未換局而出僧尼」，主出家。

第三、向前的龍邊震宮是37七，艮宮是73三，這兩個方位也不適合當新婚的夫妻房，否則容易感情不和睦。（因為七兌金剋三震木）。

第四、向前的虎邊離宮是64四，坤宮為46六，《玄機賦》云：「木見戌朝，莊生難免鼓盆之嘆！」所以這兩個方位也不適合當主臥房來使用。（因為6乾金剋4巽木）

第五、九運亥山巳向起星水星入囚，乙方37七可當城門訣。

二、坤壬乙訣

7 9
丙 午 丁
未 2
坤 1
申
巳 6
巽
辰
右弼
離紫九
巨門
坤黑二
文曲
巽綠四
9 庚
酉
辛 7
破軍
兌赤七
五黃
廉貞
三碧震
存祿
2 乙
卯
1 甲
六白乾
武曲
戌 6
乾
亥 6
一白坎
貪狼
八白艮
左輔
寅 9
艮 7
丑
癸 子 壬
1 2

貪狼	一白	癸	子	壬	→ 巨門： 坤 壬 乙
巨門	二黑	申	坤	未	
祿存	三碧	乙	卯	甲	㊣癸
破軍	七赤	辛	酉	庚	→ 右弼： 庚 午 寅
左輔	八白	寅	艮	丑	
右弼	九紫	丁	午	丙	丑　酉
文曲	四綠	巳			不用四文曲 用六武曲
武曲	六白		乾	戌	→ 六白武曲

首先要與您分享楊公的「坤壬乙訣」。根據羅經圖說裡面有提到：「虛危之間針路明，南方張度上三乘，先將子午定山崗，卻把中針來較量。離坎正位人難識，差卻毫厘斷不靈，更加三七與二八，莫與時師說長短。」最後這一句，不就是在暗示下卦與起星要分別嗎？（以上詩句見正福堂通書「藍色大6頁」第9行）現在就讓我們來仔細推敲研究看看。

我們大家都知道羅經盤把廿四山分成八卦與九宮。八卦就是（坎、離、震、兌、乾、坤、艮、巽）。九宮就是（一白、二黑、三碧、四綠、五黃、六白、七赤、八白、九紫）

一白坎宮有壬子癸三山
二黑坤宮有未坤申三山
三碧震宮有甲卯乙三山
四綠巽宮有辰巽巳三山
六白乾宮有戌乾亥三山

七赤兌宮有庚酉辛三山

八白艮宮有丑艮寅三山

九紫離宮有丙午丁三山

接著，再將九星配上九宮，一白配貪狼，二黑配巨門，三碧配祿存，四綠配文曲，五黃中宮配廉貞，六白配武曲，七赤配破軍，八白配左輔，九紫配右弼。

我們在羅盤下分金之時，在廿四山的每一個坐山立向，只要都在楊公稱為三、七相兼（就是在每個坐山中間那九度之內），市面上發行有九運盤的通書裡，都統稱為下卦，比方說：正福堂蔡炳圳先生的通書特八八頁，就是子山午向的下卦。其他的八卦、九宮是依照上面所談去配九星。

唯有在楊公稱為二、八相兼（就是在九度之外的左右孤虛線），就要起用替代之星（通書上稱為起星盤），才不會在孤虛線的位置上，坐山立向又配到凶星，更會遭到晦氣。

所以楊公在青囊奧語中才會用坤壬乙訣來提示後代的傳人，遇到二、八相兼時，廿四山每個紫白飛星所配到的替星，就不一定是原來所屬的九星囉！

接下來就讓我們仔細來判讀一下楊公的坤壬乙訣裡的意思：

一、「坤壬乙、巨門從頭出」意思是：坤，它本來屬2巨門；壬，本來屬1貪狼；乙，本來屬3祿存，但是因為是在孤虛線上的山星與向星，所以一律以2巨門來替代。

二、「甲子申、貪狼一路行」意思是：甲，本來屬3祿存；子，本來屬1貪狼；申，本來屬2巨門，但是也是因為在孤虛線上的山星與向星，所以甲子申一律以1貪狼來代替。

三、「乾戌巳、盡是武曲位」意思是：乾戌沒有變動，是以6武曲為九星，而巳，本屬4文曲，但是也是因為在孤虛線上的山星與向星，所以都要以6武曲來替代。

四、「艮丙辛、位位是破軍」意思是：艮本屬8左輔；丙本屬9右弼；辛本屬

7破軍。但是也是因為在孤虛線上的關係，所以艮丙辛全都要配7破軍星。

五、「寅午庚、例位作弼星」意思是：寅本屬8左輔；午本屬9右弼；庚本屬7破軍。但也是因為在孤虛線上，所以寅午庚一樣要用起星9右弼星來代替。

楊公在坤壬乙訣中雖然沒有把廿四山的替星全部都明顯地標示出來，但他在坤壬乙訣裡有標示的，我們在白板上都用藍色的數字來標示。但是其實他在經典裡有提到：「子癸午丁天元宮，卯乙酉辛一路同；辰戌丑未地元龍，乾坤艮巽夫婦宗」所以根據這四句，我們可以理解到他想要表達的意思就是：

第一、子跟癸同屬1貪狼（所以癸，我們用紅字標示）。

第二、午跟丁同屬9右弼星（所以丁，我們也用紅色字來標示）。

第三、卯跟乙同屬2巨門（所以卯，我們也用紅色字來標示）。

第四、酉跟辛同屬7破軍（所以酉，我們也用紅色字來標示）。

第五、未跟坤因為為夫婦宗，所以同屬2巨門（所以未，我們也用紅色字來標示）。

第六、丑跟艮也為夫婦宗，所以同屬7破軍（所以丑也用紅色字來標示）（這裡稍微說明一下：因為是分金線，所以不能相兼，但是若是龍脈與水可相兼。因為丑山與艮山，可以兼著用，所以叫夫婦宗。丑山是旺在2、5、8運及7、9運，其他都是上山下水。而艮山在2、5、8運及7、9運都是上山下水，所以丑山跟艮山，它們旺的時候剛好顛倒，所以叫夫婦宗。）

第七、而乾戌為6武曲。

第八、所以亥一樣為武曲。

第九、而辰巽跟巳一樣，所以也同為6武曲。

◎結　論：

從以上的分析中，我們可以發現以下三個重點：

第一、替星中不用三，也不用八，因為三、八合生成數。在八個卦位的山星與水星是配在一起的。3祿存星跟8左輔星，是分屬於上、下兩元。而中元的四、五、六，則不用4文曲星，以上就是楊公坤壬乙訣的不傳之祕。

第二、所謂三、七相兼，就是在每個坐山中間那九度之內，用下卦；而二、八相兼，就是在九度之外的左右孤虛線，就要用起星。

第三、所謂相兼的意思就是：例如子山下有五個分金線，右邊「甲子」跟「丙子」分金線在子山中心線之右，靠近壬山，所以稱為子兼壬。以上就是我與您分享的坤壬乙訣的部分，後學才疏學淺，如果有思慮不周之處，還望前輩們多包涵，更盼楊公原諒後學的不才與冒犯，感謝您！

癸	子山					壬
	壬子		戊子		甲子	

肆、古賦篇

一、《玄空祕旨》概說

《玄空祕旨》相傳為北宋時吳景鸞所作，是三元堪輿學之精微，內容精闢，賦中口訣涉及九星組合應驗、飛星、巒頭、卦位、卦氣、五行生尅、宮位虛盈及水法等，部分事項較為隱晦，初學者務必反覆思考，耐心閱讀，心領神會，進而領略玄空風水斷事精準的奧妙，尤其是關於陽宅風水的部分。而《玄空祕旨》也是公認最權威的玄空古籍之一，自古以來註解者眾。若能深研，必有收穫。以下茲摘錄原文、原註及民國初年三元無常派大師沈祖緜詮釋之「按」外，並參酌王亭之、徐芹庭、陳柏瑜、陳仲易、柯建成、鐘義明、梁煒彬、梁正卿、黃震宇等先進諸賢之釋義，及恩師上課所舉案例綜合彙整綜說，擇其善者而從之。我們綜合運用各家說法的目的，因為前賢已經有各家精彩的論述，我們只是幫助初學者更容易快速理解飛星玄空的實際應用，略盡棉薄之力而已，不敢掠人之美。本書乃集諸家註解之精華彙整而成，若有不周延之處還請諸位先進大師們能多見諒，感恩您的大德與大量！

原文：不知來路，焉知入路？盤中八卦皆空；未識內堂，焉識外堂？局裡五行盡錯。

原註：開章最重來脈來源，與入首入路，即五行城門一訣之義，故為至要，若呆拘坐於向，謬曰：此是一卦，而實非此一卦也。故曰：盤中八卦皆空。

受外來立極之所，名曰：內堂。不解玄空者，不知內堂所受之氣。皆外來之氣，則局裏之五行皆錯矣。

沈祖緜按：

「來路」指各運言，故章本作「變易」；「入路」指山向言，章本作「不易」並通；山向係不易，每運係「變易」，蓋能知變易之理，以每運入中不同，而八國流行之氣，亦隨之而變也。

「盤中」兩字，章本作「九星」誤。律以下文「凡屬」兩字，不能與九星對仗。

鮑註以「空」作「玄空」解，則失之鑿。

「八卦」者，指「不易」言，即洛書，俗所謂地盤或元旦盤是也。每運之盤，指「變易」言，即九宮，其流行之氣，隨運而變與洛書異。此作者言不能僅呆據元旦盤，而不顧各運流行之氣，此即「盤中八卦皆空」之意也。未識內堂，章作不識三般。焉識外堂，章作那識兩片。局裏，章作凡屬，五行盡錯。

綜說：

來路指理氣的根本，也指各運而言，一般來路指天盤。如陽宅的大門、陰宅的來脈、水的三叉口；都是看風水的關鍵。入路指領氣之要訣，即坐山與向水，如陽宅的門前之路、陰宅前的明堂。

山和向是不易，也就是不變的因素，而運是隨時間而變化的，是變易。

盤，指羅盤，八卦指的是不易，即洛書九宮、地盤、元旦盤，每個運的盤，就是指變易，即九宮，九宮數字會隨時間變化而不同，只要運一變換，原來的八卦位置都改變了，因此只看元旦盤，不看四流（指流年、流月、流日、流時）飛星，八卦就毫無意義了。所以看風水時，既要看不變的盤，如建房時間的運盤，山向兩盤，也要看流年的年盤，才能斷事。

內堂，指令星，就是當運的星；外堂指砂水方位，就是周圍環境。所以只以方位五行來論生剋吉凶是錯的。必須先識氣運之興衰退敗，再看龍脈之陰陽五行來論斷才是正確的。

原文：乘氣脫氣，轉禍福於指掌之間；

左挨右挨，辨吉凶於毫芒之際。

原註：以排山掌訣，挨運令之興衰也。

吉凶即在本卦左右，雜與不雜，該順該逆之分。

沈祖緜按：

得生旺之氣曰乘，得衰謝之氣曰脫。玄空挨非，如一運向上一盤挨得一字之處有水，或二字之處有水，即屬生旺之氣。一乃本運之氣，二乃未來之氣也。

又九字之處有水，或八字之處有水，即屬衰謝之氣。九乃過去之氣，八則去一更遠矣，轉禍福於指掌之間，係排山掌訣，分其順逆知其盛衰。吉則趨之，凶則避之，自能轉為福也。

原註以左挨右挨一卦三山兼向立說，誤也。鮑註亦膚。

挨即山向飛星之挨排，左右者指順逆而言也。立向後，挨排八國，空處宜空。實處宜實。

如一運：「向上一盤」，挨着一二三字處有水；或「山上一盤」，挨着一二三處有山；在三般中，即得生旺之氣，吉。

向上挨着九八七處有水，山上挨着九八七處有山，在三般卦中，即得衰謝之氣，凶。

綜說：

此段言明乘旺氣之重要。氣者，指生旺之氣。得令之星為旺氣，衰死之星為脫氣。陰陽二宅重在乘氣，能收到生旺之氣就能得福得貴，否則災禍連連。

挨，即山向飛星之挨排；左挨右挨，指飛星順逆飛而言，山向天盤分陽順陰逆挨星，順飛與逆飛會產生吉凶不同。

吉凶，指在本卦左右，離與不離。看天盤中山向挨星之陰陽屬性，便可知吉凶。一般而言，山向逆飛之局皆為到山到向之吉局，順飛之局皆為上山下水之凶局。陰陽順逆不同，八個宮位的吉凶亦不同。

原文：一天星斗，運用只在中央。
千瓣蓮花，根蒂生於點滴。

原註：即先看龍從何來，路從何至，陽宅以路為入氣，與水從何入口，便將來脈來路之卦，入中宮取用。

來脈來源，即山向之根蒂，所謂月窟天根者此也。

沈祖緜按：

原註以路之入氣，水之入口，此僅指城門一訣而言。不知城門一訣，由中央而來，不可捨中央而言城門。

鮑註以中宮由山向而來，其說殊謬，蓋山向係不易，其挨排因中宮而變；則山向之變易，由中央而來。

所謂中央者，一運一入中，二運二入中，三運三入中，四運四入中之類是。八國流行之氣，隨運而變易。而山向之陰陽，亦隨運而變易。若此，然後能乘氣脫氣，左挨右挨，方得運用之妙。

兩註皆傳。「根蒂」，即山向，左挨右挨，皆由山向而來。「千瓣蓮花」，言山川之形勢。

章本「旋轉由乎北極」：九宮挨法，由北坎而旋轉，如離九至坎一，九一為旋轉之機也。如一入中，離五坎六。二入中，離六坎七。三入中，離七坎八。四入中，離八坎九。餘類推，逆排則反是。下章註可采。

綜說：

中央，指中宮，即入中宮挨星之星盤，如天之北辰，眾星環繞。如一運一入中宮，二運二入中宮，三運三入中宮等以此類推。千瓣蓮花，指山川之形勢。根蒂，即指山向，來脈來源。點滴，指中宮立極而言。所以山向飛星都是由中宮立極之星來決定的。此段文意即以元旦盤為本，飛星盤為用，而為用之道，則在於將山向運星歸入中宮立極，飛星因此而產生變化，所以才言「運用只在中央」。同一山向，元運不同，星盤不同，當然吉凶各異。

原文：夫婦相逢於道路，卻嫌阻隔不通情；

兒孫盡在於門庭，猶忌凶頑非孝義。

原註：若來脈來源一雜他卦，則我該納何氣，不能得何氣矣！故云阻隔，或山水皆從一卦來。經曰：夫婦同行脈路明，須認流郎別處尋，蓋水須對宮之卦為配也。

一卦管三山，雖在一宮之內，而脈有左右之分，須知用此爻則吉，彼爻則凶，即子癸為吉壬子凶，三字真假在其中，故用之各別，蓋人元為順子，地元為逆子，天可兼人地，而地不能兼天，猶父母之帶子息，是一卦純清。

沈祖緜按：

原註不及鮑註之當。立向雖合時，而局則相背，仍有凶而無吉。例如：《宅斷・五運扦卯山酉向徐姓祖墓》（《增廣沈氏玄空學》卷三第三十五頁）：

「卯酉雖為五運旺山旺向，而形巒不當，仍犯上山下水之病，其情阻隔不通矣。」

原註以「來脈來源」及「立向」解說之，實似是而非。來脈來源，祖宗也，非兒孫也，鮑註以兒孫，作子孫解，亦泛。

兒孫者，指八國而言。若排水而八國合時之水，形局反背，排山而八國合時之山，形勢巉險，即謂凶頑。理氣雖合，而形巒不合，仍不能視為吉兆論。

綜說：

夫婦，指陰陽、山水。此言若來脈雜他卦，非從一卦而來，無法納氣，故說阻隔。因為山向的山水要雌雄交媾配合才能論吉。向上飛星的吉方是夫，山上飛星的吉方是婦，夫方有水，婦方有山，方能論吉。若夫方無水或有山，婦方無山或有水，則為夫婦阻隔不通情。**（例如：卯山酉向起星七運，通書特一〇一，此局若形氣相背，即排山而有水，排水而有山，則主損丁破財。）**

兒孫，指八卦之方位。最忌上山下水或破碎之巒形。家族後代兒孫的興旺及孝順與否都可以從風水上略知一二。所以山向吉方有砂水對應固佳，最忌不能端拱朝揖，子孫雖盛，也難望其孝順。

另外一卦管三山，雖在一宮之內，也要注意順子或逆子，人元為順子，地元為逆子，人元和天元是同陰陽的，可以相兼，地元和天元是不同陰陽的，不可相兼，所以天元可兼人元，而地元不能兼天元，就像父母之帶子息是為一卦純清，所以不可不慎。

以上主要強調理氣與巒頭必須相配合。

原文：卦爻雜亂，異姓同居；吉凶相併，螟蛉為嗣。

原註：總結上文雜亂之應也。

沈祖緜按：

章註為勝。反伏，見《自得齋地理叢說·論反吟伏吟篇》。凡山向飛星，五入中者，順排字字與地盤相同，謂之伏吟；逆排字字與地盤合十，不作反吟論。

其餘諸字，凡一入中：逆排者，伏吟在震；順排者，反吟在兌。「一九相對」，故九入中：逆排者，伏吟在兌；順排者，反吟在震。

二入中：逆排者，伏吟在艮；順排者，反吟在坤。「二八相對」，故八入中：逆排者，伏吟在坤；順排者，反吟在艮。

三入中：逆排者，伏吟在巽；順排者，反吟在乾。「三七相對」，故七入中：逆排者，伏吟在乾；順排者，反吟在巽。

四入中：逆排者，伏吟在離；順排者，反吟在坎。「四六相對」，故六入中：逆排者，伏吟在坎；順排者，反吟在離。

是故逆排有伏而無反，順排有反而無伏。此種反伏吟，與居向首者為禍較輕。然須動靜得宜。否則亦作吉凶相併論。

綜說：

出卦，則卦氣雜亂。故有異姓同居之應，無法同心。例如：山水正好在一吉一凶相鄰的兩個卦代表的方位之間，就是雜亂。相併，指挨星反吟。挨星與原洛書地盤之九宮星數相同為伏吟，合十為反吟。《都天寶照經》有云：本山來龍立本向，反吟伏吟禍難當。吉凶相併，指得元又犯反伏吟，故主無丁。螟蛉，認他人之子為己子。所以若向卦與兼向卦吉凶不同，或犯上山下水，形勢又不合，主本身無子，只有過繼而來的兒子。反吟、伏吟之局多為意外之災，如車禍、癌症等。

（例如：申山寅向起星八運，全局犯伏吟，正福堂通書特一二一）

原文：山風值而泉石膏肓（八四），

午酉逢而江湖花酒（九七）。

原註：艮被巽剋也。

沈祖緜按：

午酉雖屬同元，而火能剋金，雖無大礙，亦不免好花好酒之應。

山風為蠱，蠱之上九，不事王侯，高尚其事。每見二運乾山巽向，龍自坤兌方來者，兌天盤四，與向上飛星八。山，八也；風，四也。坤方天盤八，向上飛星四，得令時雖入仕途，孤標自賞。不事奔走。

又如三運卯山酉向，坤方有城門者，向上飛星八，山上飛星四，亦山風相值，主人有泉石膏肓之癖。

午，離九也；酉，兌七也；皆為陰神，是火剋金。

倘山向飛星，七九相遇，而天盤係坎一，可以制化，否則必出蕩子淫婦。

綜說：

山風值，是指八白與四綠同宮。因八白艮卦有山象，四綠有風林之象，故云山風相值。泉石膏肓，是指有山林之癖好。八、四同宮，艮被巽剋，木剋土，失令主懷才不遇，為山林隱士，有泉石之癖，不求聞達於諸侯。

（例如：庚山甲向下卦四運，向首84二合旺山旺向，雖主富貴，亦孤高自賞，不事逢迎。通書特一二二）

午，九離。酉，七兌，皆為陰神，火剋金。所以九七同宮又退運主有江湖花酒之應，出酒色之徒。

（例如：卯山酉向下卦六運，乾宮59七，通書特一〇〇）

原文：虛聯奎壁，啟八代之文章；（一六）

胃入斗牛，積千箱之玉帛。（七八）

原註：虛，壬也。奎木壁水，在乾戌之間，其中水木相生，雖居金土之位，而有制有化，故有八代文人之應，蓋一元而兼兩元，所謂一六共宗也。

胃土在酉庚之位，入於艮丑斗木金牛之位，在下元主富。

胃，兌也。斗牛，艮也。艮為天市垣。又七八相生，故有巨富之應，入者言輔星當飛在水口三叉也。

沈祖緜按：

虛字，章本作「星」，鮑本同；似當作虛，取一六共宗也。惟二十八舍因歲差之故，隨時而變。此書重在卦理，今忽以天官釋之，此術家故弄虛玄之技也。

原註「奎壁在乾戌之間」，此天元與地元相雜，與前第二段註意悖，鮑註以連接釋聯，欠妥；聯者，同宮也。

原註以「酉庚」「艮丑」解之，犯差錯之病，流行之氣，由山向飛星而來。故能七八同宮。《都天寶照經》曰：「乾坤艮巽躔何位，乙辛丁癸落何宮；甲庚壬丙來何地，星辰流轉要相逢。」是也。

章註以「胃躔斗牛」，非是。蓋二十八舍，皆有一定之星座，非行星也。故不能移動，又何能躔哉。本文已誤，致諸註更以誤傳誤矣。

綜說：

虛、奎、壁皆為二十八星宿之名。虛，壬也，位於坎宮；奎，木；壁，水；在乾戌之間。虛聯奎壁，指一白與六白同宮，一六同宮，為先天河圖水數，主旺科名，故有八代文人之應。六乾武曲星為金，貪狼星為水，金生水。所以一六得令，主書香世家，人才輩出。

（例如：庚山甲向下卦六運，向首16四，通書特一二二）

胃土在庚酉之位，兌也；斗牛，艮也，是為天市垣。七八相遇相生，土生金，七八得令，有巨富之應。

（例如：辰山戌向下卦七運，向首57八，通書特一〇四）

原文：雞交鼠而傾瀉，必犯徒流；（七一，一七）

雷出地而相衝，定遭桎梏。（三二，二三）

原註：雞，酉也。鼠，子也。若酉金到子，雖屬相生，苟不當元，而又傾瀉，必犯徒流破財，以水冷金寒也，輕者腎耳有病。

雷，震也。地，坤也。土被木剋，若出元必遭桎梏之刑。

沈祖緜按：

巒頭不真，理氣無用，水犯傾瀉，形勢險惡，雖當元無益。原註謂「苟不當元」，章註謂「一遇歲君」，皆悖原意。此句重在衝字，鮑註以「衝，指水言」，章註「震若交坤，或相沖相射。」未言是山是水。凡形勢險惡，目所能覩者，不論山水，均作衝論。原註謂「出元必遭桎梏」，苟二三同宮之處，山水相衝，雖當元亦遭桎梏也。《飛星賦》曰：「復壁揕車」意同。

綜說：

雞，酉也；鼠，子也。金水相生，苟不當運，水又傾瀉，必主徒流。徒流，將罪犯放逐到邊遠地區的刑罰。故一七失令，有逃亡飄泊之應，但要見形巒配合才能下斷。

（例如：庚山甲向起星八運，巽宮17七，通書特一二三）

雷，震也；地，坤也。震木剋坤土，有桎梏之象，桎梏指手腳受到刑罰或受傷。故三二失令，又臨於水路山崗直硬處，主有官災牢獄之事。

（例如：丙山壬向起星三運，令星到坐，向首盪得地雷復，通書特一一一）

原文：火剋金兼化木，數驚回祿之災；（九七，三）（七九，三）土制水復生金，自主田莊之富。（一二，六七；一八，六七）

原註：此即七與九會也，七為先天火數，九為後天火數，若不當元，或山上龍神下水，水裏龍神上山，或七九在三四運內，或七九運水該三四而在山，山本七九反在水，或七九而并有三四配到，或龍運夾雜，或陽宅興工動作，皆主有回祿之災也。土本制水，有金來化，則金生水，而土又生金，故主田莊之富，雖不當元，亦無礙也。

沈祖緜按：

《紫白訣》曰：「七九合轍，常遭回祿之災。」向首中宮坐山，及宅之氣口，遇七九同宮者。年運二黑七赤或九紫交加。不必龍神夾雜。數驚回祿也。鮑註謂一白飛到。火災立見。誤也。此取象於丁壬化木。以為木能生火。但七九之火已熾。不必再用木生矣。

鮑註以一六遇二八流年加臨，是也。惟不可拘執流年，如二運午山子向，向上有水放光者，每多此應，因地盤坎，天盤七，向上飛星二，即土制水復生金也。惟置產大小，視向上之水而斷。

綜說：

回祿，火神。火是九，金是七，七九相會，必主火災。因七為先天火數，九為後天火數，七九同宮不喜天盤又見三碧或四綠，亦不利三四運。九七三、九七四的組合，失令主火災。

土八水一，土本剋水，又逢六、七飛到，有金來化，則金生水，土又生金，故得令主有田莊之富。比如山向星一六相生，遇流年坤艮，則發富。

（例如：壬山丙向下卦六運，乾宮12七，土制水復生金，通書特八六）

（例如：酉山卯向下卦九運，坤宮81六，通書特一二四）

原文：木見火而生聰明奇士，（九三，九四；三九，四九）火見土而生愚鈍頑夫。（二九，八九，五九）

原註：木火通明，乃文明之象，雖不當元，亦生聰明之子。火炎土燥，雖當元亦主出頑鈍愚夫，何況出元乎。

沈祖緜按：

鮑註以山上水裏分言，易使人誤會。山上震巽同宮，各運中僅有八運之子午、午子，癸丁、丁癸，壬丙、丙壬，然皆居中宮，所謂根蒂是也。

至於山上震、巽同宮，未之有也。如二運乾山巽向，向首天盤一，山上飛星四，一四同宮，本主聰明，而震方有水放光，可作城門者，出人更秀。因震方天盤九，火也；向上飛星三，木也。三雖伏吟，因有水無咎，合三為未來之氣。又為連珠吉水故也，此地必出名儒。

鮑註九運丙向之說，實形氣兼觀，然其理仍未明言，因九運向上天盤四，向上飛星九，木火通明，本主聰明；坤方地盤二，天盤六，向上飛星七，山上飛星二，二土也，又為伏吟，高地氣塞而不通，六七皆金，重土埋金，向上山上飛星遇雙九，以助伏吟之戾氣，故出愚鈍頑夫。如《宅斷・載上虞鯉魚山錢姓祖墓》「二運扦，辛乙兼酉卯。」又施姓祖墓，二運扦，酉山卯向，向上天盤九，雙二到向，得運時，形局相當，及出秀士，是故火見土，尚須以形局當否為斷。章註言生剋扶泄之理，（下見）頗得其理也。

綜說：

三震四巽為木，九離為火，木生火，木火通明，乃文明之象，主生聰明崢嶸之子。

（例如：丑山未向下卦八運，兑宮93一，93木火通明，見秀山奇峰出聰明之子，通書特九二）

九離火二坤土，火炎土燥，失令主出愚笨遲鈍之人。

（例如：甲山庚向下卦四運，向首94六，通書特九八）

（例如：乾山巽向下卦二運，乾方29三，坐山本吉，但山形破碎不為佳，反出愚鈍頑夫，通書特一三〇）

（例如：庚山甲向下卦五運，離宮27九、坤宮49二，通書特一二二）

原文：無室家之相依，奔走於東西道路；

鮮姻緣之作合，寄食於南北人家。

男女多情，無媒妁則為私約；

陰陽相見，遇冤仇而反無冤（章作「情」，鮑作「猜」）。

原註：有山而無水以界氣，故東西奔走無定所，其應如此。南北為諸卦之首，倘本卦無特朝之水為配，若南北有水，合得圖書之祕，亦主小富小貴。若山水無從中用不合圖書之祕，雖山水有情，只為私約，蓋中五立極之所，猶丹家黃婆為媒之義。山水各得其位，當元合令，雖是相剋，而反有相濟之功。

沈祖縣按：

玄空之理，排山有山，排水有水，方為合局。若排山而遇水，排水而遇山，即謂無依。章註所謂「男以女為寶，女以男為家。」即指山水而言也。鮮姻緣之作合，寄食於南北人家。原註之意，以向上無水，旁氣一通，亦主小富，此即城門一訣。以南北二字釋城門，義亦可通。男女指山水言，多情言形局完美。鮑註以掀裙舞袖，抱肩挨背之砂為多情，實誤。此等砂收，其醜已極，豈能稱之多情！媒妁指理氣而言，山水雖多情，而理氣不合，猶私約耳，斯言形理須相兼顧也。下寃字誤，當從鮑本作猜。章本作情，涉上男女多情之情而譌，原註誤。

綜說：

所謂「排山有山」即山上飛星雖佳，但在此宮位，地形仍須有良好的山形或大樓來配合。而「排水有水」指水上飛星雖佳，但在此宮内，仍須有河川或馬路來配合。排山有山，排水有水，方為合局。巒頭理氣不相配，猶如奔走東西道路，鮮姻緣之作合。

（例如：戌山辰向下卦七運，坐山75八，向首97六，山向皆得旺星，若戌方無山，辰方無水，則謂無家室相依，通書特八六）

有陰無陽，沒有歸宿，所以會奔走勞碌。

如理氣有情卻沒有對的巒頭，猶如孤陰孤陽，亦主貧乏，寄食於別處人家。

男女指山水而言，多情言形局完美。媒妁指理氣而言，山水雖多情，而理氣不合，就猶如私約而已。

飛星雖得陰陽相配，但遇伏吟反吟，沖剋或上山下水，即使陰陽平衡也是枉然。

因此要注意山水是否為雌雄正配，例如二六、六二為老父老母正配；三四、四三為長男長女正配；一九、九一為中男中女正配；七八、八七為少男少女正配。雌雄正配為有情，若是有山無水或有水無山，則反為無情矣。

原文：非正配而一交，有夢蘭之兆；得干神之雙至，多折貴之英。

原註：坐下雖無龍氣，倘得外山與我所畜明堂來水，合配圖書，亦主妾生子而發貴。

即支兼干出最豪雄之義。

沈祖緜按：

兩註夢蘭作姬妾生子解，失其原意，此言向首雖不得元，而旁宮有水蘊蓄，可作城門者。如《宅斷・蔡姓祖墓》「五運扦庚山甲向」：取艮方為城門，即是非正配而一交，猶妾生子之意。

鮑註以離九坎一、震三巽四、兌七艮八，為正配；以坎一坤二、坤二震三、乾六兌七、艮八離九，為非正配。此將玄空活潑潑之法，流於呆板之術矣。

原註以兼向釋之，誤。鮑註謂如「震之甲乙」，則龍氣雜亂極矣。將甲乙二字，硬解干神，豈知甲為地元，乙為人元。鮑意以為酉山卯向，而有甲乙之水，即為干神雙至，致不知《都天寶照經》曰：「真向支山尋祖脈，干神下穴水無憂。寅申巳亥騎龍走，乙辛丁癸水交流。若有此山并此水，白屋科名發不休。」

此言寅申巳亥之局，倘能挨排得乙辛丁癸諸字，則山與水，旺星皆到，何愁不發。

干神者，指流行之氣乙辛丁癸言也。雙至者，向上有水，而水外又有水，是水雙至矣。若坐後有山，而山後又有山，是山雙至矣。

鮑註謂「山非一山，水非一水，用又合宜。」此三句，略得原意。細觀鮑氏諸註，升堂矣，而未入室也。章註理合而義晦。

綜說：

夢蘭，稱婦人懷孕。正配為夫婦正配，先天八卦中乾坤、艮兌、震巽、坎離為夫婦正配。若得正配到旺丁處，主產佳兒。若非正配例如一九、二八、三七、四六得令，主庶妾生子。

干神，指當運令星而言。雙至，指向上有水，而水外又有水，是水雙至矣。若坐後有山，而山後又有山，是山雙至矣。干神雙至，即山外有山，水外有水，山水有情，吉神疊至。山與水，旺星皆到，多出富貴子女。

原文：陰神滿地成羣，紅粉場中空快樂；火曜連珠相直，青雲路上自逍遙。

原註：山本陰質，仍得陰星，水亦得陰神，雖多妻妾，只有空樂而無子。山得陽星，水亦得陽星，雖貴而不富。

沈祖緜按：

坤二、巽四、離九、兌七，皆陰卦也，故曰陰神。若成羣者，如二四七九會於一宮，得令時主婦人專權，失令時則婦女淫亂。

原註誤。鮑註以一六、二七、三八、四九為連珠是也。惟九一、一四兩者，非生成之數，不必妄行加入。排山時得尖秀之峯，適在生成之數宮內，合時則吉。

綜說：

陰神，指二、四、七、九也。二坤、四巽、七兌、九離，皆陰卦，故曰陰神。二坤為母，四巽為長女，七兌為少女，九離為中女。純陰組合，又逢失運，或砂水坑坎破碎，主桃花淫亂。

（例如：辛山乙向下卦七運，中宮95七，向首27五，皆陰星會於震宮，通書特一二六）

（例如：子山午向起星四運，左下方皆為二、四、七、九，通書特八九）

火曜，指尖秀之峰，即文筆也；連珠，即是河圖天數一六、二七、三八、四九同宮而得令，主富貴兩全。「連珠」與「火曜」相配合，即為理氣與巒頭相配合，主科甲功名易得，官場如意。

（例如：卯山酉向下卦五運，坤宮61二，離宮83九，艮宮94八，坎宮72一，通書特一〇〇）

原文：非類相從，家多淫亂；

雌雄配合，世出賢良。

原註：水若反弓，雖相合亦主淫。

山迎水抱，雌雄正配，故出人亦正。

沈祖縣按：

到山到向之地，人以為吉矣。豈知排水處遇斜飛反跳，排山處遇巉巖竄砂，即非類相從。

綜說：

此句總結「巒頭」與「理氣」互相參合之要，即「非類相從」、「雌雄配合」。非一九、二六、三四、七八之正配，即為非類相從。若水形惡劣，見斜飛反跳或水流閉塞，即使理氣有吉，亦主出不正之人。**（例如：酉山卯向下卦五運，通書特一二四）**

水若反弓，雖相合亦主淫。

山環水抱，陰陽互補，例如：山上的陽，遇到水裡的陰，或水裡的陽，遇到山上的陰，配合得宜，這樣的風水主出人賢良。因此龍砂向水貴在端秀有情且清純不雜，陰陽正配，得令合局。

（例如：午山子向下卦四運，通書特一一二）

原文：棟入南離，驟見廳堂再煥；（三九）

車驅北闕，時聞丹詔頻來。（一六二）

原註：九紫運龍從卯乙來脈，坐午向子兼丁癸，則九紫運當驟發，木生火尤速也，此為龍來三九逆去為穴，應主八十年之富貴。

一白運龍從巽來，立坎山離向，即四三二一龍逆去，四子均榮貴之義。

沈祖緜按：

原註以三碧龍，建九紫宅，以為「棟入南離」，非也。八十年富貴，因立子山午向，挨星由中宮而乾而兌而艮至離，計八十年，越八十年則令星入囚矣。鮑註不足為訓。

棟入南離，如三運子山午向是，因雙三到向，地盤九，暗合棟入南離，方為正格。又三運艮山坤向，天盤九，雙三到向，亦同。

鮑註云：「一六而逢年上坤來」，此句近是：天盤與山向飛星為一六遇二者，是處有水，方為「驅車北闕」之應。

如七運酉山卯向：艮方天盤一，山向飛星為二六，若是方有水，可作城門之用者，始有斯應。章註以後天之坎，即先天之神，一六居坎位，乾坤暗合，為天地生生不息。其說迂回。

綜說：

棟為震三，南為離九，三九相會，木火相生，木火通明，新建華堂，指喜事重重。

（例如：三運的子山午向下卦，午向33七，地盤九離，即為棟入南離之正格，所以三碧於九紫方，主富。通書特八八）

丹詔，古代皇帝下達的文書，此指升官升職的消息。

一白坎為水為貪狼星，居北方，六白為武曲星，乾為君，為金，金生水得運則發。因此一白於六白方，主貴。

（例如：酉山卯向下卦七運，艮宮62一，二黑坤土生六白乾金，六白乾金生天盤一白坎水，一六水發文章，故主丹詔頻來，主貴。通書特一二四）

（另如：卯山酉向下卦五運，坤方61二，通書特一〇〇）

原文：苟無生氣入門，糧艱一宿；會有旺星到穴，富積千鍾。

原註：入首一節應初年，若入首值衰敗，則家無隔宿之糧，或用順排父母，主代代人才消退。入首生旺，以水為救，水之剋入，正龍之生入也。

沈祖緜按：

原註以「入首一節」，及上山下水分解，立義欠嚴。所謂無生氣者，實指上山下水而言也。

原註、鮑註，均皮傳。會者，副詞，非會合之會也。鮑作連珠水解，似是而非。旺星指向首一星言，如一運一到向，二運二到向，三運三到向之類是；到向而向上有水，即是旺星入穴。

綜說：

此段言玄空之生旺衰死，生旺之星即為當令當運之星。宅之門如果沒有收到生旺之氣，只是收到衰敗之氣，必定寅吃卯糧，貧困不堪。若生旺之星到向，即為旺星入穴。向星到向而有水，主富有。所以吉水會於向上，而且水流彎彎曲曲，主大富。

（例如：卯山酉向下卦五運，合旺山旺向，向首15七，通書特一〇〇）

原文：相剋而有相濟之功，先天之乾坤大定；（一九、九一）相生而有相凌之害，後天之金木交併。（三七、七三）

原註：先天之氣，惟以生旺衰敗為主，若山水皆得生旺，雖相剋無礙也。

若山水不合，各有生旺，雖相生而亦主凶，便以後天金木相剋斷之。

沈祖緜按：

章本「木」作「水」。鮑註：言「洛書坎兌，金水相生。」亦作金水，與章本同，皆非是。此言河洛之體用，先天之乾坤，即後天之坎離。先天之坎離，即後天之震兌。則本文當作後天之金木交併，至先天何以變後天，詳拙著〈先後天釋疑〉一文。

綜說：

此段言明先天、後天，玄空所用雖為飛星之天盤，但地盤亦應重視。相生未必就吉，相剋可能有益。如一九相會，水剋火，九當旺時有水火既濟之功，反而為吉。故一九、九一得令時主富貴。九為先天乾位，一為先天坤位，故曰乾坤大定。先天之乾坤，為後天之坎離。先天之坎離，即後天之震兌。所以後天金木交戰。玄空論的是生旺衰敗，如果得當旺之運，即使相剋亦吉，若是失運，即使相生，也論凶。故三七、七三失令主橫禍飛來。

原文：木傷土而金位重重，雖禍有救；火剋金而水神疊疊，災不能侵。土困水而木旺無妨，金伐木而火熒何忌。

原註：木剋土以金制之，故云禍有救。火有水制，故不為害。以木制土，以火制金也。

沈祖緜按：鮑註允。凡到山到向，雖剋亦吉；上山下水，雖生亦凶。

綜說：宮內木剋土，但金很旺，雖然土被剋也無妨，因為金旺木自然力量不大。因此木剋土以金制之，雖禍有救。

（例如：卯山酉向下卦七運，乾宮48八，因巽木在六乾金宮，故有木傷土而金位重重，雖禍有救，通書特一〇〇）

（例如：卯山酉向下卦四運，兌宮48六，通書特一〇〇）火能剋金，但水很旺，金被剋也無妨。因為火有水制，故不為害。

（例如：未山丑向下卦八運，坎宮96四，火照天門，火剋金，有吐血之苦，因在一白坎水鄉，火氣不旺，其禍較輕。通書特一一六）

（例如：艮山坤向起星七運，艮方79一，通書特九五）土剋水，但木旺，水被剋也無妨，金剋木，但火旺，木被剋也無妨。

（例如：午山子向下卦九運，離宮81四，通書特一一二）

（例如：辰山戌向下卦七運，兌宮46九，通書特一〇四）

因此玄空之法不能用生剋作為判斷吉凶的標準，而是要以旺衰，得令失時來判斷吉凶。得令者，生我吉，剋我亦吉。失時者，生我凶，剋我尤凶。例如：凡到山到向，雖剋亦吉；上山下水，雖生亦凶。

原文：吉神衰而忌神旺，乃入室而操戈；
凶神旺而吉神據，直開門而揖盜。

原註：吉不當令，忌反當令，故有操戈之暴，若山下水，水上山，兩相沖
剋，亦如以斷。
復接上二句，制神失令，忌神當令，猶開門揖盜何所用耶。

沈祖緜按：
鮑註以三七為忌神凶神，誤也。如酉山卯向、辛山乙向，以三七運為
旺，三運向上三七雙至，七運則坐山三七雙至。
又卯山酉向、乙山辛向，亦以三七運為旺，三運山上三七雙至，七運
向上三七雙至，皆為旺山旺向。
總之合時則震庚會局，文臣而兼武將之權；失時則兌位明堂破震，主
吐血之災。此三七須以活潑潑斷之。

綜說：

此段乃就吉神與凶神忌神強弱勢力而言，即使吉神為當旺令星，受群凶剋制亦不為吉。操戈，鬥爭也。座山朝向被凶神佔據，也會導致鬥爭。即坐山宮星相剋者強，相生者弱，則主內亂。制服忌神的力量失令，忌神當令而旺，就像打開門讓強盜進來，如向首宮星相剋者強，相生者弱，則主外患。

原文：重重剋入，立見消亡；位位生來，連添財喜。

原註：既不當令，又遇重重相剋，故有立見消亡之禍；若更當元，又重重生入，美之愈美，故有連添財喜之慶。

沈祖緜按：剋入本吉，《奧語》曰：「生入剋入名為旺」是也。鮑註以「剋入指衰敗之氣」言，與《奧語》不合，惟重重剋入，則剋制過甚，雖生旺亦作衰敗論。此過猶不及之妙理也。

生來，即生入，如天盤生地盤，向首生中宮，城門生中宮，向首雙星亦自相生，方合位位相生之說。

綜說：

一般來說生入吉，剋入凶。生入者為受他星所生，剋入者為受他星所剋，但亦要飛星生旺得令方可。剋入，指衰敗之氣。宅之來路、氣口之星層層剋入，主敗絕。

（例如：子山午向下卦四運，向首53八，通書特八八）

生來即生入。宅之主要位置連續相生又當元得令，主丁財雙旺。

（例如：卯山酉向下卦六運，庚方61八，通書特一〇〇）

原文：不剋我而我剋，多出鰥寡孤獨之人；不生我而我生，乃生俊秀聰明之子。

原註：他既不來剋我，而我反去剋他，亦猶生出剋我之義。不生我而我自相生，雖不當元，亦生俊秀聰明之子，至當令時必發

矣。

沈祖緜按：

剋我者，為剋入，吉，我剋者，為剋出，凶。鮑註以「山上水裏」立說，誤矣，詳下。

原註非。鮑註更謬。諦語曰：「從外生入名為進，定知財寶積如山；從內生出名為退，家內錢財皆盡費。」生我者，從外生入也。我生者，從內生出也。原文似有譌字。章作「生我家人。」恐係原文有書，而妄自增竄，鮑註亦然。

然生入剋入，生出剋出。若向首一星得令，雖生出剋出亦無咎。若向首一星失令，雖生入剋入亦凶。

綜說：

他不來剋我，而我反而去剋他，亦即山向飛星收到退、衰、死氣，多出鰥寡孤獨之人。

（例如：卯山酉向下卦四運，酉方48六，通書特一〇〇）

不生我而我自相生，雖不當元得令，也會有俊秀之後代，當令時一定能發達。

（例如：甲山庚向下卦六運，通書特九八）

原文：為父所剋，男不招兒；（六三）
被母所傷，女不成嗣。（二一）

原註：被當剋陽星所剋或破碎，皆有此患。
生旺處被水沖斷，或衰敗方有岡路直沖，則女不能成蔭。

沈祖緜按：

父，指向首言。男，指向首旁宮也。向雖吉，而旁宮應有水處反無水，其氣不通，即作男不招兒。

母指坐山，女亦指山之旁宮言也。山上形勢雖吉，但旁宮應有山處而反無山，其氣阻塞，即作女不成嗣。原鮑兩註，均有語病，章註較勝，惜未能慨乎言之爾。

綜說：

乾金剋震巽木，乾為父，震為長子，木被金傷，所以言「長子難招」。坤為母，坤屬土，坎水為中男，土剋水，故言「女不成嗣」，即次子無嗣。

原文：後人不肖，因生方之反背無情：賢嗣承宗，緣生位之端拱朝揖。

原註：言生旺方來龍反背而去，或生旺水去反跳者，皆是。生位有情端拱朝揖，雖不當元，亦生賢嗣。

沈祖緜按：

「生方」之「生」，與「生入生出」之「生」字異。生者，如一運排水處，得一字為旺，二字三字為生；若生方水形反背，皆主後人不肖。

位指山之形勢，如一運排山，遇二、三等字，形局端拱朝揖者，主產賢嗣。

綜說：

此段言「理氣」雖為玄空特色，但仍不可排除「形法」。生旺方位來龍反背而去，或生旺方位有水反跳，主後代不成器。子孫即使富貴，亦主不忠不孝不仁不義。

生位，就是將旺之氣。比如一運，二、三就是生氣。生位有端莊之山朝拱，主有賢良之後代。

原文：我剋彼而反遭其辱，因財帛以喪身；

我生之而反被其災，為難產以致死。

原註：水本以剋我為旺。而我反去剋他，故有因財帛喪身之應。

我不當令，而反生彼，彼不當令，反以生旺之星下水，故有此應。

沈祖緜按：

原註是也。財帛，指水言；我剋彼，係剋出。「反」字章本作「竟是」也，鮑以山形釋之，非當，因此句言水，下句言山也。

原註是也，我生之，即生出也，生出故人丁稀少。

然到山到向之地，山上水裏，不論剋出、生出。只要令星到山而有山，到水而有水，主財丁兩旺。若一失運，此四句方有應徵。讀者不可以詞害旨。

綜說：

我剋者為財，故云財帛。如：一九、二一、三二、三五、三八、四二、四五、四八、五一等。主因財而惹禍。

（例如：丙山壬向下卦八運，坐山79三，為火剋金，若離宮山形破碎，山星強橫可反剋向星，向星為財，故言因財帛以喪身通書特一一○）

我生者為食傷，故云難產。如：一三、一四、二六、二七、三九、四

九、五六等，主夭折或產厄。

我不當令，卻反而去生他，他不當令，不當令的向盤飛星下水，也就是衰死之星飛臨處有水，女人容易難產而死。比如：一三、一四、二六、二七等，主產厄。

（例如：甲山庚向下卦七運，向前72九，失令二黑坤土生山星七赤金，則為我生之而反被其災，通書特九八）

原文：腹多水而膨脹，足以金而蹣跚。

原註：坤為腹，遇坎水重重，不當令者應。震為足，被金剋而不當令，故有蹣跚之應。

沈祖緜按：天盤二申，加臨一上，六戌加於甲上。若失元，或方位形勢險惡，亦主足疾，因申戌亦西方金氣也。

綜說：

二黑坤為腹，一白為水，二一同宮，不當令，土剋水，腹部遭殃，主腹脹之疾。

（例如：乾山巽向下卦七運，艮宮29一，通書特一三〇）

三震為足，六、七為金，三六、三七同宮，震不當令，為金剋木，主足部之疾。

（例如：未山丑向起星四運，艮宮53七，通書特一一七）

原文：巽宮水路繞乾，為懸樑之犯；（四六）
兌位明堂破震，主吐血之災。（七三）

原註：或水或路，巽乾相沖，乾為首，巽為索，如不當元，故有懸樑之厄。

明堂，聚水處也，兌以震為明堂，兌在下元，陰陽相反，兩敵為難，兌為口，為血，為肺，震為肝，兌被震水沖破，肺肝兩傷，故有吐血之應。

沈祖縣按：

舊作「巽路水宮」誤，巽路與下兌位不叶，水宮與明堂不叶。且水宮兩字易誤作坎宮解，今據章本校正。

原註「巽」為「索」，此說不典。〈說卦傳〉：「巽為繩直」。若水路繞乾，雖當元而形勢相躔者，亦主懸樑之厄，然不躔無咎。上文四六，合十本吉，而凶者為躔故。此三七亦合十，本吉。所謂凶者，由於破也，原註近當，惟兌在下元，陰陽相反，此說有疵。

綜說：

乾為頭，巽為繩索，如不當令，無論是水還是路，出現乾和巽相沖剋，有吊頸自縊之應。

（例如：辰山戌向下卦四運，巽宮26三，若向上之水彎曲如繩索，失元主婦女懸樑，因巽宮水路繞乾。通書特一〇四）

明堂，聚水處也。兌宅以震為明堂，兌為口、為血、為肺，震為肝臟，兌和震相剋，肝肺兩傷，有吐血之應，即七三會於向首。

（例如：卯山酉向起星七運，酉方37九，通書特一〇一）

原文：風行地而硬直難當，室有欺姑之婦；（四二）火燒天而張牙相鬥，家生（主）罵父之兒。（九六，六九）

原註：坤為老母，如姑，巽為長女如婦，形來硬直，如值失令，以巽木剋坤土，故家有欺姑之婦也，如當元則減等。乾為天，為父，離火來剋，其形更如張牙相鬥之狀，必生罵父之逆子，失元者應。

沈祖緜按：

此句重在硬直兩字，因形察氣也，全段皆類此。風地為陰神，原非吉占。

「家主」之「主」字，他本作「生」字，是也。此節重在「張牙相鬥」，故生不孝之子。章註以立穴定向之際，斟酌得宜，猶言避去形勢險惡也。

六九同宮，若不張牙相鬥，得本元之旺氣，則為丁丙朝乾，貴客而有耆耄之壽是也。

綜說：

坤就是母，巽為長女，二黑與四綠相遇之處山脈硬直，加上失令，巽木剋坤土，主出悍婦。

（例如：丑山未向起星一運，離宮24五，通書特九三）

九六相會，九為火，為兒女，六為金，為天，為父，離火來剋乾金，失令時，主出家有罵父之逆子。

（例如：壬山丙向下卦三運，兌宮69五，通書特八六）

原文：兩局相關，必生雙子；孤龍單結，定主獨夫。

原註：即靜一局，動一局，皆得當時生旺，或辛戌二峯，連在六七運中，

乙辰二峯，連在三、四運中，亦生雙子，此即支兼干出之義。
如乙辛丁癸之類，惟一字上來脈懦弱，故主單傳。

沈祖緜按：

鮑註誤盡蒼生，陰陽交界，尚有替卦之可用。騎縫處陰不是陰，陽不是陽。戾氣所鍾，豈有吉之可言邪。《飛星賦》曰：「豈無騎線遊魂，鬼神入室；更有空縫合卦，夢寐牽情。」此其明證。

兩局相關者，即雙山雙向也。《天玉經》曰：「雙山雙向水零神，富貴永無貧。」家大人《地理辨正抉要》曰：「雙山雙向者，如現在二運，用丑山未向，為到山到向之局。而向上有水，又為零神，其地無休咎矣。倘坐山之後，又有大山，向上之前，又有明水，局勢寬大，故以雙山雙向形容之。言到山者不止一山，到向者不止一水也，則其地之富貴可卜。」然此言必生雙子。則當以山局為斷也。

理氣合，而形勢孤單，雖到山而丁氣亦不旺，此謂巒頭不真，而理氣收效亦微也。章註，可采。

綜說：

兩局相關，就是指山前又有山，水外又有水。來龍形勢會直接影響人丁，如有雙龍搶寶之地，主生雙胞胎。

（例如：酉山卯向下卦二運，如震巽二方俱有水，大發財丁兼出秀，且出秀必雙，通書特一二四）

孤龍單結，指山形雖吉，但形勢單薄，主人丁不旺、單傳只生一個。

（例如：乙山辛向起星一運，乾方11二，通書特一〇三）

原文：坎宮高塞而耳聾，離位摧殘而目瞎；

兌缺陷而唇亡齒寒，艮傷殘而筋枯臂折；

山地被風，還生瘋疾；雷風金伐，定被刀傷。

原註：下元坎方高塞。應主耳聾。上元離位摧殘，或建廁，皆主損目、墮胎。

下元兌方缺陷，或水沖敗，皆主缺唇、音啞、口喉諸病。艮為脾、為背、為手、為足、為鼻。下元艮位傷殘，故有臂折筋枯之應。山艮、地坤皆屬土，若失元，而被巽木來剋，故有風疾之應。震雷、巽風，皆屬木，若失元而被金剋，定主刀斧之傷，或遭兵慘。

沈祖緜按：

原註以「元旦盤坎方」立說，誤，此坎字以流行之氣言。細參章註自明，不獨「高塞耳聾」，如坎方有風吹刦，亦患此症。

原註以「上元離位」言，與上句之誤同。離位摧殘固凶，或是方有紅屋，亦主目疾。《玄機賦》曰：「離位巉巖而損目」是也。

原註刪去「下元」二字，其意始明，《玄機賦》亦曰：「兌不利歟！唇亡齒寒。」

原註亦應刪去「下元艮位」四字，《玄機賦》曰：「艮非宜也，筋傷股折。」同此。

綜說：

此處所謂坎宮、離位，指的是天盤的運星而言，非指地理上的北方、南方。此段言飛星方位形勢凶惡或被剋，失令時之疾。

一白坎為水，為腎、為耳，飛星組成一二、一五、一八，水剋土，巒頭又見形勢凶惡，失令主聾啞、腎病。

（例如：子山午向起星七運，下元坎方高塞應主耳聾，通書特八九）

九紫離為火，為心，為目，飛星組合為一九，水剋火，山形破碎或失令，主眼目之疾。

（例如：壬山丙向下卦一運，向首有水，或面山巉岩，主目疾，通書特八六）

七赤兌為口，為肺，宅之兌方砂水凹缺，失令或被九紫火所剋，主出兔唇、唇齒、肺部方面的疾病。

（例如：壬山丙向下卦八運，下元兌方缺陷或水沖敗，皆主缺唇音啞口喉諸病，通書特八六）

八白艮為手，為背，為經絡韌帶，若宅之艮方砂水破碎，或艮被三碧木、四綠木所剋或失令，主人筋骨受損有關節之疾。

（85例如：坤山艮向起星九運，巽宮53八，通書特一一九）

山為八艮，地為二坤，風為巽四，八二相會又遇四，空曠受風射或失令，或被四綠木所剋，主瘋疾。

（84例如：卯山酉向下卦四運，酉宮48六，通書特一〇〇）

三碧震為雷，為足，四綠巽為風，為股，金為七兌。若三四相會又遇七赤飛臨，金剋木，或失令，主被刀斧金屬利器所傷。

（74例如：辛山乙向起星六運，震宮74四，通書特一二七）

原文：家有少亡，只為冲殘子息卦；

庭無耋耄，多因裁破父母爻。

原註：我生者為子息，若子息位被沖傷破損，破每主少亡。生我者為父母，若父母卦位破碎，則家無耆老，或中元乾位損者，亦如是。

沈祖緜按：

子息卦，章註詳。原註以「我生為子息」，殊誤，下節同。

綜說：

子息卦，一般指的是艮八。我生者為子息，若子息位被沖傷損破，主家有年輕人死亡之痛，如八三、八四相會，又臨砂水直沖。**（例如：乙山辛向下卦六運，中宮48六，損小口之宅，離宮83一，若巒頭不佳，皆有此應，通書特一〇三）**

父母爻，生我者為父母，乾坤為父母。若父母爻破損，主家無長壽老人。如六九、二三相會，又遭砂水直沖。

（69例如：坤山艮向下卦六運，向首96九，通書特一一八）

原文：漏道在坎宮，遺精洩血；
破軍居巽位，顛疾風狂。
開口筆插離方，必落孫山之外；
離鄉砂見艮位，定遭驛路之亡。

原註：遺精洩血，腎經下體之病也，上元坎方有漏道，則男主遺精，女主洩血也。
離主文明，峯宜尖秀，故曰文筆，官星，倘破碎而開口，雖有文而不中，故有落孫山之應。
艮為山，為岩壁。倘此方有反背離鄉砂，更遇失元，主流亡於外，或山腳驛路之旁。

沈祖緜按：
原註以「上元坎方」立說，捨流行之氣而不顧，與理氣不合。
此段坎巽離艮，在五運以南離北坎、東南巽、西北艮之定位斷。其他各運，則以流行之氣推之。

然漏道、破軍、開口筆及離鄉砂，若斯山形水勢，有一於此，即非吉地，棄之可矣。但此據五運而言也，坎為漏道，又逢漏道，陰過甚矣。巽為風，破軍體形，是金剋木，風顛生矣。開口係兌形，以火剋之，則不能成名矣。

離鄉砂，係砂飛竄者也，〈說卦傳〉曰：「艮，止也。」又「艮為山、為徑。」飛竄，則山不止，故有驛路之應，此兩句宜從章本。

綜說：

漏道，指水分兩處。例如有些大廈，既有泳池，旁又有來水。漏道，即二條不相連的水路。坎為水，為腎，主精血。坎方有暗溝或一白飛到之方有暗溝，主腎血之疾。

破軍，指欹斜破碎之山形水形，或尖形的建築物，若巽方有破軍樣砂水，主出瘋癲之人。

（47例如：艮山坤向下卦八運，巽宮14七，通書特九四）離為火，為文明之象。宅之離方或九紫飛到有開口之破碎山峰，即開口筆，主功名難成，子女讀書不成材。

（例如：子山午向起星九運，離方，文筆官星倘破碎而開口，通書特八九）艮方有斜飛直去之砂，主宅中人背井離鄉客死他鄉。形向外反抱為離鄉。

原文：金水多情，貪花戀酒；（一七、七一）木金相反，背義忘恩。（三七、三六、四七、四六）

原註：坎為中男，兌為少女，主男女多情，坎為水、為酒，兌為金、為娼，水性淫蕩，值失元之時，故有貪花戀酒之應。上文七運而用一白，此則一運而用七赤，為運之相反失令，金主義，故曰背義忘恩，無所取用。

沈祖緜按：

一七生旺時，金水相生吉，衰敗時遇之，方有此應。《飛星賦》所謂「破近文貪，秀麗乃溫柔之本」是也。

舊本木作水，似涉上而誤。今從章本校正，原註據誤本而解，非是。

鮑註以水木金三者合註，亦界限不清。細參章註，其理自悟。

綜說：

七一相會，金生水旺，若逢失運，主出酒色荒唐之徒。

（**17例如：坤山艮向下卦五運，巽宮17四，通書特一一八**）

三七、三六、四七、四六相會，為木金反背之局，再逢失運之時，主忘恩負義。

（**37例如：子山午向起星八運，向首17三，通書特八九**）

原文：震庚會局，文臣而兼武將之權；（三七、七三）

丁丙朝乾，貴客而有耆耄之壽。（六九、九六）

原註：震甲為文士，庚為武將，若上元震山庚水庚峯，向水兼收，即三陽水向盡源流之義。下元兌山震水甲峯，亦主文武全備。失元不應，謂為金木交併。

下元九八七六逆排父母，主八十年之久，故主貴壽，上元不應。

沈祖緜按：

一卦三山分天、地、人，玄空之理，不能相混。此言震，係震之甲卯乙三山也。震庚即甲庚，而含有卯酉與乙辛也。震為玄黃、為皆，雩有文章之象。

原註以震甲為文士，誤。兌為毀折、為附決、武人之象。

原註庚為武將，亦誤。

章註以「震為天祿，庚為武爵，以叢辰釋卦理」，家法不合。〈史記・日者列傳〉叢辰家與堪輿家本殊途，術士不察，混而為一，傎（音義同顛）矣。

丁丙離宮二山，不言午者，此據人地而天在其中矣。乾為戌乾亥三山，惟其中有至理。乾午加臨，則火剋金，雖貴恐無耆耄之壽。丙戌加臨，為火生土，亥丁加臨，為水火既濟，方主貴客而有耆耄之壽。原註以下元九八七六，逆排父母。章註以丁為南極，丙為太微。均皮傳之談。

綜說：

震甲為文人，庚為武將。三七相會，得令之時，加山水配合，主出文臣武將。

（**37例如：卯山酉向下卦七運，酉宮37九，通書特一〇〇**）

九六相會，即九紫與六白同宮，當令之時，主富貴長壽。離為南極主壽，乾為貴客。

（**69例如：坤山艮向下卦六運，艮方96九，通書特一一八**）

原文：天市合丙坤，富堪敵國；（九二、二九，九八、八九）

離壬會子癸，喜產多男。（一九、九一）

原註：天市，艮也，合丙坤，即二一九八進氣，或坤山坤向坤水流之類，故曰富堪敵國也。

離水至壬而止，子癸進氣，即支兼干出最豪雄也，在上元主多男，丁盛。

沈祖緜按：

艮宮丑艮寅三山，離宮丙午丁三山，坤宮未坤申三山。地元龍，丑未臨丙；天元龍，艮坤臨午；火土相生，主富堪敵國。若人元龍，寅申臨丁，寅申一沖，丁又剋申。寅雖到山到水，木火通明，主出貴顯，非富格也。

離宮丙午丁、坎宮壬子癸，中男中女，水火既濟，故多男。

原註以支兼干出大誤，鮑註以離為喜，亦臆斷。〈說卦傳〉曰：「離，其於人也，為大腹」，此多男之兆。

《玄空祕旨》以此段為最難解，故同宮加臨，仍與本宮有關。《紫白訣》曰：「又當與本宮原坐星殺合論」是也，章註亦未明晰。

綜說：

天市，艮也，主財祿。合丙坤，就是指艮宮之丑，坤宮之未，臨離宮之丙，或艮宮之艮，坤宮之坤，臨離宮之午。二、一、九、八進氣，火土相生，火主文明，土主財，得令合局主富，故曰富可敵國。

（例如：坤山艮向起星九運，艮方98三、兌方89二，通書特一一九）

離方水到壬方位而止，子癸進氣，地支天干一氣，能量大。一九相會，得令合局，水火既濟，主旺男丁。

（19例如：子山午向下卦一運，離宮11五，通書特八八）

原文：四生有合人文旺，四旺無冲田宅饒。

原註：上元一二三四之山，有九八七六之水，配成合十之數，下元六七八九之山，有四三二一之水，配合一六二七三八四九生成之數，主旺

人文。四旺即上元九八七六，下元四三二一之水，無有冲破，故主田宅富饒。如失運即有山上龍神下水之患。

沈祖緜按：

原註誤。四生者人元龍之寅申巳亥也，木長生在亥，火長生在寅，金長生在巳，水長生在申。人元龍之向，寅與亥合，八六同宮是；巳與申合，四二同宮是。章註此段立說欠嚴。

四旺，鮑註以「子午卯酉」釋之，是也。水旺於子，木旺於卯，火旺於午，金旺於酉；子午沖，酉卯沖。若立四旺之向，三九同宮，木火通明，一七同宮。金水清秀，即無沖之謂也。

上句言人文旺，此句言田宅饒。作者不過取對仗而已。然四生得令，可旺人文，可饒田宅，四旺亦同。鮑註分兩層立說，斯以辭害旨矣。

綜說：

四生，即寅申巳亥四長生。寅申巳亥四個生方為坐山，同時是吉星所臨，旺文化學業，主人才輩出。在風水學上四生指的是河圖中的四正方位的生成之數。即一六、二七、三八、四九相會。

四旺，就是子午卯酉四帝旺。水帝旺在子，木帝旺在卯，火帝旺在午，金帝旺在酉。如果在四旺的方位，有三九同宮，木火通明；一七同宮，金水清秀，沒有沖剋，主旺財。在風水學上，四旺又指的是相對合十，即一九、二八、三七、四六相會，生旺時，主田宅富饒。

（例如：子山午向下卦三運之局，全盤水星合十，通書特八八）

原文：丑未換局而出僧尼，震巽失宮而生賊丐。

沈祖緜按：

丑八未二，如二運之丑山未向，坤上天盤八，向上飛星為二八。又八運未山丑向：山上天盤二、山上飛星為二八，到山到向，主財丁；惟其家喜與僧尼為侶，為二運坐空朝滿之地，而用此向，主出僧尼無疑。

換局者，猶言不當局也。震三巽四，如四運之酉山卯向：山上天盤二，向上飛星為九四，上山下水，本為不吉，兼以四加震上，即為震巽失宮，主生賊丐。因〈說卦傳〉：震為決躁，巽為進退、為不果。失令皆賊丐之象。

綜說：

丑八未二，全為陰土，二八相會或二八反吟又失令，主出僧尼。坤為寡婦，艮為宦官，故出僧尼。換局，指不當局。失宮，指其宮不當，並非是丑與未互換。如二運之丑山未向，坤宮天盤八，向上飛星為二八；八運之丑山未向，山上天盤二，山上飛星為二八，即是此局。二八生旺時主旺丁財，若失令時，即所謂換局，又逢光禿之山，主出僧尼。

（**28例如：坤山艮向下卦二運，艮向28五，通書特一一八**）

三四相會又失令，主出盜賊乞丐。震為守，為草莽，動而不正，有賊象。四綠巽為風，性飄蕩之故。

原文：南離北坎，位極中央；（一九、九一）長庚啟明，交戰四國。（三七、七三）

原註：南北為中天立極之所，八卦之父母，其力最厚，能管諸方，故配合之道，以天地為定位也。長庚，西也。啟明，東也。東在天地之左，為陽為生，主貴，即日之東升，升則處處皆得陽明生旺之氣。西在天地之右，為陰為死，主夜，即日之降也，降則處處皆昏暗陰慘矣，四面八方，此陽彼陰，此陰彼陽，山水匹配交媾之義準此。

沈祖緜按：

五運立子山午向、癸山丁向，向上天地盤九、山上天地盤一，向上飛星為五六，五即九之寄宮；山上飛星為四五，五即一之寄宮，中宮飛星亦為九一，此南離北坎，各得其位。《天玉經》曰：「午山午向午來堂」即此之謂也。

五運之卯山酉向：天地盤向上為七，七為長庚也；山上為三，三啟明也；向上之飛星為五一，五寄於兌，金水相生；山上之飛星為九五，五寄於震。木火通明，故主出武略之人。

綜說：

一九相會，處當運生旺，主大貴。坎離兩個卦，能得到乾坤的中氣，合時則富貴非常。

三七相會，處當運生旺，主出武貴。長庚，西方。啟明，東方。兑為長庚，震為啟明，合時而用，出有軍事才能之人。

（37例如：酉山卯向下卦三運，震宮73一，通書特一二四）

原文：健而動，順而動，動非佳兆；止而靜，順而靜，靜亦不宜。

原註：健者，龍也。順者，水也。若龍水皆得時令之陽，陽為生旺，宜於龍脈之主動，水本靜也，受時令之陰氣，今亦反陽，是獨陽不生

矣，故曰非佳兆也。

脈之止處，亦得時令之陰氣，蓋入首最要生旺，而與水皆陰，是孤陰不生也，故曰不宜。

沈祖緜按：

原註以「健為龍，順為水」，誤。章註玄妙，術者不能領會。《說卦傳》曰：「乾，健也；坤，順也；乾天坤地。」自乾當作向，坤當作山，向動山靜。

今水動而山亦動，陰陽相失，此指雙星會合於向首言也。《奧語》曰：「順逆行，二十四山有火坑。」火坑者，即動非佳兆之謂也。

鮑註，以艮作止，巽作入解，非是。此止字當是健字之誤，健宜動，今則反靜，此山靜而水亦靜，陰陽相失；此言雙星會合於坐山，故靜亦不宜。

綜說：

健指乾卦，六白乾為健。順指二黑坤卦，二者見於周易說卦傳。
健而動，指乾卦動，順而動，指坤卦動。在風水堪輿上，水為陽主動，山為陰主靜，此言山向飛星俱動，即俱落在水裡。
止而靜，順而靜，此言山向飛星俱靜，即俱飛臨山上。
陰陽俱動則躁進，俱靜則冷退，因此「動非佳兆」，「靜亦不宜」，該動則動，該靜則靜，體、用要配合才是。

原文：富並陶朱，斷是堅金遇土；
貴比王謝，總緣喬木扶桑。

原註：下元六七之山，而遇坤水，為水之生入，主富，或六七之山，而遇艮水亦然，此即六七八之山一片是也。
即上元震山而配兌水，或艮水，主富貴，即三四，輔扶是也。

沈祖緜按：
堅金，乾也，如六運立甲山庚向，兌宮天盤八，向上飛星為六二，若向上又有水放光，吉不可言，即堅金遇土之謂也。

原註以上元震山而配兌水，指三運之卯山酉向言也，因震為木，又原註或艮水三字，艮方排水係二。在三運二為休氣，不吉。乾方排水為四，為未來之氣，吉。似或艮方為或乾水三字之譌。

綜說：

堅金遇土，指的是二六、二七、八六、八七相會，又處當運生旺，即有富比陶朱之應，主大富。陶朱，就是陶朱公范蠡。堅金，就是乾。

（**68例如：甲山庚向下卦六運，中宮48六，酉宮26八，通書特九八**）

喬木扶桑，指的是陽木帶陰木，即三四相會，處當運生旺，即有貴比王謝之應，主大貴。王謝，指的是王家和謝家，為六朝望族。

（**34例如：辰山戌向下卦三運，乾方13四，通書特一〇四**）

原文：辛比庚，而辛要精神，甲附乙，而甲亦靈秀。

癸為玄龍，壬號紫氣，昌盛各得有因；

丙臨文曲，丁近傷官，人財因之耗乏。

原註：辛庚雖屬同卦，然有順有逆，所用不同，故有遇庚固吉，而遇辛更精神百倍也。此言震卦一宮，總要從父母而來，即三陽一宮之義也。

癸旺本宮，壬順對位，各有順逆不同，元有六甲之辨，故曰各得有因也。

丙雜巳，巳為文曲，丁雜未，未以火生土為傷官，龍水有犯此者，人財散耗乏之應，龍雜主丁，水雜主財也。

沈祖緜按：

原註含混，章註亦然，鮑註似是而非。

兌宮庚酉辛：辛比酉，酉比庚，中隔酉，故辛不能比庚。此言辛比庚者，如三運立乙山辛向，向上庚酉辛有水。庚字之水，不可較辛字處為大，酉字亦然。不言酉者，包括於庚辛之中故也。

辛要精神者，言辛方之水，較庚方更要有精神，此示向首用水之法，詳見先子《地理辨正抉要・奧語・第八裁屈曲》流神認來去解，及《天玉經・水上排龍照位分》兄弟更子孫解、《青囊序》「水交三八要相過」解。

章本亦作「益」，義勝。甲乙雖同宮，中隔卯，亦不能附。此言四六運立庚山甲向。甲上之水，如放光蘊含，則吉。倘乙上之水反大。即犯陰陽差錯之病。

甲益靈秀者，言甲方之水，須較乙水為靈秀也。餘同上。

原註癸旺本宮，壬順對位，大悖玄空之理，鮑註是也。元龍紫氣，雖為吉曜，然用非其時，亦作凶論。盛衰之因，由於挨排順逆，逆則昌盛，順則衰敗。故曰：昌盛各得有因。

此言坤壬乙一訣，丙兼巳，是為文曲。丁兼未，火生土。我生者為子孫，子孫即傷官食神是也。此種子平術名，不宜施於卦理也，然兼之得宜。如六運之壬山丙向，到山到向，何致人財耗乏。原鮑兩註，不知替卦之妙用；章註雖知之，亦祕而不宣爾。

綜說：

辛與庚雖然同屬兌卦，然而庚酉辛三山有順子卦，也有逆子卦，庚為逆子卦，辛為順子卦，遇到庚當然吉，遇到辛更是精神百倍。甲乙雖都屬於震卦，但甲不能比乙遜色。用甲水而震方有水，則甲水要大於乙水，才不至於喧賓奪主。癸壬，各有宜用之時。癸為玄龍，壬為紫氣，雖為吉曜，然用非其時，亦作凶論，故曰昌盛各得有因。傷官，生我者為傷官。丙臨文曲，指丙兼巳；丁近傷官，指丁兼未，均為出卦兼向，兼向不宜則人財耗乏。所以在一、三、四、五、六運雖是旺向，難免丁財兩敗，龍雜敗丁，水雜敗財。以下根據**鐘義明**大師精湛的解說其意為：「甲丙庚壬為地元龍，為江東逆子卦，宜獨行。而乙辛丁癸為人元龍，為江西順子卦，可與卯午酉子天元龍父母卦並行，其餘十六山可依此類推。辰未戌丑為江東逆子卦，宜獨行。卯午酉子、艮巽坤乾為天元龍父母卦，寅巳申亥為人元龍，為江西順子卦，可以並行。若地元龍與人元龍相兼，如：壬亥、癸丑、乙辰、丙巳等，名為出卦，則主人財耗伐。」

原文：見祿存瘟㾮必發，遇文曲蕩子無歸；

值廉貞而頓見火災，逢破軍而多虧身體。

原註：此二句，總結上文，若龍水雜，此應於三碧四綠運中。值五黃運，在中央為土，在外即廉貞火也。火剋金也，以上皆因夾雜之故，至其元而應。

沈祖緜按：

此四句，曰：見。曰：遇。曰：值。曰：建。四字當重讀之，非祿存為瘟㾮，文曲為蕩子，廉貞為火災，破軍為疾病也。

如三運見祿存，四運遇文曲，五運值廉貞，七運逢破軍，皆本運之吉星。
又如二運排水有水而見祿存，三運排水有水而遇文曲，四運排水有水而值廉貞，六運排水有水而逢破軍，皆為未來之旺星。
此言「見、遇、值、逢」者，在休咎時，年月紫白，與原造之地盤，及專臨之天盤，若祿存再見祿存，文曲又遇文曲，廉貞又值廉貞，破軍又逢破軍，方有此應。

綜說：

飛星之凶者為：三碧祿存星、四綠文曲星、五黃廉貞星、七赤破軍星。
巒頭之凶者如：祿存土星如棺木形者、文曲水星如破網者、廉貞火星如犁頭者、破軍金星如破傘者。
但必須逢衰敗的氣運，才有如賦文所云的剋應，當旺則吉。三五相會，失令之時，主發瘟病。四四相會，處失運之地，主出浪蕩之子。

二七五、五七九相會，失令之時，主回祿之災。

五七二相會，失令之時，主身體健康受損。

原文：四墓非吉，陽土陰土之所裁；

四生非凶，卦內卦外由我取。

原註：四墓辰戌丑未，乃戊己寄旺之所，陽戊寄未辰，陰己寄丑戌，四墓有生旺時，便以為龍，有衰敗時，便為消水，俗師止知用於水口，而不知亦有叩金龍之動時也，惟犯乙辛丁癸之位，則每多消索，用者須知所忌耳。四生本吉非凶。若在卦內則吉，卦外則凶。無有一定，總以得時為吉，悖時則凶，惟在人之合令，取用配合圖書而已。

沈祖緜按：

辰戌丑未，四墓也。木墓於未，亥卯未合木局故。火墓於戌，寅午戌合火局故。金墓於丑，巳酉丑合金局故。水墓於辰，申子辰合水局故。

蓋首一字寅申巳亥，四生也；中一字子午卯酉，四旺也。下一字辰戌丑未，四墓也，四墓皆陰。

原註以戊己寄宮釋之，非是。凡天盤辰戌丑未墓加臨於墓上者，為陰；甲庚壬丙加臨於墓上者，為陽。陽順陰逆。陰吉陽凶。

原註謂犯乙辛丁癸之位，此以兼向釋四墓，殊謬，鮑註亦同此病。

四生，寅申巳亥也。五運之寅申、申寅，巳亥、亥巳山向，皆凶。其他各運，乙辛丁癸加臨於天盤者，則吉，因寅申巳亥皆陽，乙辛丁癸皆陰故也。

卦內指地盤，卦外指天盤。由我取者，取流行之氣也。

綜說：

四墓即辰戌丑未，為五行墓庫，全都屬土，分別代表四、六、八、二，若二四同宮、六八相會，同陰同陽，不是吉兆。四生即寅申巳亥，為五行長生，五行全都為陽，也是四、六、八、二，若四六相會，二八同宮，情況就完全不同。四墓四生可以為吉，也可以為凶，皆須以運為準。且四墓四生，最易出卦，故須辨明卦內卦外，方可取用。

卦內，指地盤，即元旦盤。卦外，指天盤。

原文：若知禍福緣由，妙在天心橐籥。

原註：此尾句，以結通篇大旨。

綜說：

此句為《玄空祕旨》總結全篇之句。橐，容器，喻指砂水。籥，管籥，喻九星。橐的作用就是聚集氣流傳到給籥，籥的作用就是把氣流導向橐而讓橐鼓起了。橐籥，比喻為扼要之意。

天心，氣運也。風水地理的禍福，關鍵就在元運的得失而已。

二、《玄機賦》概說

《玄機賦》為宋代吳景鸞所撰，一向并無二說，故可信為吳氏所作。此賦亦有原註，但註者不詳，並少有註解。民國時沈祖緜針對原註之誤註釋，甚為精闢。《玄機賦》有一優點，就是完全根據易卦來立論，用來解釋人世間所發生的現象，若能掌握易理，吉凶推斷定能更上層樓。以下茲摘錄原文、原註及沈祖緜之註解，並參酌先進王亭之、梁煒彬、徐芹庭、陳柏瑜、陳仲易、白鶴鳴、林志縈等諸位先進大德之釋意，及恩師上課所舉案例綜合彙整綜說，擇其善者而從之。我們綜合運用各家說法的目的，因為前賢已經有各家精彩的論述，我們只是幫助初學者更容易快速理解玄空飛星的實際應用，略盡棉薄之力而已，不敢掠人之美。若有不周延之處還請先進大德們能多見諒，感恩！

原文：大哉居乎，成敗所係；危哉葬也，興廢攸關。

氣口司一宅之樞，龍穴樂三吉之輔。

原註：氣口，即城門。

沈祖緜按：

城門在宅旁二宮，不能以氣口混為城門。如立子山午向，大門在午。午即氣口，如不開正門，門在坤方或巽方。坤巽，亦氣口也。至於城門雖在坤巽兩方，有合城門有不合城門之別，故不得以氣口混作城門也。

龍，指向；穴，指山；三吉者，一白坎、六白乾、八白艮也。蓋一白為上元統卦氣，六白為中元之統卦氣，八白為下元統卦氣，皆吉。如：山向挨着三吉處，而山上有山，向上有水，則為大吉。

綜說：

前兩句說明陰陽兩宅，皆須注意風水。陽宅居屋，關係著宅內之人的成敗，陰宅墳墓，更影響整個家族的興衰。

氣口，即大門。陽宅重視出入之門路，陰宅重視龍脈。龍，指向；穴，指墳墓所在之地。龍脈若是連綿不斷，就能旺財又旺丁。三吉，為一六八，一白貪狼星、六白武曲星及八白左輔星。龍山向水見三吉，易得三元不敗，子孫定有成就。

（例如：七運壬山丙向下卦，艮方為68一，通書特八六）

原文：陰陽雖云四路，宗支只有兩家。

原註：四山四水，合上下兩元也，一陰一陽。

沈祖緜按：

原註未晰二十四山分為八卦，然陰陽只分四路。如：地盤陽四路：為巽巳丙、乾亥壬、艮寅甲、坤申庚；陰四路為：午丁未、子癸丑、卯乙辰、酉辛戌是也。排山排水，遇陽順行，遇陰逆行，此就地盤言。（俗作元旦盤）而各運流行之氣，陰陽亦分四路，學者如例挨排之可矣。

宗者，地盤也。支者，天盤也。兩家者不以元旦盤之陰陽為陰陽，而以流行之氣之陰陽也。

綜說：

二十四山向中，十二山向屬陽，十二山向屬陰。陰陽十二山向之中，又各分為兩路。

陽四路：巽巳丙，乾亥壬，艮寅甲，坤申庚。

陰四路：午丁巳，子癸丑，卯乙辰，酉辛戌。

此陰陽四路，為順行逆行之根據，故云：陰陽雖云四路。

但玄空重體用，體為本質，用為運用功能，以星盤而言，地盤為體，地盤即洛書數之元旦盤。故地盤稱之為（宗）。而按各運流行之氣挨排的星盤，則為天盤。視吉凶，辨興廢，則視天盤星曜而定，是之為用，故天盤為支。

宗，為地盤；支，為天盤，只重陽順、陰逆兩種排法。

原文：數列五行，體用恩仇始見；星分九曜，吉凶悔吝斯章。

沈祖緜按：

生旺為恩，衰謝為仇，此玄空用之恩仇也。如：一運以一為生，二為旺，九為衰，八為謝。

土生金，金生水，水生木，木生火，火生土，此五行之生，恩也。土剋水，水剋火，火剋金，金剋木，木剋土，此五行之仇，剋也。

斯玄空體之恩仇也，惟玄空重用輕體，學者其識之。

九曜者：一白貪狼、二黑巨門、三碧祿存、四綠文曲、五黃廉貞、六白武曲、七赤破軍、八白左輔、九紫右弼是也。

在玄空術中，兼向則起星，以別正向之下卦。貪狼等名，源於《漢書・翼奉傳》，其曰：「好行貪狼，申子主之。惡行廉貞，寅午主之。」是齊詩之六情，非真有此曜也。

世人以貪狼、武曲、左輔為吉曜，祿存、廉貞、破軍為殺曜，其實非也。玄空之理，以得令者為吉，失令者為凶。在三運之祿存，五運之廉貞，七運之破軍作吉曜論。故九宮之吉凶悔吝，要以時令為轉移爾。

綜說：

五行相生為恩，相剋為仇。九星一白屬水，二黑屬土，三碧屬木，四綠屬木，五黃屬土，六白屬金，七赤屬金，八白屬土，九紫屬火。九星即九曜，就是貪、巨、祿、文、廉、武、破、輔、弼。每星管二十年。以當運之星為旺，以未來運為生。以衰敗為仇，生旺者吉，衰退者凶。即合時得令為吉，失令為凶。

原文：宅神不可損傷，用神最宜健旺。

原註：靜以待動，即龍穴之入首。

沈祖緜按：

原註誤。宅神，指地盤山一片水一片言；用神，指天盤，山一片水一片言。龍分兩片，山向飛星，以到山到向為健旺，上山下水為損傷。

綜說：

宅神，指地盤山向；用神，指天盤飛星。地盤為體，天盤為用。宅神，就是龍穴的入首，不可損傷。例如：見到反弓水即為損傷。用神，就是屋宅的關鍵部位如坐山和氣口，最好要旺相。即形體要端秀，挨星要生旺。

原文：值難不傷，蓋因難歸閑地；逢恩不發，只緣恩落仇宮。

原註：即水之低平無動作處。

即不當令處。或向水被宮神所剋。

沈祖緜按：

難，即山上飛星遇反吟、伏吟是。詳見《玄空祕旨》「卦爻雜亂節」。恩，指當元之令星。如二運立乾山巽向，到山到向之局。若到山而坐後無山，到向而向上無水，仍作上山下水論，斯即恩落仇宮之謂也。

又如二運乾山巽向左兼右兼，山上天盤三，三替巨門。不以三入中，而以二入中，是本運丁星入囚，雖貴無子嗣，此亦「恩落仇宮」也。

綜說：

難，指凶星。值難，是指受到凶星的影響。難歸閑地，意即凶星到了弱位。所謂恩、難，係指吉曜、凶曜而言，當元得令之星為恩，衰敗之星為難。恩落仇宮，指吉星飛到弱位。飛星相剋，或挨星值衰退，但位於平坦之處，無山水來相應，雖凶而不凶。飛星相生，或挨星值生旺，但位於平坦之處，無山水來相應，雖吉而不吉。

意即遇到凶星卻沒有受到傷害，只因為凶星在衰地；遇到吉星卻沒有發財，是因為吉星落在仇宮，即落在不利屋宅的方位。

原文：一貴當權，諸凶懾服；眾凶剋主，獨力難支。

原註：龍神得生旺，雖剋亦吉。

立穴雖吉，若龍水皆不當令。又遇諸星來剋，故獨力難支。

沈祖緜按：

《青囊序》曰：「朱雀發源生旺氣」，指向首一星而言。向首得令，即為一貴當權，原註是也。

綜說：

龍神得生旺，雖剋亦吉。立穴雖吉，若龍水皆不當令，又遇諸星來剋，故獨力難支。意思就是只要在關鍵的方位有一個當令的吉星，又得力，有再多的凶星也不會造成大的災難。立穴形勢雖吉，但若關鍵方位吉星不得力，例如：龍水皆不當令，又有很多凶星來剋，則獨力難支，立見破財凶災。

原文：火炎土燥，南離何益乎艮坤；水冷金寒，坎癸不滋乎乾兌。

（九二八，一六七）

原註：炎燥寒冷，太過也，皆不當元之故。

沈祖緜按：

南離艮坤，即《玄空祕旨》所謂「天市合丙坤，富堪敵國。」若失元，則為火炎土燥。

「坎癸」、「乾兌」，本金水相生，即《玄空祕旨》所謂「土制水復生金，自主田莊之富。

若水無土制，而又失元，則為「水冷金寒」。

綜說：

南離是指九紫火。艮為八白土，坤為二黑土。火土相生本是吉，但火若為不當令的火，則為炎火，非但不能生土，反而使土變為更炎燥而有害。所以火必須是旺氣或生氣，生土才有益。失令時，則為火炎而土燥，主眼疾、腹病。

（例如：一運甲山庚向下卦，坤方是29七，通書特九八，向星9逢衰氣，故火炎而土燥，南離何益乎艮坤。）

若只有坎癸（一白水）及乾（六白金）兌（七赤金），金本來可以生水，但若不當令，又無土來制水，則為水冷金寒而已，反而會造成家運的敗退。

例如：（七運壬山丙向下卦，坎宮壬方86三，6乾金，本可生一白水，但卻失令，主破財。通書特八六）

火燥寒冷，太過也，皆不當元之故。火炎土燥、水冷金寒，指火土、金水相逢又失令反為無情之意。

原文：然四卦之互交，固取生旺；八宮之締合，自有假真。

原註：山水品配，又得元也。真假於來情辨之。

沈祖緜按：

四卦者，地盤一卦、天盤一卦、向上一卦、山上一卦也。以到山到向為生旺，上山下水為衰謝，然須合形局空實而定也。

排山要有山，排水要有水，即謂之真；若排水而有山，排山而有水，即謂之假。

綜說：

四卦，指天盤（即運盤）一卦、地盤（即元旦盤）一卦、山盤一卦、向盤。飛星盤上，所列的為天盤及坐、向。地盤為體，天盤為用。四星要互取生旺要相生比和，均以到山到向為興旺，上山下水為衰敗。八宮，就是指乾、坎、艮、震、巽、離、坤、兌八個宮位，須審視其形式，形勢佳為真，形勢差則為假。締合，指星卦的組合。假真，指吉凶。如向上四卦均生旺，但向前無水或山形破碎，則為假局，仍不為吉。

例如：一四相逢，為利科名，若此方有文筆山，則為真，主科名。但此方若見破碎山形，反為假，主出淫蕩之人。

原文：地天為泰，老陰之土生老陽（二六）；若坤配兌女，庶妾難投寡母之歡心（二七）。

原註：土生金也。
　蓋純陰也。

沈祖緜按：

《玄空祕旨》曰：「富並陶朱，斷是堅金遇土。」蓋天地交泰，金土相生，故有此應。

坤為老母，兌為少女，故原註以「純陰」目之。得令者，由寡婦致富；失令者，蕩婦破家，或覡尼耗財。此言庶妾難投寡母之歡心，亦失令一端。

綜說：

二黑為坤，為地，屬土，為老陰。六白為乾，為天，屬金，為老陽。乾坤相交，為地天泰，二六的組合，為土生金，且老陰配老陽，為陰陽正配，以吉論。得令為堅金遇土，主富並陶朱。

（例如：一運庚山甲向起星，坎方62六，即為地天泰卦，通書特一二

三）

但當二黑與七赤相交，二黑坤為母，七赤兌為少女，同是土金相生，遇旺相年運，女人致富，男人災難重重，因為二七都是陰星，純陰不生，獨陽不長之故。

七兌少女為庶妾，二坤老母為寡婦，二七相交，失令時土不能生金，故言庶妾難投寡母之歡欣，主婆媳不和。

（例如：丑山未向下卦七運，坤宮77四，地盤為二黑坤，通書特九二）

原文：澤山為咸，少男之情屬少女（七八）；若艮配純陽，鰥夫豈有發生之幾兆？（八六）

原註：下元大發。

品配必審乎時。

沈祖緜按：

兌為澤，為少女。艮為山，為少男。《周易・咸・彖傳》曰：「二氣感應以相與」，此乃吉兆也。《玄空祕旨》曰：「胃入斗牛，積千箱之玉帛。」蓋土金相生，故有此應。然得令若斯，失令則否。

純陽，乾也。艮，少男也。雖金土相生，然孤陽不生，故以「鰥夫」喻之。但六八同宮，又遇坤土兌金，則陰陽調劑矣。

綜說：

兌為澤，為少女。艮為山，為少男，二氣感應以相與，此乃吉兆也。蓋土金相生，故有此應。七八相逢為澤山咸，為雌雄正配，得令主速發富貴，失令則否。

（例如：艮山坤向下卦七運，坐山艮宮77一，艮宮元旦盤為八白，土金相生，通書特九四）

八六相遇，八艮為少男；純陽，六乾也，雖土金相生，然孤陽不生，故以鰥夫喻之。八六獨陽不長，陰陽不配，失令主出鰥夫。

因此星曜相交，宜陰陽調和。

（例如：坤山艮向下卦七運，離宮86二，通書特一一八）

原文：乾兌託假鄰之誼（六七），坤艮通偶爾之情（二八）。

原註：山水皆可相兼。

二八為配，取比肩也。

沈祖緜按：

乾兌皆金，故曰「假鄰之誼」。《紫白賦》曰：「交劍殺興多刦掠」。交劍殺即六七同宮之意。用得其時，即為假鄰；失其時，則為交劍殺。

原註以兼向立論。如辰戌兼乙辛，此向於五運則為八純卦，大凶。於八運用替，則為到山到向，吉。乙辛兼辰戌，各運中並無旺向，原註立說欠嚴。

坤艮為死生之門，二五八運之丑未、未丑，皆到山到向。

如二運丑未，向上天盤八，山向飛星為二八，雖係比肩，亦吉；五、八運，亦艮坤相逢，而成比肩，皆有吉而無凶。所謂「通偶爾之情」也。

二五八運之坤艮、艮坤，寅申、申寅，全局合成三般卦，得貞元之氣。山向飛星，雖有反吟伏吟，而坐空朝滿之局用之，亦无咎。若坐實朝空，即《玄空祕旨》所謂「丑未換局，而出僧尼」是也。

綜說：

六乾七兑皆金，故曰假鄰之誼。六七為金，得令，為託假鄰之誼，主武貴。失令六七相交為交劍煞，主多爭執劫掠及血光之災。

（例如：子山午向起星七運，坐山67三、向首76二，都是六七，通書特八九）

坤艮為死生之門，二五八運之丑未、未丑，皆到山到向。艮為八白土，坤為二黑土，二八合十，五行又相同，得河圖生成之氣，論吉。

艮為少男，坤為老母，雖為陰陽，但不是正配，因此只是偶爾之情，不能長久。得令為田連阡陌主富，失令為換局主出僧尼。

（例如：坤山艮向下卦八運，坐山28五，向前85二，中宮52八，山向及中宮都是二五八，通書特一一八）

原文：雙木成林，雷風相薄（三四，四三）；中爻得配，水火方交。（一九）。

原註：此後天也，亦如先天。

坎、離，中爻互易，即天地交泰之理。

沈祖緜按：

先天雷風對待，故曰相薄。後天由三而至四，亦相薄也。震巽皆屬木，故曰「雙木成林」。《玄空祕旨》曰：「貴比王謝，總緣喬木扶桑。」指八運子山午向，中宮為三四，巽方有水放光，可作城門之用。亦遇四三，巽上飛星之四，雖為伏吟，為天盤之七所制，木道乃行，雖成林何害。若失令時，如《飛星賦》所謂「同來震巽，昧事無常」是也。

先天之乾坤，即後天之坎離。抽坎補離，即為乾坤，此所謂交也。與天地交泰之交略異，得令時，即《玄空祕旨》所謂「南離北坎，位極中央」是也。

綜說：

三碧震木為雷，四綠巽木為風，震巽相遇，故曰雷風相薄。震巽皆屬木，故曰雙木成林。震為長女，巽為長男，三四為雌雄正配，得令主貴比王謝，失令主出賊丐，昧事無常。

（例如：未山丑向起星九運，向首34三，通書特一一七）

一坎為水，九離為火，一九為中男中女陰陽正配，水火既濟，一派和諧之象，得令主財丁富貴，失令主夫婦分離。若將兩卦中爻互換，則離卦變成乾卦，坎卦變成坤卦，則變為乾坤父母卦，又是老陽配老陰，當其旺，乾坤交泰，堆金積玉。

（例如：亥山巳向起星一運，向首91九，中宮19一，通書特八五）

原文：木為火神之本，水為木氣之元。巽陰就離，風散則火易熄（四九）；震陽生火，雷奮而火尤明（三九）。

原註：木生火也。

水生木也。

宜審元運。

即棟入南離之義。

沈祖緜按：

得令時，即《玄空祕旨》所謂「木見火而生聰明奇士」；失運，即「風散則火易熄」。

木火通明，然有巽陰震陽之別。故四九與三九同宮者。得令時，四九主聰明而溫柔，三九主聰明而剛毅。失令時，四九則主流蕩，三九則主暴戾。

綜說：

木為火的源頭，因木生火，水是木的源頭，因水生木。巽木生離火，一旦巽木消失，火很快就熄滅。震木生離火，震木旺的話，離火更加旺。

（例如：子山午向起星四運，坐山43九，通書特八九）

巽即四綠木，為長女，離為九紫火，為中女，四九為四綠巽陰木生九紫離陰火，木火相生，本論吉，但兩陰相生，速發也速敗。當令主出聰明之士，失令主破財，因色致禍。

（例如：庚山甲向下卦七運，離宮49二，通書特一二二）

三九為三碧震陽木生九紫離陰火，震為長男，離為中女，為木生火，且陰陽相生，得令有文明之象，主出聰明奇士。但三九非雌雄正配，所以發不久。

（例如：壬山丙向下卦六運，巽方為39五，通書特八六）

原文：震與坎為乍交（三一），離共巽而暫合（四九）；坎无生氣，得巽木而附寵聯歡（四一，一四）；乾乏元神，用兌金而傍城借主（六七）。

原註：皆得相生之義，惟非正配，偶然而已。

即上元「車驅北闕」之意。

乾不當元，而兌當令，亦得生旺。

沈祖緜按：

震坎皆陽，離巽皆陰，陰陽不調，故曰：「乍交」「暫合」。原註誤。「車驅北闕」，係一六，非一四也。本篇下曰：「名揚科第，貪狼星在巽宮。」又曰：「木入坎宮，鳳池身貴。」《紫白訣》曰：「一四同宮，準發科名之顯。」此得令時也。若失令，即《飛星賦》所謂「四蕩一淫」是也。

元神，水也。乾以坎為城門，而兌亦可作城門，所謂借庫是。若立巽山乾向，乾處無水，是「乾之元神」，而兌方有水放光，即為「傍城借主」。若合城門一訣，其地可用。

綜說：

三碧震陽木，一白坎陽水，長男中男，水木二陽相生，陰陽不調，就算相合也不能長久，故曰乍交、暫合。當令時尚可，失令主是非小人。

（例如：子山午向下卦七運，坎宮為77三，元旦盤坎宮為一白水，即為一、三的組合，通書特八八）

同樣離與巽雖然也是相生，離為九紫火，為中女，巽為四綠木，為長女，木火相生，但都屬陰，也是暫時的合作。

坎為一白水，為中男，巽為四綠木，為長女，一四為水木相生，但非雌雄之正配，也是暫時的關係。一白為官星，四綠為文昌，四一同宮，得令，主文章出眾，功名顯。失令，則為桃花組合，主淫蕩。

（例如：艮山坤向下卦四運，向首為14一，通書特九四）

（例如：寅山申向下卦七運，坤宮41四，此方若外局配合得宜，主出聰明之士。若見惡山惡水，則以桃花論。通書特九六）

六乾和七兑都是金，當令則為託假鄰之誼，金可助金，六運時七赤為未來的吉氣。乾兑相交之局，最宜坎水之方有水可用，則借坎為城門，乾兑之金生坎水，此之謂傍城借主。

原文：風行地上，決定傷脾（二四，四二）；火照天門，必當吐血（九六，六九）。木見戌朝，莊生難免鼓盆之歎（四六，六四）；坎流坤位，買臣常遭賤婦之羞（一二，二一）。

原註：土，受傷也；風為木，脾為土。

金主肺，被彼火剋，故吐血也。

巽為長女，乾金剋之，故主剋妻。

坎為中男，坤土剋之，即我不剋而反剋我，主遭婦辱，故以朱買臣為證。

沈祖緜按：

《玄空祕旨》曰：「風行地而硬直難當，室有欺姑之婦。」斯以形察氣，重在硬直難當四字。

然巽坤皆為陰神，凡卦遇陰神，易生病症，此為木剋土，故傷脾。

《玄空祕旨》曰：「火燒天而張牙相鬥，家主罵父之兒。」斯亦以形察氣。此六九同宮，是處實而不空，或形勢險惡，定犯血症。又山向六字排到之處，是處有紅廟紅屋，亦作火燒天門論。申酉戌西方一氣，火墓於戌，不能生木，而反剋之，故有鼓盆之歎。

綜說：

風行地上，是指二黑四綠的組合，四綠巽木為風，二黑坤土為地，就是四二的組合，木剋土，土為脾胃，所以主有脾胃之疾。

若山崗水路直射，主惡媳欺姑。

（例如：丑山未向下卦三運，兌宮42五、離宮24七，通書特九二）

※五行人身部位對應如下：

木－四肢、肝、膽

火－眼、心

土－脾、胃

金－氣管、肺、骨骼

水－腎、耳、腰

九紫離為火，六白乾為天，火照天門，就是九六的組合，火剋金，金為肺部，肺部受傷，主血症，出逆子。

（例如：坤山艮向下卦六運，艮方96九，通書特一一八）

木就是三碧和四綠，戌是六白金，因為戌乾亥屬六白乾卦，三六或四六的組合，金剋木，木對金來說是妻財，所以是女人受損，若此宮見刑煞，則主喪妻。

（例如：坤山艮向起星六運，坎宮64二，通書特一一九）

坎為一白水，為中男，坤為二黑土，土剋水，就是一二的組合，失令主遭婦辱，女性當權，牛衣對泣，故以朱買臣經常遭受妻子的羞辱為證。

（例如：巽山乾向下卦六運，坎宮子方12二，坤宮21三，通書特一〇六）

原文：艮非宜也，筋傷股折；兌不利歟，唇亡齒寒。坎宮缺陷而墮胎，離位巉巖而損目。

原註：艮主股肱、筋絡，如受木剋，即有傷折之應。

兌主唇齒，若受金剋，故主唇亡齒寒。二方以形勢言，坎為當元，離失元也。

沈祖緜按：

非宜指失令言，或飛星所到之處，形勢險惡，《玄空祕旨》曰：「艮傷殘，而筋枯臂折」是此同。

原註「兌若受金剋」，此句大誤。兌本屬金，與金相見，為比和。又何剋之可言。

「不利」，指飛星七所到之處，形勢破碎，受凹風之害，則主唇齒之病。《玄空祕旨》亦曰：「兌缺陷，而唇亡齒寒。」

原註誤，坎離非呆板之北坎南離，乃飛星之坎離也。說卦傳，坎為血卦，遇缺陷，故主墮胎，又離為目，遇巉巖，故主損目，《玄空祕旨》曰：「離位摧殘而目瞎，竟同此。」

綜說：

艮即八白，非宜，指失令或犯刑煞。艮卦代表肩膀、手臂、筋骨關節，八白艮為少男，艮卦受剋或在凶方，就容易有筋骨之傷，且不利小孩。

（例如：坤山艮向起星九運，向首98三，向前若有殺水，通書特一一九）

兑即七赤星，兑卦代表口唇、牙齒，失令或兑卦受剋或在凶方，容易有口部疾病，比如缺唇、損齒。

（例如：子山午向起星八運，向首17三，向首犯殺氣，有水切不可用，通書特八九）

陰陽宅北方有缺陷，家中孕婦容易流產。一白坎主子宮、生殖器官。

（例如：壬山丙向下卦一運，坐山為11六，若坐山後低陷或有空缺，通書特八六）

離即九紫，屬火，陰陽宅南方有巉巖，主家人有眼疾、心疾、損丁。

九紫離應心與目。

（例如：壬山丙向下卦九運，向首99四，若離方有巉巖）

原文：輔臨丁丙，位列朝班（八九；八是令星，九是天卦）；巨入艮坤，田連阡陌（二八）。名揚科第，貪狼星在巽宮（四一，一四）；職掌兵權，武曲峯當庚兌（六七）。

原註：應在下元。

艮坤為土，故旺田園。

即四一同宮之義。

應在下元。

沈祖緜按：

原註誤。八九同宮，吉者有四運之午山子向、丁山癸向、壬山丙向，四運則非下元，可證。是呆讀輔八丁丙九而已。癸向為輔臨丁。丙向為輔臨丙，不言子者，因子、癸同類也。《紫白訣》曰：「八逢紫曜。婚喜重來。」意可同參。

上曰：「坎无生氣，得巽木而附寵聯歡。」下曰：「木入坎宮，鳳池身貴。」均言一四、四一，同宮之貴。

《紫白訣》曰：「四綠為文昌之神，職司祿位；一白為官星之應，主宰文章。還宮復位固佳，交互疊逢亦美。」其吉可知也。六七同宮，得令則為武職刑官，失令則為交劍殺。

綜說：

輔即左輔，八白的星曜名，亦即艮卦，為少男。丙丁，指九紫離卦，為中女，指八九同宮，成火土相生，陰陽相配，故以吉論。八逢紫曜，婚喜重來。而向主財祿，有升職喜慶，故言位列朝班。

（例如：巽山乾向下卦八運，向首為68九，通書特一〇六）

巨就是二黑巨門星，艮即八白，二八同宮，兩星皆屬土，故富有阡陌，主大發財利。

（例如：申山寅向下卦八運，坤宮28五，通書特一二〇）

一白為貪狼星，巽宮是四綠星。貪狼星入巽宮，指一四同宮，四綠為文昌之神，職司祿位，一白為官星之應，主宰文章，所以大利科名。

（例如：坤山艮向下卦四運，坐山41一，通書特一一八）

武曲指六白星，屬金，庚兌為七赤，屬金，六七同宮，乃屬金星相聚。金為肅殺之氣，所以得令之時有職掌兵權之應。

（例如：七運午山子向起星，坐山67二，通書特一一三）

原文：乾首坤腹，八卦推詳；癸足丁心，十干類取。

原註：乾為首，坤為腹，離為目，坎為耳，兌為口，震為足，巽為股，艮為手之類。

甲頭，乙項，丙肩，丁心，戊脅，己脾，庚臍，辛股，壬脛，癸足，此十干之應也。

子疝，丑脾肝，寅背肱，卯目手，辰背胸，巳面齒，午心腹，未脾脅，申咳嗽，酉背肺，戌頭項，亥肝腎，此十二支之應也。參合八卦，其應如響。

沈祖緜按：

八卦及干支取類，除五運外，要以流行之氣為斷。

綜說：

玄空論斷疾病，以八卦卦象來論斷，亦可以干支來論斷。凡飛星失運，或所到之處見凶惡之山水，便主何疾病。

乾為首，坤為腹，離為目，坎為耳，兌為口，震為足，巽為股，艮為手。

甲頭，乙頸，丙肩，丁心，戊脅，己脾，庚臍，辛股，壬脛，癸足，此十干之應也。

子—疝氣　　丑—脾、肝　　寅—背、股肱

卯—目、手　　辰—背、胸　　巳—面、齒

午—心、腹　　未—脾、脅　　申—咳嗽

酉—背、肺　　戌—頭、頸　　亥—肝、腎

原文：木入坎宮，鳳池身貴（四一）；金居艮位，烏府求名（七八）。

原註：應在上元，此亦四一同宮之義。

應在下元。

綜說：

木指四綠木，坎即一白水，指四一同宮，水木相生，或山上飛星之一白方有文筆峰，得令時，主發科甲。

金指七赤金，艮指八白土，七赤金與八白土同宮，土生金，陰陽相配，若山上飛星八白方有金形峰，得令主出御史，烏府即御史府。御史是彈核之職。金主肅殺，因此求官帶肅殺之氣。

例如：政風人員等。

原文：金居土培（六二、六八、七二、七八），火宜木相（三九、四九）。

綜說：

金指六白金、七兑金，金居艮位，即六八、七八、六二、七二組合，土金相生，得令多主文士參軍發武貴。土金主武。若有土金形山水在飛星生旺方亦同論。

（例如：申山寅向起星六運，向首86九，通書特一二一）

火即九紫火，木即四綠木，木火同宮，木火相生，當令主以文職發貴，木主文、火主貴。若有木火形之尖峰在飛星之生旺方亦同論。

（例如：甲山庚向下卦四運，向首94六，通書特九八）

三、《飛星賦》概說

該篇作者不詳，篇中言吉者從略，言凶者特詳。言簡意賅，斷事如神，是古代風水研究的重要作品，亦是玄空風水理氣派的上乘之作，詳述山向飛星、運星、八卦、九星、流年與巒頭的關係，可補《玄空祕旨》之不足。茲摘錄原文、原註及沈祖綿註解，並參酌徐芹庭、梁煒彬、白鶴鳴、林志縈等先進大德之釋義，及恩師上課所舉案例，綜合彙整，擇其善者而從之。我們綜合運用各家說法的目的，因為前賢已經有各家精彩的論述，我們只是幫助初學者更容易快速理解玄空飛星的實際應用，略盡棉薄之力而已，不敢掠人之美。若有不周延之處，還請先進大師們能多包涵見諒，感恩！

原文：周流八卦，顛倒九疇，察往彰來，索隱探幽。
承旺承生，得之足喜；逢衰逢謝，失則堪憂。

人為天地之心，凶吉原堪自主；易有災祥之變，避趨本可預謀。小人昧理妄行，禍由己作；君子待時始動，福自我求。

原註：此節發明吉凶得失，惟人自召之故。

綜說：

八卦是指乾、兌、離、震、巽、坎、艮、坤八個卦，即八個方位。九疇即九宮洛書數，洛書數是：戴九履一、左三右七、二四為肩、六八為足、五居中央。玄空之法是八卦配九宮，可知吉凶禍福。山水得生旺之運則吉，山水逢衰退死殺之氣則凶。人是天地的中心，吉凶本來就可以自己預知。易經有災難和吉祥的轉化，人可以根據易經的卦象來趨吉避凶。小人違背常理胡亂作為，災禍是自找的。君子是審時度勢，在最有利的時機行事，福氣是自己求來的。

原文：試看：復，壁揕身（二三）；壯，途躓足（三六）。

原註：坤為積土，有牆壁之象；又為身，震犯坤土，故主土擊。篇中借用六十四卦名，以明山與向之飛星也。下仿此。
壯，大壯也。震為足，乾為行人。乾剋巽，故主跌仆也。

沈祖緜按：
地雷復，五陰一陽，以五行論，木土相剋，《玄空祕旨》曰，雷出地而相衝，定遭桎梏，其意相同，皆言失令之應。
雷天大壯，易彖傳以剛以動釋，乾剛震動，孤陽不長，震為足，乾為金，足被金傷，中爻互兌為毀折，故有蹎足之患。

綜說：
復，指地雷復卦，坤為地，震為雷，為二黑與三碧的組合，即木剋土，引申為山崩、牆倒之意。
（32例如：甲山庚向起星五運，庚向32七，通書特九九）
壯，為雷天大壯卦，為三碧六白的組合。震為足為木，六乾為金，金剋木，故有跌倒傷足之象。

（36例如：未山丑向下卦二運，酉方63四，通書特一一六）

原文：同人，車馬馳驅。（六九，九六）

原註：乾為馬，為遠，為行人；離日剋之，故有此象。

沈祖緜按：

天火同人，天火先後天同位本吉，《玄空祕旨》曰：「丁丙朝乾，貴客而有耆耄之壽」是也。

若以形察氣，六九同宮之位，形惡不善者，《玄空祕旨》曰：「火燒天而張牙相鬥，家生罵父之兒。」《飛星賦》亦曰：「火照天門，必當吐血」皆是。

此云「車馬馳驅」者，蓋形勢雖平穩，然當令元之時，故有此應。

綜說：

同人指天火同人卦，是六白九紫星曜的組合。乾為金，為馬，離火剋之，從卦象看，有奔波勞碌之應。

（69例如：坤山艮向下卦六運，艮向96九，通書特一一八）

原文：小畜，差徭勞碌。（四六）

原註：巽為命令。乾為大人。乾剋巽。故有「差徭勞碌」之象。

沈祖緜按：

風天小畜，五陽畜一陰，故曰《小畜》；金木相剋，雖係後天對待；但以巽為進退，為近利市三倍，故有「差徭勞碌」之象。

綜說：

小畜即風天小畜卦，是四綠與六白星曜的組合。風者巽也，巽代表命令，乾為大人為官為上司，乾金剋巽木，故有差使勞碌奔波之象。

（46例如：戌山辰向下卦二運，艮方64五，通書特一二八）

原文：乙辛兮，家室分離。（三七、七三）

原註：乙即震。為主。為夫。為反。為出。辛即兌。為妻妾。為少女。為

毀折。震兌對待沖剋。故有此應。

沈祖緜按：

乙辛者，雷澤歸妹，後天對待之卦，兌以少女，而從震之長男，故《歸妹》卦辭曰：「征凶，无有利。」失令，乃有家室分離之兆，蓋震木為兌金所剋故。

綜說：

乙是指三碧震，辛是指七赤兌，為三七的組合。甲卯乙三山為震卦，即三碧木。庚酉辛三山是兌卦，即七赤金。金木相剋，震宮和兌宮又是對沖，卦象中震為夫，兌為妻，失令主夫妻分離。

（37例如：辛山乙向下卦三運，乙向73一，通書特一二六）

原文：辰酉兮，閨帷不睦。（四七）

原註：辰即巽，巽者長女；酉即兌，兌為少女。兌巽相剋，故主「閨幃不睦」。

沈祖縣按：

「辰酉」者，風澤中孚，皆陰神，故主「閨幃不睦」，蓋金剋木故。若以五行立說，辰酉化金，此非九宮之道，九宮重在乘時得令，非僅拘於化合也。

綜說：

辰指四綠巽卦，即辰巽巳三山，酉指七兌金兌卦，即庚酉辛三山。巽為長女，兑為少女，七兑金剋四巽木，故主姊妹不和。

（47例如：辛山乙向起星六運，乙向74四，通書特一二七）

原文：寅申觸巳，曾聞虎咥家人。（二八四；二八同宮，客星逢四）

原註：參宿為白虎，在申宮；寅宮亦有尾虎。申寅衝，衝則動，再遇流年巳火弔來，寅刑巳，巳刑申，三刑會，自有咥人之象。

沈祖縣按：

又象取坤虎艮山巽風，然事不常見，下故取象於犬傷。

「寅申」者，地山謙；得令者，為巨入艮坤，田連阡陌（《玄機賦》）；然《謙》屬兌金，屬寅木，巳在申宮，金火相剋；年紫白巳，加寅方、申方之上，失令時，主家人不睦。

虎咥者，形容暴戾之氣，原註以刑德立說，與玄空家法相背矣。

綜說：

寅，表丑艮寅所在的八白艮卦，申，代表未坤申所在的二黑坤卦，二黑與八白的組合。觸巳者，即再遇四綠。二八為地山謙卦即二八組合又遇四綠，二黑、八白五行屬土，四綠屬木，木來剋土，所以會有爭鬥之事，或被貓狗咬傷之事。八白艮為少男，二黑坤為老母，因此少男與老母宜多加注意。

（82例如：甲山庚向起星三運，坤方82九，通書特九九）

原文：壬甲排庚，最異龍摧屋角。（一三、七）

原註：震為龍，坎為雲、為雨、為澤；震坎相生，雲從龍象；兌來衝剋，

龍飛騰象。主有龍陣摧屋，然事亦非常，見下故取象於蛇。

沈祖緜按：

壬坎甲震，為水雷屯，皆陽卦，水木相生，雖遜於一四同宮之妙用，如年紫白七赤加臨震上，乃有家破之兆。

原註不知譬喻，直解字面誤矣。並云：「見下取象於蛇」，以龍為真物，何其傎歟。（傎，音義同「顛」。）

綜說：

壬是指一白水，甲為三碧木，一與三的組合，為水木相生，當運主發財，失運主是非、足傷。庚為七赤金，一三再遇七赤加臨，為金木戰剋，三七俗稱穿心煞，當運尚可，失運主足傷、盜賊。

（137例如：丑山未向起星四運，乾方13五，乾方有水，流年再逢七赤加臨，有家破之虞，通書特九三）

原文：或被犬傷，或逢蛇毒。（六四，四六）

原註：艮為狗，逢三刑以猘犬斷；若坤為主，則斷牛傷，解見上。又巽為蛇，必弔太歲到向，方斷傷人，否則見蛇而已。

沈祖緜按：

原註以丑寅及艮為犬，而戌亦為犬；運退者又逢形勢險惡，方有此應。

原註以巽為蛇，巽宮有巳。巳，蛇也，巳在東南，炎天也；炎天故產蛇，素見不鮮，見蛇無閱飛星，至於蛇噬，方涉氣運。

綜說：

戌乾亥，六乾，戌卦象為狗；辰巽巳，四巽，巳卦象為蛇；六乾金剋四巽木。若逢失元時，則易被上述動物所傷或有不測之災。合《玄機賦》所云：木見戌朝，莊生難免有鼓盆之歎。

（64例如：坤山艮向起星六運，坎方為64二，通書特一一九）

原文：青樓染疫，只因七弼同黃。（七九，五）

原註：兌為少女。為賊妾。離為心。為目。心悅少女，淫象也。五黃性毒，故主患楊梅瘡毒。

沈祖緜按：

七弼為澤火革，陰神也，二女同室，衰運逢之，故有青樓之象，兌為毀折，離為火，五為瘟瘽，故有是症。

綜說：

七是指七赤星，弼是九紫右弼星，黃是五黃。七赤兌卦為妓女，九紫離卦為美女，五黃為毒，即七九的組合再遇到五黃，失令主患風流之性病。青樓，妓院。

（975例如：甲山庚向下卦八運，坤方97五，通書特九八）

原文：寒戶遭瘟，緣自三廉夾綠。（三五，四）

原註：震為虫，中五性毒，巽風夾之，故瘟，又有風疹。

沈祖緜按：

三綠為雷風恆，《玄機賦》曰：「雙木成林，雷風相薄。」雖五黃心毒，雙木剋之。得令時，毒無礙。

原註「震為蟲」，取象亦未詳所出。《玄空祕旨》曰：「見祿存，瘟癀必發。」此指失令而言。

綜說：

三是指三碧，廉是指五黃，是指三五組合。綠是指四綠文曲星，指三、五又逢客星四加臨。三震為蟲，五黃為病毒，四綠巽為風為傳染，故失令主貧窮、罹患瘟病。

（345例如：巽山乾向下卦七運，坤方35四，通書特一〇六）

原文：赤紫兮，致災有數。（七九）

原註：七赤為先天火數，九紫乃後天火星，二星相併，水如衝動。災必驟發，洩之反不見殃。火性炎烈故也。

沈祖緜按：

兌為金，離為火，金火相害，即赤紫同臨，為澤火革，陰神也。金為火所剋，若全無生氣，乃犯火災。《紫白訣》曰：「七九合轍，常遭回祿之災。」又流年三四加臨宮內，致災尤速《玄空祕旨》亦曰：「火剋金兼化木，數驚回祿之災。」

綜說：

七赤兌金為先天火，（河圖五行：一、六屬水；二、七屬火；三、八屬木；四、九屬金；五、十屬土，河圖為先天）九紫離火是後天火（洛書五行：一屬水；二、五、八屬土；三、四屬木；六、七屬金；九屬火。洛書為後天）。七赤九紫同臨，主火災。《玄空祕旨》：「火剋金而兼化木，數驚回祿之災。」

（79例如：壬山丙向起星三運，卯方97一，通書特八七）

原文：黑黃兮，釀疾堪傷。（二五，五二）

原註：二黑在一、二運為天醫，餘運為病符，若與五黃同到，疾病損人。

沈祖緜按：

《紫白訣》曰：「二五交加，罹死亡，並生疾病」是也。惟此五非天盤之五，亦非山向飛星之五，乃年月紫白五黃加臨之五也。衰運逢之，其應如響。

綜說：

黑黃為二五之組合，二黑坤為病符、寡宿，二黑，當令時，為天醫；失令時，為病符，主疾病。五黃為正關煞、瘟毒，二五同宮主疾病損主。

（25例如：壬山丙向起星三運，兑方52五，通書特八七）

原文：交至乾坤，吝心不足。（六二，二六）

原註：乾為金，坤為吝，嗇故吝而無厭。

沈祖緜按：

《說卦傳》：「坤以藏之」。又為「吝嗇，老陰之土生老陽」。

（《玄機賦》）孔子曰：「及其老也，戒之在得。」其卦為天地否，否者閉塞也，喜收斂，故有此應。《玄空祕旨》曰：「富並陶朱，斷是堅金遇土。」乃指泰卦而言。若否卦。則為吝心不足。

綜說：

乾坤是指六乾金與二坤土。二黑坤卦在人的性格為吝嗇、懦弱，六二同宮為天地否，否乃閉塞，故可斷其人吝嗇。但二六為地天泰，富比陶朱，斷是堅金遇土。所以二六、六二的組合，得令時為吉，是可發財的。失令時主吝嗇。

（62例如：巽山乾向下卦四運，向前26五，通書特一〇六）

原文：同來震巽，昧事無常。（三四，四三）

原註：震為出，巽為入，出入不當，故因循誤事。

沈祖緜按：

雷風恆；恆，常久也。當非無常，此云無常者，指失運時言也。若得

令時，為「貴比王謝，總緣喬木扶桑。」（《玄空祕旨》）

綜說：

震巽指三碧、四綠的組合，震為出，巽為入，出入不當，在失令時，主人猶豫不決，常常誤事。得令時為「貴比王謝，總緣喬木扶桑」。

（34例如：未山丑向起星九運，丑向34三，通書特一一七）

原文：戌未僧尼，自我有緣何益。（六二，二六）

原註：戌為僧，未為尼，失時相生何益。

綜說：

戌是指六白乾，未是指二黑坤，土生金，乾卦為父，為僧，坤卦為母，為尼，當令主出富出貴，失令主容易出家，或出與現實社會脫節之人。所以言失時相生何益。

（62例如：丙山壬向起星五運，午方26九，通書特一一一）

原文：乾坤神鬼，與他相剋非祥。（六二，二六）

原註：乾為神，坤為鬼，剋則有鬼神指責。

沈祖緜按：

凡六二宮，又遇五黃加臨，失運時，多鬼神為祟。

綜說：

此言二六的組合。乾為天，為神，坤為地，為鬼，相剋則有鬼神指責，相剋指失令時，易見鬼怪陰邪之事。

原文：當知四蕩一淫，淫蕩者扶之歸正。（四一，一四）

原註：四為風，故蕩，水趨下，須扶。蓋得時吉，失時凶，此四為主，非一為主也。

沈祖緜按：

《紫白訣》曰：「四一同宮，準發科名之顯。」《玄機賦》曰：「木入坎宮，鳳池身貴。」又曰：「名揚科第。」貪狼星在巽宮，得令時四一與一四同宮者，皆主清貴文秀，因水木相生，而以一四為尤貴。

失令時，水泛木流，主淫蕩。如《宅斷・張村丁宅》：「七運立子午兼癸丁向」，可證。

「扶之歸正」者，既值水泛木流，宜修理之。使得旺星，以化其凶也。

綜說：

四巽為風，故蕩，一坎為水，泛濫無常。四一同宮，得令時，若山水形勢秀麗端莊，主出清貴文秀之人，因水木相生。《玄機賦》云：「木入坎宮，鳳池身貴。」但若失令時，水泛木漂，則主淫蕩，出風流好酒色之人。

（41例如：艮山坤向下卦六運，巽方14五，通書特九四）

原文：須識七剛三毅，剛毅者制則生殃。（七二）

原註：凡三七皆不可剋制，剋制則其禍尤烈。

沈祖緜按：

震為雷。為決躁。其究為健。毅也。兌為毀折。為附決。其於地也為剛鹵。剛也。金木已相制。故不宜重重制之。若以再以火制之，則犯七九合轍之患。

綜說：

七赤為破軍，屬金，為肅殺劍鋒之象。三碧為陽木，為蚩尤，喜鬥爭。三七組合都屬剛毅之象，金木戰剋，三七亦為穿心煞。失令時主血光之災，多應在長男身上。七三為陽剛之組合，化解宜洩不宜剋，剋則反生禍端。

（73例如：卯山酉向下卦四運，乾方37五，通書特一〇〇）

原文：碧綠風魔，他處廉貞莫見。（三四，五）

原註：雷風相薄，本主瘋病，疊五黃則立應。

綜說：

三碧四綠同宮，木主精神系統，失令時再遇五黃加臨，主罹患風魔之疾，如中風、神經衰弱等疾病。

（34、35例如：艮山坤向起星七運，卯方34五，通書特九五）

原文：紫黃毒藥，鄰宮兌口休嘗。（九五，七）

原註：火味苦，五性毒，故為毒藥。若兌金貪五土之生，則毒藥入口矣，嗜烟者如之。

綜說：

九紫離火和五黃同宮，五黃為毒藥，七赤為兑卦為口，五九再遇七赤同臨，失令時，主中毒或吸食毒品。

（95例如：甲山庚向下卦三運，午方59七，通書特九八）

原文：酉辛年，戊己弔來，喉間有疾。（五七）

原註：兌為喉舌，逢五黃必生喉症。

綜說：

酉辛在兑宮，為七赤，兑為喉舌。戊己在中宮，代表五黃，五黃為關煞，除當運外，逢五為凶多吉少。七赤兌方逢五黃飛臨，主生喉疾。
（例如：巽山乾向下卦八運，酉方57一，通書特一〇六）

原文：子癸歲，廉貞飛到，陰處生瘍。（五一）

原註：一為腎，故云陰處。五主膿血，故有生瘍之象。

沈祖緜按：

上四節均云年紫白飛星，衰運值此，故有此應。惟酉辛年子癸歲，五黃弔於何宮，則未明言，乃酉辛年在兌，子癸歲在二四七九之位，然此在失運時方應。

綜說：

子年和癸年，對應坎卦，一白為腎，為泌尿生殖系統，為陰處。
因此一白遇五黃飛臨，失令主生殖器官等部位之疾病。
（例如：乙山辛向下卦七運，午方15二，通書特一〇二）

原文：豫，擬食停（三二），臨，云泄痢。（二七）

頭響兮六三。（六三）

乳癰兮四五。（四五）

火暗而神志難清（九一、九二）

風鬱而氣機不利。（一四）

切莫傷夫坤肉震筋，豈堪損乎離心艮鼻。

原註：《豫》，雷地也；坤為脾胃，木剋之，脾胃受傷，故食停。《臨》，地澤也；澤金泄坤腹之氣，澤性注下，故主痢。乾為首，震為聲，雷性上騰，故頭鳴，大抵肝腸上升等症。四為乳，主膿血。火為神，若離宮幽暗，主神昏，此兼氣色斷。下仿此。在天為風，在人為氣，巽宮窒塞，故有此應。

沈祖緜按：

雷地《豫》；豫，和樂也。震剋坤土，坤為腹；失令時，腹受剋，故有食停之患。丑為脾胃，原註誤以坤為之，非也。火暗者，離火而遇坎水剋之之謂也。原註以「天風」「人氣」為解，臆斷無據。水生木，而不當令，處一四同宮之位，而形勢窒塞，乃有此應。

綜說：

豫，即雷地豫。指二黑三碧的組合。二黑坤卦，為腹、胃等消化器官。遇三碧木來剋，木剋土，主消化系統腸胃之疾病。腹受剋，故有食停之患。二、三又為鬥牛煞，也主是非、官災。

（**32例如：子山午向下卦七運，乾方23八，通書特八八**）

臨，即地澤臨卦。指二黑七赤的組合，二七失令時主腹瀉。

（**27例如：甲山庚向下卦三運，坤方72九，通書特九八**）

三碧震與六白乾為金木相剋的組合，乾為首，為頭；震為雷，為聲響。失令主頭痛、耳鳴、高血壓之疾。

（63例如：壬山丙向下卦九運，乾宮63一，通書特八六）
四綠巽為長婦、為乳，五黃為毒，四五相逢失令時，主患乳疾。
（45例如：寅山申向下卦九運，巽宮45八，通書特九六）
九與一的組合，九紫火被一白水剋，謂之「火暗」，火為神，若離宮幽暗，主神志難清、精神異常、無智慧。或九紫二黑之組合，二黑坤土為陰濕之土，令火晦暗，亦謂之「火暗」。以上都是指失令的九紫星而言，代表人之神志難清、愚蠢。
四巽為風，在天為風，在人為氣，主呼吸，若失運時四綠星所到之方閉塞，主患呼吸系統疾病。
（例如：申山寅向下卦七運，坐山14四，通書特一二〇）
坤震離艮，指飛星二黑、三碧、九紫、八白，飛星所到之方，若有惡山凶水沖射，就會出問題。坤為肉，為腹，主皮肉受傷；震為筋，為肌腱，主神經系統受傷；離為心，為目，主心臟、眼疾；艮為鼻，為手，主鼻手之疾。

原文：震之聲，巽之色，向背當明。（三四）

原註：向背，指形勢言。

沈祖緜按：

此句重在「向背」兩字。「向」指得運言，「背」指失運言；得令時，主喜音樂圖畫；失令時，主出優伶娼妓。

綜說：

向，指得令。背，指失令。另一說「向背」指理氣及巒頭。三碧於一二三運為得令，四五六七八九運為失令；四綠於二三四運為得令，五六七八九為失令。三碧四綠，當令見明山秀水，主出聲名，失令主身敗名裂。

（例如：壬山丙向下卦七運，巽方23六，向星3，七運為失令。）

原文：乾為寒，坤為熱，往來切記。（二六）

原註：「往來」，指形勢及門路言。遇乾坤雙至，必患三陰瘧。

沈祖緜按：

此句重在「往來」兩字；衰謝為往，生旺為來。

如向上有葫蘆水形，來者主醫藥興家，往者病符纏身。原註似是而非。

綜說：

往來，指形勢及門路而言。此句指六白乾與二黑坤的組合，為土金相生，得令主發富發貴。乾為寒，坤為熱，失令時主患忽寒忽熱之疾病，如瘧疾。

（例如：甲山庚向下卦七運，坤方26四，通書特九八）

原文：須識乾爻門向，長子癡迷。（六到向而失令）

原註：乾爻，戌也。乾為知、為健，失時則癡迷矣。

沈祖緜按：

乾爻，戌乾亥三向；原註乾爻，戌也，舉一而遺二。

如二運巽山乾向或巳山亥向，三運辰山戌向，生子並不癡迷。

如二運立巽乾巳亥兼向，丁星入囚，則雖欲生癡迷之子，亦不可得。

綜說：

六白乾為父、為長子、為頭部，凡向星六白到屋向或到門，又見形勢反背，失令主長子癡迷腦部有問題。

（例如：癸山丁向下卦七運，向前86二，通書特九〇）

原文：誰知坤卦庭中，小兒顛頓。（二到向而失運）

原註：二為病符，若飛到東北方，主少男病。凡乾坤二卦，以老父老母斷，十有一二驗。以所到方之卦斷，十有八九驗，因六子當事故也。

沈祖緜按：

二運之丑未宅，合局者，小兒活潑康健，此無他，得令故也。

若一失令，方有顯頹之應。

原註以飛到東北方，主少男病，二運丑未即二到山，未為東北方，反主丁星旺盛。若原註所云，實失玄空之旨也。

綜說：

二黑為坤卦，當令為天醫，失令為病符，如果失令飛到艮方，主少男疾病叢生。以方位斷人丁，十有八九可驗證。如二黑到震方可斷長男，到巽方可斷長女，到坤方可斷老母等。

（例如：艮山坤向下卦五運，艮山25八，主小兒憔悴，通書特九四）

原文：因星度象，木反側兮無仁。

原註：反側指形說，震為仁。

沈祖緜按：

此以氣察形，凡飛星三所到之處，形勢反側，故無仁慈之心，因東方木為仁也。

綜說：

反側指形說，震為仁。木受損則不仁。五行中，金主義，木主仁，水主智，火主禮，土主信。木反，指三碧木四綠木星，所到之處形氣反側（背）不合，主人無仁慈之心。

（例如：甲山庚向下卦三運，酉方37五，通書特九八）

原文：以象推星，水欹斜兮失志。

原註：坎為志；欹斜，亦指形言。

沈祖緜按：

此以形察氣，水真也、智也；如欹斜，則形不善，雖得令，亦作失志論，故無真無志故也。

綜說：

坎為志；水欹斜指形言，如水走斜飛。水主志，挨星一所到之方若見巒頭反背，主人無志氣，沒有進取之心。

（例如：甲山庚向下卦七運，乾方61八，向星1白見反弓水，通書特一一〇）

原文：砂形破碎，陰神值而淫亂無羞。

原註：陰神，陰卦也，二四七九是。

沈祖緜按：

形勢破碎。不吉可知。不必值陰神而始凶也。

綜說：

陰神，即陰卦，指挨星二、四、七、九是也。二坤老母、四巽長女，七兌少女，九離中女。若四星飛到之方，又見山形破碎，主女性不守婦道，淫亂之象。

（例如：子山午向起星四運，左下方皆為二、四、七、九，通書特八九）

原文：水勢斜衝，陽卦憑則是非牽累。

原註：陽卦，一三六八也。

沈祖緜按：

水勢斜，則不待憑陽卦而始凶也。

綜說：

陽卦指一、三、六、八。一白坎為中男，三碧震為長男，六白乾為老父，八白艮為少男。若挨星一、三、六、八所到之方見水勢斜飛、反弓，主是非官訟、口舌衝突。

（例如：壬山丙向下卦七運，坐山86三，向星六白、山星八白、運星三碧、元旦盤為一坎，全為陽卦，通書特八六）

原文：巽如反背，總憐流落無歸。

原註：四綠到處，砂形如臂向外反抱者，主流落他鄉，風性飄蕩故也。

綜說：

四綠巽為風，其性飄蕩，四綠所到之處，失令又見向外反抱之山水者，主流落他鄉飄泊之人。

原文：乾若懸頭，更痛遭刑莫避。

原註：懸頭，斷頭砂也。遭刑，殺戮也。

沈祖緜按：

巒頭不真，理氣無用，反背懸頭等砂，以巒頭而論，已可棄而不用。此言反背在巽，《說卦傳》以巽「為進退、為不果」，故主流落無歸。

又懸頭在乾，以乾為首，故主遭刑莫避。凡砂之所在，飛星所到何字，即以其字之凶徵斷之，舉巽乾者，言其例耳。

綜說：

懸頭，指斷頭山。斷頭山，形狀就像人的頭被繩子捆住，乾即六乾，六字所挨到之處，乾方處有斷頭砂者，又為失令時，主遭刑戮、橫死。

（例如：子山午向下卦七運，午向86二，6字所挨到之處有斷頭砂者，通書特八八）

原文：七有葫蘆之異，醫卜興家。

原註：七為刑，有除惡之象，故為醫。《洪範》「七稽疑」，故為卜。葫蘆，砂形如葫蘆也。

綜說：

七赤兌為破軍星，為刑，為刀，有除惡之象，兌為巫，為醫，為命卜。飛星七所臨之方若有葫蘆之山形，當令主出醫卜名家。失令則出庸醫及江湖術士。

（例如：酉山卯向下卦二運，坐山67四，通書特一二四）

原文：七逢刀盞之形，屠沽居肆。

原註：刀盞，砂形也。七乃西方金，故為屠。又為口舌，故為沽也。

沈祖緜按：

水裏排龍七字飛星飛到之處，七運大利。水圓如鏡，主發武職刑官。水如葫蘆，則主醫卜興家；水如刀盞，則主屠沽居肆；此謂以形察氣。

綜說：

刀盞，砂形也。沽，商也。七赤為刑，為刀。飛星七所到之方，有刀形之山水，當令主出外科醫生、律師；失令主出市井屠夫、賣酒業之人。

（例如：子山午向下卦七運，子山77三，通書特八八）

原文：旁通推測，木工因斧鑿三宮，觸類引伸，鐵匠緣鉗鎚七地。

原註：此憑砂之形象，以斷千變萬化，總在形與星也。

沈祖緜按：

震為木，其數三，凡三飛到之宮，故曰「三宮」。

砂形如斧鑿者，主出木工。兌為金，其數七，凡七飛到之地，故曰七地。

砂形如鉗鎚者，主出鐵匠，此皆可觸類旁通。

如六飛到之宮，砂形如斧鑿，則主出玉工金工，因乾為金玉也；二飛到之宮，砂形如鉗鎚者，則主出釜工、輿工，路工，因坤為地、為釜、為大輿，總以排水處為斷也。

綜說：

三宮指三碧星，三震為木，七兌為金。憑砂之形象，可以類推。

三碧星所到之方若見山形如斧頭、鑿子形的山，主出木工、木匠。七赤所臨之方若見山形如鉗子、鎚子，主出鐵匠、金工。

（例如：丁山癸向下卦七運，坎方77三，若此方見山如鉗、鎚，主出鐵匠，通書特一一四）

原文：至若蛾眉、魚袋，衰卦非宜；猶之旗鼓、刀鎗，賤龍則忌。

原註：「蛾眉」，女貴；「魚袋」，男貴；失運反賤。

旗鼓刀鎗，用不合法，反主盜賊也。

沈祖緜按：

曰衰、曰賤，指失運言也。凡形吉者，在失運時，亦作凶論。

綜說：

蛾眉，比喻女子的眉毛。魚袋，是唐宋時官員佩戴證明身份之物。蛾眉，得令，表女貴；魚袋，得令，表男貴。所以向前有蛾眉形狀的砂，家出有地位的女人，坐方有魚袋形狀的砂，家出有地位的男人，但所在方位若為衰死則不應。失令則不貴。

周圍有旗鼓刀槍形狀的砂，會出武職之人，若為休囚衰死，反出盜賊之徒。

原文：赤為形曜，那堪射脅水方；碧本賊星，怕見探頭山位。

原註：射脅水，探頭山最凶，若七三臨之，禍更甚。

沈祖緜按：

射脅探頭，砂之最凶者，不論逢何字，皆不吉，此泥於三七，非也。

綜說：

七赤金，三碧木。射脅水、探頭山最凶，若七三臨之，禍更甚。

七赤為破軍，為肅殺之星，最忌飛臨在射脇水之上，射脇水就是水的流向與墳的向口不構成一個方向，有這樣的水，則主血光之災或車禍橫死。

三碧為蚩尤為賊星，飛星三碧最忌飛臨在探頭山之上，巒頭見探頭山，主出盜賊。

（例如：辰山戌向下卦七運，壬方13三，因三碧於七運為失令，所以此方若見探頭山，主被賊劫。通書特一〇四）

原文：若夫申尖興訟，辰碎遭兵。

原註：尖者，尖峰也，在一九為文筆，在四為畫筆，在申為詞訟筆。

辰乃天罡，破碎非宜。

沈祖緜按：

申酉戌，西方一氣，西方屬金，金主刑。

若人元龍，山上飛星二字所到之處，得令者，主出刑官；失令者，主詞訟破家。

地元龍，山向，四字飛到之處，破碎者應。

綜說：

尖者，尖峰也。在一九為文筆，在四為畫筆，在申為詞訟筆。申方位有尖峰，得令時，主出刑官。失令時，主官司破家。辰乃天罡，辰即巽卦，破碎非宜。若辰方位砂形破碎，主遭戰禍。

（例如：子山午向下卦六運，西方為48八，山星4綠，於六運失令，此方若見破碎之山。通書特八八）

原文：破近文貪，秀麗乃溫柔之本。（一四，七）

原註：一四雜七，其弊如此。

沈祖緜按：

原註誤。例如四運之艮山坤向，中宮天盤四，山向飛星，向上七，山上一。主人秀麗，因金水相生，水木相生故。

「溫柔」二字，不作不吉解，否則艮坤皆土，主人愚頑。

凡今四運葬艮坤、坤艮山向者，人丁皆美秀而文；因流行之氣，中宮得一四，山上飛星又得一四故也。

綜說：

破即七赤破軍星，文為四綠文曲星，貪即一白貪狼星。為七與一四的組合。一四同宮，當令遇七赤加臨，山水形狀秀美，主出溫柔秀麗之文人。

（例如：艮山坤向下卦八運，巽宮14七，五行為金生水，水生木，一路相生。通書特九四）

原文：赤連碧紫，聰明亦刻薄之萌。（三九，七）

原註：三九雜七，始聰明而漸刻薄，兩卦夾雜之弊如此。

沈祖緜按：

《玄機賦》曰：「震陽生火，雷奮而火尤明。」故主聰明，今三木為兌金所剋。木為仁，仁傷故主刻薄。

綜說：

三碧為木，九紫為火，三九是木火通明之象，若遇七赤金加臨，為火剋金，金剋木重重相剋的組合，反以凶論，主出聰明但刻薄之人。

（397例如：壬山丙向下卦六運，兌方93八，飛星39，地盤是七，通書特八六）

原文：五黃飛到三叉尚嫌多事。

原註：用法俱合，流年五黃到三叉，尚有小疵。

綜說：

五黃名正關煞，又名戊己大煞，五行屬土。五黃飛到三叉水口或者三叉路口，家中災禍頻發。小則破財，大則傷亡。因此最忌在五黃所到之方動土，主傷丁、破財。三叉水，例如：河川的交匯處或轉彎處。陽宅可指電梯或眾人出入口。

（例如：未山丑向下卦七運，巽方59六，離方95二，若巽方、離方，見三叉水口，主多病痛。通書特一一六）

原文：太歲推來向首，尤屬堪驚。

原註：承氣雖吉，太歲到向，猶恐損人。

綜說：

太歲盡可能不要動，當然也不要到向，一旦到向，家人必有傷災。最忌流年五黃飛臨向首，主破財損丁。太歲所臨，不可犯。太歲可坐不可向，否則會導致家人有傷災。地盤太歲乃十二支年建方，如子年在子，丑年在丑，以此類推。

（例如：乾山巽向下卦五運，巽向53四，向首即是衰氣，太歲到向，

必主疾病、破財，通書特一三〇）

原文：豈無騎線遊魂，鬼神入室；更有空縫合卦，夢寐情牽。

原註：騎線，如巳丙、丁未等騎線之向也。遊魂，如乾離坎坤艮巽震兌是也。

若遊魂失運，鬼神晝見。如九運用巳丙向，堂中黑暗，承巳氣多，丙氣少，堂中午後或見鬼神，人不敢居。或疑堂下有伏尸，不知非也，乃卦氣使然也。

空縫，乃一卦之空縫，如丙午辰巽是也；合卦，如乾坤坎離是也。見此則人嘗用心於無用之地，魂夢縈懷。若用騎綫向，較空縫尤甚。

沈祖緜按：

遊魂者，非乾宮、晉卦；坤宮、需卦；震宮、大過；巽宮、頤卦；坎宮、明夷，離宮、訟卦；艮宮、中孚；兌宮、小過，之遊魂卦也。此言遊魂，乃無所依歸之謂。騎線在兩卦之間，較空縫更凶。原註云巳丙，因巳在巽，丙在離，云丁未，丁在離，未在坤，此皆騎線也。騎線者，無向之可謂。註云騎線之向，此語有疵，原註竟以八卦之遊魂卦解之，尤誤。因一運中諸山向，八國皆遊魂卦，有凶有吉，不能以八卦之遊魂為凶也。

原註解合卦亦誤。合卦者，雖在一卦之中，而遇空縫之謂也。世俗以分金空格處為空縫，尤誤。其義詳見沈氏玄空學分金篇，原註云丙午辰解是，凡空縫，亦主鬼神入室，豈止夢寐牽情而已哉。

綜說：

坐向落在卦與卦的交界，名為騎線、出卦、大空亡，例如：亥壬、癸丑、寅甲等，主鬼神不安，邪物作祟。

坐向落在同一卦的陰陽界線，名為空縫、小空亡，例如：壬子、丑艮、甲卯等，主父子、賓主不和，心神不寧，無法專心工作。

原文：寄食依人，原卦情之戀養；拋家背父，見星性之貪生。

原註：承上騎綫空縫而言。如九運亥壬門向、申庚宅向，外卦承乾，亥九喜生壬五，為戀養。養者，養之也，內承兌氣。庚七喜受坤二之生，即為貪生。生者，生我也。如是者主寄食依人，拋家而去也。壬亥門向，又為空縫合卦。

沈祖縣按：

原註殊謬，騎線、空縫，豈有卦情星性之可言乎！卦指單向，星指兼向。此兩句即《玄空祕旨》所謂「卦爻雜亂，異姓同居，吉凶相併，螟蛉為嗣。」細參拙著《玄空祕旨通釋》，其理自明。

惟原註以九運亥壬門向為例。外卦承氣，指門向言；內卦承氣，指宅向言。此說源於天心正運。

綜說：

此段為承上兩句而言。由於一宮之內有兩卦山的不同星曜的組合，變成星氣不純而雜亂無章，宅運反覆，時好、時壞，即為「寄食依人，抛家背父」之意。

養者，養之也。庚七喜受坤二之生，即為貪生。下卦挨星不當令，則無法自立，只能依賴別人過日子。替卦挨星，當令之星不在山向，主離鄉背井之人。

原文：總之助吉助凶，年星推測；還看應先應後，歲運經營。

原註：流年九星入中宮，弔動運盤，足以助吉，亦足以助凶也。吉凶先後不一，年星與運氣一一推排，自知先後吉凶，故曰：「歲運經營」。

綜說：

流年九星入中宮，弔動運盤，足以助吉，亦足以助凶。所以看流年運氣的起伏，須看流年飛星盤入中之后，飛星能量的變化，可以根據年星和運星來推斷吉凶先後。

四、《紫白訣》概說

紫白訣原分上下兩卷，是言玄空大卦客星加臨之吉凶。《紫白訣》的作者是誰，也無從考證。今經沈竹礽、沈祖緜父子之《紫白訣通釋》，考證上卷大都為姚廷鑾（餐霞道人）所竄改；再經孔昭蘇之《孔氏玄空寶鑑》，驗證《紫白訣》有竄改之處，不能盡信。因此上篇內容我們也把竄改之處刪去，下篇全部保留，重點在於下篇。

有關紫白訣，歷代都有釋義，本文之釋義，主要摘錄沈祖緜之註釋之外，並綜合參考徐芹庭、陳柏瑜、李克勤、梁煒彬、白鶴鳴、柯建成等先進大德之釋意，再加上恩師上課案例之筆記。我們綜合運用各家說法的目的，因為前賢已經有各家精彩的論述，我們只是幫助初學者更容易快速理解飛星玄空的實際應用，綜合彙整，略盡棉薄之力而已，不敢掠人之美，若有不周延之處，請多見諒。

《紫白訣》乃先賢針對陽宅層間，並依河洛元運所發展出的學理，與玄空學理不同，但其中之斷驗部分卻是通用的，故今亦摘錄如下。其名稱由來，據沈祖緜云：所謂紫白者，終於離宮，復從坎宮始；離紫，坎白也。《紫白訣》主要內容為：河圖運、洛書元運、九宮飛泊軌跡、奇門飛佈、星曜組合吉凶等。

(一) 紫白訣上篇

紫白訣上篇：

原文：【紫白飛宮，辨生旺退殺之用；三元氣運，判盛衰興廢之時。】

沈祖緜按：

《樂緯》云：「象天心，定禮樂。」壺子曰：「伏羲法八極，作八卦。黃帝作《九窽》，以定九宮。」老子云：「知其白，守其黑。」

《內經》亦同。《太白經》云：「行黃道，歸乾戶。煞氣一臨，生氣自布。」《曲禮》云：「左青龍而右白虎（左為震。右為兌），前朱雀而後玄武（前為離。後為坎。）」《月令》以五行布四方，言之備矣。《大戴禮・盛德篇》云：「明堂者，凡九室，二九四、七五三、六一八。」又云：「明堂，天法也。」又云：「天道不順，生於明堂不飾。」班固《漢書・自序》云：「河圖命庖，洛書受禹。」李奇註云：「河圖，八卦也。洛書，九疇也。」（九疇，見《書・洪範篇》）。

至於九宮之數，〈明堂篇〉言之已詳，而《乾鑿度》云：「《易》一陰一陽。合而為十五之謂道。」又云：「故太一取其數以行九宮，四正四維，皆合於十五。」鄭玄註云：「（原書鄭註，似有錯簡，今據《後漢書・張衡傳・註》引鄭說。）太一下行八卦之宮，每四乃還於中央。中央者，北神之所居，故謂之九宮。天數大分，以陽出，以陰入；陽起於子，陰起於午。

是以太一下九宮，從坎宮始，自此而從於坤宮，又自此而從於震宮，又自此而從於巽宮，所行半矣，還息於中央之宮。既又自此而從於乾宮，又自此而從於兌宮，又自此而從於艮宮，又自此而從於離宮，行則周矣。

上游息於太一天一之宮。而反於紫宮。行從坎宮始，終於離宮。」

據此則飛宮之法，漢時已行之。

所謂「紫白」者，終於離宮，復從坎宮始，離紫坎白也。陽起於子者，子在坎宮，坎為陽，其數一，故曰「起於子」；陰起於午者，午在離宮，離為陰，其數九。故曰；「起於午」。

《說卦傳》云：「參天兩地而倚數，觀變於陰陽而立卦。」發揮於剛柔而生爻，今紫白之數，即參天兩地而倚數也。坎一震三，離九兌七，即參天之數也。坎一而參之，得三，即震三之數。震三而參之，得九，即離九之數。離九而參之，得二十七，去二十不用，即兌七之數。以兌七而參之，得八十一，去八十不用，即坎一之數。周而復始，不離乎參也。

綜說：

紫白，就是九星，因為九星從一白開始到九紫，分別取這兩顆星其中的一個字【紫白】作為九星的總稱，九星也就是洛書中的九宮。紫白者，也是玄空飛星對應北斗七星，外加招搖星與梗河星。分別是一白貪狼星，二黑巨門星，三碧祿存星，四綠文曲星，五黃廉貞星，六白武曲星，七赤破軍星，八白左輔星，九紫右弼星。

九星的五行，一為水，二為土，三、四為木，五為土，六、七為金，入中的數字為當運的旺星，凡是和中宮同五行的也是旺星。

例如：九運中，旺氣為九紫，生氣為一白，退氣為八白，衰氣為七赤，死氣為六白與三碧，煞氣為四綠與五黃。因此根據元運可以判斷九星的興衰。

如一運以一為生，以二為旺，以九為退，以八為殺；此一二九八，皆由飛宮推排而出。三元者，上元一二三運；中元，四五六運；下元，七八九運也。如上元以一二三運為盛興，以七八九運為衰廢，皆指山向飛星而言，天盤不與焉。

生旺退煞，是指飛到各方的星來生中宮之星為生，與中宮比和者為旺，中宮之星生各方之星，為退或洩。各方之星剋中宮者為煞，中宮之星剋各方之星者為死。退運的星曰煞，剛退運的星是最凶的。

氣運有三元之分，即洛書上、中、下三元。每元管六十年，三元計一百八十年，周而復始。得元運則興旺，失元運則衰廢。

原文：【生旺宜興，運未來而仍替；退殺當廢，運方交而尚榮。總以氣運為帝君，而吉凶隨之變化。】

沈祖緜按：

此節重在氣運為君四字。首二句疑有譌字，否則有語病。運已來曰生，運未來曰旺；既曰生，不當曰運未來，屬旺則可爾。運入退殺，而尚榮者，因猶有餘氣也，如儲蓄然，猶有子金可取。

綜說：

玄空風水在判斷紫白九星的衰旺吉凶時，以旺星為吉，衰星為凶。而旺衰是以當令與失令為標準。例如一白貪狼水星，本體為吉星，在上元一運期間，為當令之星。若進入中元六運，則為死氣之星。再如五黃廉貞土星，本體為凶，但在中元五黃當令時，卻尊貴無比。因此在判斷九星吉凶時不能單憑本宅和宅星的生旺退殺來論吉，還應配合元運來論吉凶。

（二）紫白訣下篇

原文：【四一同宮，準發科名之顯。】（四一，一四）

沈祖緜按：

《玄機賦》云：「坎无生氣，得巽木而附寵聯歡。」又云：「名揚科第，貪狼星在巽宮。」又云「木入坎宮，鳳池身貴。」與此同，皆指得令言也。《飛星賦》云：「當知四蕩一淫，淫蕩者，扶之歸正。」失令時，四一即主淫蕩。姚註全篇，不足為訓，須以天地盤山向飛星為斷。

至於流年紫白加臨者，主助一年之吉凶。陽宅門開旁宮者，再以門向一盤合參之。

綜說：

四綠為文昌星，為巽卦，五行屬木，一白為坎卦，五行屬水，為官星，水木相生，因此若一白遇四綠，或四綠遇一白，便是四一同宮，利於求學和求官。得令時，主科名或官貴。

原文：【九七合轍，常招回祿之災】（九七，七九）

沈祖緜按：

九為火，七為金，金被火克，二字同宮。失運時，即有火災之應。《玄空祕旨》云：「火剋金兼化木，數驚回祿之災。」《飛星賦》云：「赤紫兮致災有數」與此意同。

若九七同宮之處，其方宜空，或見水，可免回祿之災。然九七終非佳兆，形勢不善，動輒得咎。如《玄空祕旨》云：「午酉逢而江湖花酒，凶多吉少。」可徵。

綜說：

合轍，即相逢。九七合轍，就是九和七同時進入一個宮位。九是後天火數，七是先天火數，兩個數字匯聚又失運時，會有火災之應。

原文：【二五交加，罹死亡並生疾病。】（二五，五二）

沈祖緜按：

坤二為病符，若年上紫白五黑加臨，則有此病。《飛星賦》云：「黑黃兮釀疾堪傷」，即是此意。

綜說：

二黑為病符星，五黃為廉貞星，又名正關殺、五鬼，為眾煞之首。交加，即同宮。所以凡二五或五二同宮，失運時，主非死即病。

原文：【三七疊至，被刦盜更見官災。】（三七，七三）

沈祖緜按：

《玄空祕旨》云：「震庚會局，文臣而兼武將之權。」又云：「長庚啟明，交戰四國。」皆指得令而言也。

又云：「兌位明堂破震，主吐血之災。」又云：「木金相反，背義忘恩」。《飛星賦》云：「乙辛兮，家室分離。」皆指失令耳。

此句重在「疊至」二字，若天盤與山向飛星，已見三七，而年紫又三七疊至，震木為兌金所剋，兌為毀折，主劫盜。又西方屬金，金為刑官，震受剋制，主招官災。

綜說：

三碧為蚩尤星，在中國神話中他是戰神，七赤是破軍星，也是凶星之一，主官災是非，所以三、七同宮，主盜賊訴訟。三七同宮又名為穿心煞。

原文：【蓋四綠為文昌之神，職司祿位。一白為官星之應，主宰文章。還宮復位固佳，交互疊逢亦美。】

沈祖緜按：

此重言一四同宮之美，水木相生故也。「還宮」者，山向飛星有四一處，又逢四一是也。復位者即伏吟，主不吉，雖逢四一，亦不作吉論。蓋玄空之理，重在不足宜補，有餘宜洩，如本宮叢犯，則四一為水泛木流矣。

綜說：

四綠為文昌星，掌管俸祿，一白是官星，主宰文章學業。還宮復位，就是飛星進入它的本位，比如一白飛星進入坎宮，坎宮是一白的本位，就是還宮復位。交互疊逢，指不同星曜相逢。一四同宮，為水木相生。

得令時，流年客星再得一四加臨本宮，必主科名、官貴。

原文：【故三九、九六、六三，惟乾、離、震，攀龍有慶；而二、五、八之位，亦可蜚聲。】

沈祖縣按：

此節連下二節，先子曰：「三九，九六，六三；一七，七四，四一；八二，二五，五八，此三節為前人所未道破，實即指中宮山向飛星也。」

第一節（三九，九六，六三），為六運之艮坤寅申兩句；第二節（一七，七四，四一），則四運之艮坤寅申；第三節（八二，二五，五八），乃指二八兩運之未丑。

蓋指山向當旺之局也。僅舉坤、艮兩卦者，因坤、艮為生死之門，舉一反三之義焉爾。

蓋六運艮坤，中宮為三九，山上為九六，向上為六三；故曰三九九六六三。乾之向上飛星二，離之向上飛星八，震之向上飛星五，故曰「二五八之位」，此言山向飛星挨排之法。惟六運之艮坤，到山到向，故作者舉一以反三。

又舉「乾、離、震」三宮，向上飛星為二五八以明之；是雖拘于天機不可洩漏，亦偶然流露而已。

至「攀龍有慶」「亦可蜚聲」八字，恐非原文。因六運五已退氣，二則去之更遠，八雖下元之統卦氣，時尚未至，豈能「攀龍有慶」，「亦可蜚聲」也哉。註大誤。

綜說：

三碧震祿存星，九紫離九弼星，六白乾武曲星，八白艮左輔星，遇旺運則吉。

三、九，為震宅，三碧入中宮，順飛四綠到乾，遇流年九紫到中宮，一白到乾，故乾宮為四、一同宮。

九、六，為離宅，九紫入中宮，順飛四綠到離；遇流年六白入中宮，一白到離，故離宮為四、一同宮。

六、三，為乾宅，六白入中宮，順飛四綠到震；遇流年三碧到中宮，一白到震，故震宮亦為四、一同宮。

二五八，二指第二間，五指第五間，八指第八間，都是四綠同宮，所以不只乾離震之方位，遇四一同宮，準發科甲，即二五八之間，逢四一同宮，也同論。

蜚聲，指聲名大噪，名震一時。

原文：【一七、七四、四一，但坤艮中附鳳為祥，而四、七、一之房，均堪振羽。】

沈祖緜按：

四運之艮山坤向，中宮為一七，山上為七四，向上為四一；故曰「一七、七四、四一」。

「坤艮中」之「中」字，即「中宮」之「中」也。此言坤之向上飛星為四，艮之向上飛星為七，中宮向星為一，故曰「四七一」。

綜說：

一、七者，乃坎宅一白入中，艮方為四綠；遇流年七赤入中，則一白在艮。故艮宮為一四同宮。

七、四者，乃兌宅七赤入中，坤方為四綠；遇流年四綠入中，則一白在坤。故坤宮為四一同宮。

四、一者，乃巽宅四綠在中宮，遇流年一白入中，故中宮為一、四同宮。

以上坤、艮、中三宮，屬於四一同宮，亦可攀龍附鳳，主吉祥之事。

坎宅第四間為四綠，遇流年七赤入中，第四間為一白，乃四一同間。兌宅第七間為四綠，遇流年四綠入中，第七間為一白，亦四一同間。巽宅第一間為四綠，遇流年一白入中，第一間為一白，亦四一同間。以上四巽、七兌、一坎之房間，如恰遇流年與宅舍四一同間，均可飛舞，主有吉慶之事。振羽，高飛之意也。

原文：【八二、二五、五八，在兌、巽、坎，登雲足賀，而三、九、六之屋，俱足題名。】

沈祖緜按：

二運之末山丑向，原文似當作「五八八二二五」，則中宮為五八，山上為八二，向上為二五；兌宮向上飛星三，坎宮向上飛星九，巽宮向上飛星六，「兌巽坎」三字，宜易「兌坎巽」。至八運未山丑向，中宮為二五，山上為五八，向上為八二。兌宮向上飛星九，坎宮向上飛星六，巽宮向上飛星三，與兌巽坎之飛星益舛。

是當從二運之末山丑向，三為二之未來氣，登雲足賀，猶堪說也。九六則不能。

總之此三節，皆言山向飛星挨排之法，後人不知，將原文竄改爾。

綜說：

八、二者，乃艮宅八白入中，順飛一白在兌，遇流年二黑入中，則四綠亦在兌。故兌宮為四一同宮。

二、五者，乃坤宅二黑入中，順飛一白在巽，遇流年五黃入中，則四綠亦在巽。故巽宮為四一同宮。

五、八者，乃艮宅八白入中，順飛四綠在坎，遇流年五黃入中，則一白亦在坎。故坎宮為四一同宮。

以上兌、巽、坎三宮，均為四一同宮。亦足以顯名發貴，名揚四海。

原文：【遇退殺可無嫌，逢生旺而益利，年與運固須並論，運與局尤貴參觀。】

沈祖緜按：

按，姚註以一四同宮立說誤矣！乃承上文而言也。如六運之艮山坤向、寅山申向。四運之艮山坤向、寅山申向。二運之未山丑向，皆到山到向。八國雖有退與殺者。然一貴當權，亦可無嫌。倘逢生旺之氣，其效益神。此言年運須並論。姚註僅論年而不論運，誤讀原文矣！若年月俱利，而局不合。亦非。如四、六運之艮坤寅申。二運之未丑，到山到向。若坐空朝滿，排山而無山，排水而無水，仍犯上山下水之病。此局與運，尤貴參觀也。

綜說：

此段乃讚四一到宮到間之妙，又提及局與運當並重。所以凡是還宮復位，交互疊變或河洛當運，則以吉論，並無凶嫌。同時如山向得旺，又遇四一到方或河洛當運，則客星雖遇退殺亦可無礙。假若令星與客星皆旺，則吉上加吉，更形有利。年指流年，運指洛書九星之運，一運有二十年。局，指陽宅的坐向。所以陰陽宅的布局，要看流年與大運的作用，如果時間不對，一樣出事，不可不慎。

原文：【運氣雙逢分大小，年月加會辨三元。】

沈祖緜按：

按，此所謂大運，即上元、中元、下元也。所謂小運，即上元一運、二運、三運，中元四運、五運、六運，下元七運、八運、九運。年紫白上元甲子年一白在坎，中元甲子年一白在巽，下元甲子年一白在兌，此年之當辨三元也。至於月紫白，子午卯酉年，一白在八月，辰戌丑未年，一白在五月，寅申巳亥年，一白在二月、十一月。原文月辨三元，誤，殆其信筆爾。年月交會辨三元，則重在元運可知。

綜說：

所謂運有雙峰分大小，大運指上元、中元、下元，大運六十年；小運指每元再分為三運，上元管一二三運，中元管四五六運，下元管七八九運，小運每運管二十年。九運共一八〇年。而年月加會辨三元，是指年星因為三元之不同而有異，例如：上元甲子是一白入中宮，中元甲子是四綠入中宮，下元甲子則是七赤入中宮，因此必須辨別各元之不同。

原文：但住宅以局方為主，層間以圖運為君。

沈祖緜按：

局方層間，均以圖運為主。原文分而為二。誤。

綜說：

凡論住宅，應先論其局與向之得令，次論其方之生旺有氣。層間以圖運為主，遇有相合者則發。局方之意，即坐北朝南為坎宅，坐西朝東為兌宅。層間之得運失運，以河圖五子運來論生剋吉凶。查六十甲子年之中，甲子至乙亥十二年屬水，丙子至丁亥十二年屬火，戊子至己亥十二年屬木，庚子至辛亥十二年屬金，壬子至癸亥十二年屬土。

原文：【故坤局兌流，左輔運臨，科名獨盛。】

沈祖緜按：

原文指八運未山丑向言，兌方向上飛星九，九為八之未來氣，所謂「聯珠水」是也。

天盤之一與九合十。《玄空祕旨》云：「南離北坎，位極中央。」《玄機賦》云：「中爻得配，水火方交。」然在九運方驗，此指排水而言也。

綜說：

坤局，即坤宅。二黑入中宮，兌宮是四綠，左輔，八白也，交八白運，八白入中，一白進入兌宮，因此在兌宮形成四一同宮，故發科名之顯。

原文：【艮山庚水，巨門運至，甲第流芳。】

沈祖緜按：

二運之丑山未向，庚方有水，可作城門用。惟二運未向，若離方有水，則較庚水為尤吉。蓋離方天盤六，山向飛星為一四，此一四同宮，又得一六同宮，科名更盛矣。

綜說：

艮山，八白入中宮，一白入兑宮，巨門，二黑也，交二黑運，二黑入中，四綠飛到兑宮，也是形成四一同宮，故發科甲。

原文：【下元癸卯，坎局之中宮發科】

沈祖緜按：

癸卯年在八運，年紫白四綠入中，位位與山上飛星成「伏吟」。原文合者，惟五運之子山午向，是年四六入中，中宮與山上飛星合一四。坤方與山上飛星，又合一四，向上飛星，與天盤本合一四。巽方與向上飛星，亦合一四，交互疊逢，方有此應。

綜說：

下元癸卯，坎局本一白入中，癸卯年又四綠入中，一四同宮，故主發科甲。

原文：【歲在壬寅，兌宅之六門入泮。】

沈祖緜按：

壬寅年亦下元八運，五黃入中，位位與地盤成反伏吟，豈能入泮。想係七運所建之卯山酉向，或乙山辛向，門開巽方，其反伏吟與山上飛星字字合十，方有此驗。

因姚註云：「兌宅七赤入中，六白飛到巽。」是巽為六門，下元壬寅五黃入中，四綠到巽，故曰兌宅之六門入泮」。姚氏昧於七運所建之宅，六門在巽，不知係七運卯山酉向也。

綜說：

流年壬寅年，五黃入中，四綠飛臨巽宮，兑宅七赤入中，六白亦飛臨巽宮。在巽宮形成四六的組合，雖非四一同宮。因四六合十為大成，且四為文曲星，六為武曲星，四六合十雖妙，但非一四的組合，故只論其可以入學，而不能登科。

入泮，為古代的入學儀式。

原文：【此白衣求官，秀士赴舉，推之各有其法，而下僚求陞，廢官思起，作之亦異其方。】

沈祖緜按：

此重言一四同宮。

綜說：

此段乃總結前面所言四一同宮之妙。如果白衣之士（沒有功名的）要求官職，須重一白。即一白方宜見水或開門。因一白為官星，利於求官。而秀士赴舉（名揚）求名，則重四綠。因四綠為文曲星，利於求名。

即四綠方宜見水或開門。

至於（合十）為大成，利於學習（入泮）。故下官求陞遷，廢官要重振，均可照前述方法去做。但由於各人所居之宅不盡相同，流年流月亦有差異。

原文：【夫殺旺須求身旺為佳，造塔堆山，龍極旺宮加意。】

沈祖縣按：

如現在四運，向上四字挨到處，即生旺也，三為已去之運，二為去久之運，向上飛星，二三所臨之處，是處有水，即謂之殺。宜「造塔堆山」，以補洩氣，姚註正相反。所謂龍者，指水言；極者，指中宮言。

綜說：

陽宅殺方強盛（如坎山，以土星方為殺，因為土能剋水，這時必須於宅之生方（金星方為生：六白、七赤）或旺方（水星為旺：一白）造塔堆山，或加建樓閣，必須較殺方為高，即旺方高於殺方反佔優勢，如此就可以洩去殺氣，即所謂身強自不畏剋。

原文：【制殺不如化殺為貴，鐘樓鼓閣，局山生旺施工。】

沈祖緜按：

姚註誤。玄空之法，虛實兼施。「上」指向言，此指山言，謂宜於山之生旺方，築室以扶其氣。

綜說：

制煞就如同通過戰爭而讓對方屈服，而化煞就像通過談判來招安對方。比如說正西方有凶煞，有變壓器屬火，用旺水可以制服，但不如用土來化泄，消滅煞氣。

此段乃言制殺不如化殺為貴，雖制殺成功，但自己亦元氣大傷，反不如以生化為貴，因貪生忘剋，比和身強自不畏剋。比如坎宅以土為殺，金可生水為旺，遇土為殺，可於金水方，蓋金水星體之樓閣亭台，就可達土來生金，金生水，因貪生而忘剋。即可化殺。

原文：【七赤為先天火數，九紫為後天火星，旺宮單遇，動始為殃，煞處重逢，靜亦肆虐。】

沈祖緜按：

上文九七合轍，常招回祿之災是也，七為金，古人生成以二七為火誤矣，見拙著九宮撰略。旺指得運，煞指失運，動即下文「廉貞疊至、都天加臨」是也。

綜說：

旺指得運，煞指失運。七赤為先天火數，九紫為後天火數，俱主火患。宅之七赤方或九紫方為旺宮，如七九只到一位，不動則無虞，動則有災殃。若在凶的宮位七九重逢，就算不發動也會發生火災。

例如：戊山辰向下卦七運，巽宮97六，特一二八）

原文：【或為廉貞疊至，或為都天加臨，即有動靜之分，均有火災之患。】

沈祖緜按：

廉貞即五黃，都天即戊己。廉貞、都天，加臨七九挨到之宮，即為之動。此指旺宮而言也。

綜說：

廉貞為五黃，都天，即戊己。都天大煞是以年干推算，例如：癸卯年，戊都天在午方，己都天在未方。在七赤九紫上，再遇廉貞重疊出現，或者都天飛臨，則為眾煞相聚，無論動與不動，都會發生火災。

原文：【是故亥壬方之水路宜通，通者閉之，則登時作祟，右弼方之池塘可鑿，鑿者填之，則隨手生殃。】

沈祖緜按：

亥壬右弼，非元旦盤之亥壬右弼，乃山向飛星之亥壬右弼也。近見治陽宅者，於是方鑿池一無效驗，無他，不知天心正運故也。

綜說：

亥壬方位的道路最好通達而不閉塞，因為北方屬水，當然喜歡火，火的特性是炎上，火的中間是虛的，所以北方的道路不能閉塞應該要通暢，若閉塞會即時發生災禍。

右弼，就是九紫，離火方，喜歡坎，坎是水，所以此方有池塘非常好，如果把池塘填了，災難便會馬上接踵而至。

原文：【廟宇刷紅，在一白煞方，尚主瘟火。樓臺聳燄，當七赤旺地，豈免災災。】

沈祖緜按：

一白屬水，本可制火，廟宇大者主瘟，小者主目疾而已。

綜說：

假如一白為煞氣之方位，那麼這個方位就算有廟宇粉刷紅色，也會有火災，因為紅色屬火，煞地見火，水則不能制火。假如七赤在旺地，本已主發火了，此方又見樓臺（高樓大廈），則火災難免。

例如：巽山乾向下卦三運，坎方79八，若見紅色廟宇，主火災。特一〇六。

原文：【建鐘樓於煞地，不特亢旱常遭，造高塔於火宮，須知生旺難恃，但一宮而二星同到，必片刻而萬室全灰。】

沈祖緜按：

煞方，玄空以退氣為煞方，如一運九字八字挨到處。二運一字九字挨到處。三運二字一字挨到處。四運三字二字挨到處是也。餘類推。火宮，即九四字挨到處是也。

綜說：

有煞氣的地方，再建鐘樓，會加劇災難，因為鐘樓不停的動，會引發煞氣。所以在九七火所臨的方位建高塔，也會造成火災。如果九紫、七赤兩個飛星同宮，災難會馬上降臨，萬物俱成灰燼。

例如：子山午向下卦六運，乾宮39七，七九為先後天火同宮，再見紅

色廟宇。特八八。

原文：【巽方庚子造高樓，坎艮二局俱焚，而坤局之界不犯。】

沈祖緜按：

姚註云：「庚子中元也是也。」庚子在五運，住宅南北向占多數，世人動喜巽方高聳，以為生氣。如：

一運子山午向：所建住宅，在五運庚子年巽方建高樓，四入中，巽方天盤九，年盤三，九為火數，木能生火；坎上年盤九，與向上飛星九相遇，九火數也；艮上年盤七，山上飛星九，與中宮之四相遇，中宮與山上飛星，合四木數，九火數，木生火也，故犯火災；坤方年盤一，水能制火，故可不犯。

若在二運子山午向：所建住宅，而五運庚子年巽方建高樓，四入中，巽方天盤一，年盤三，水能生木，木又生火；坎上年盤九，與天盤七九合轍，火剋金也，山向飛星為二二；艮上年盤七，向上飛星為九，七九又合轍，山上飛星為四，四能生九之火，山向飛星四九，火數也，中宮之四助其勢，同屬陰神，為崇更烈；坤方年盤一，水能制火，故可不犯。

三運子山午向：所建住宅，在五運庚子年，巽方建高樓，四入中，巽方天盤之二，與山上飛星之七，合二七金數，年盤三是木受金制；坎上年盤九，與山上飛星四，合四九火數，其勢熾矣，故是方亦犯火災；艮上年盤七，與天盤六，為交劍殺，向上飛星四，為二七之金所剋，至衰之方也，亦當受災；坤方年盤一，與向上飛星一，比和，故可不犯。

四運子山午向：所建住宅，在五運庚子年巽方建高樓，四入中，四運之天盤，與是年年盤字字成伏吟，巽方天盤三，年盤三，地盤又四，木氣盛矣；坎上年盤九，與天盤九，皆火數也，合成四九火勢，為災至巨，山向飛星又為四四，火勢益熾；艮上年盤七，與天盤七，成伏吟，又與向上飛星二，合二七金數，火星疊疊以制金，金無生氣，亦當受火災也；坤上年盤一與天盤一，雖為伏吟，然為水所制，故可不犯。

此作者熟於天心正運，故抉要而言之，使人知玄空之理，當知飛星四綠方宜高，而元旦盤之巽方，則有宜有不宜也。

綜說：

庚子年四綠入中，七赤飛入艮宮，九紫飛入坎宮，三碧飛入巽宮，巽宮先天為兑，即七赤，因此巽方建高樓，往往會造成火災，故坎艮兩方盡被火焚。

唯獨坤方，因為流年一白水到宮，水能剋火，所以坤宮就算建樓也不會有火災。

原文：【巳上丙午興傑閣，巽中離兌皆爕，而艮局遠方不侵，知此明徵，不難避禍。】

沈祖縣按：

巳屬巽，此舉「五運癸山丁向」住宅言也。五運本屬旺運，是年流年不利，動則得咎。中宮山上飛星九，天盤四，合四九火數也。丙午年七入中，即七九合轍，火剋金也；兌方天盤七，山上飛星七，年盤九，亦九七合轍，故患火災。

惟「巽中離兌」四方，原文誤；姚註以二黑到離，二為先天火數，巽方本九紫火宮，實勉強附會爾。

疑「離兌中宮」皆燼也。因離方天盤九，年盤二，向上飛星五，五即離，二加火上，火勢甚熾，故有斯驗。

綜說：

九紫離為火星，七赤兌為火，八白艮為生門。

丙午年七赤入中宮，巽宮先天為七赤，中宮有七赤，離宮有二黑，二黑也是先天火數，因此在巽中離兌等方位建造樓閣，易有火災。而艮宮因為流年有一白水星，故免火災之憂，因為一白水可制火。

原文：【正煞為五黃，不拘臨方到間，人口常損。病符為二黑，無論流年小運，疾病叢生。】

沈祖緜按：

此言年紫白二五之害。《玄空祕旨》云：「值廉貞而頓見火災」，《飛星賦》云：「五黃飛到三叉，尚嫌多事」，其凶如此，又《飛星賦》云：「黑黃兮釀疾勘傷」意同。

綜說：

五黃屬中央土，為正關煞，最凶，無論到向還是到坐，都會造成災難，常損傷人口；二黑為坤卦，亦是病符星，主疾病。失運住宅逢二黑，不論小運流年，家中老母親多生疾病。

原文：【五主孕婦受災，黃遇黑時出寡婦；二主宅母多痗，黑逢黃至出鰥夫。】

沈祖緜按：

此言失運之住宅，年月五黃與二黑相遇逢者也。

綜說：

五黃為陽土，主孕婦受災禍，二黑為陰土，主宅母多病患。如果宅之五黃遇流年二黑，黃遇黑，五黃先至，二黑陰壓陽，故出寡婦。如果宅之二黑遇流年五黃，黑遇黃，二黑先至，五黃陽壓陰，故出鰥夫。

原文：【運如已退，廉貞逢處眚不一，總以避之為良。運若未交，巨門交會病方深，必然遷之始吉。】

沈祖緜按：

此重言二五之害也。曰運已退，運未來，與當令者有別。

綜說：

此段言二五之害，若非當元旺令，見二五，以迴避為佳。

廉貞就是五黃，恰逢退氣煞氣之時，災難從天而至，最好避開。

巨門就是二黑，恰逢二黑運未到，也就是處於死煞之氣，最好搬離，否則病災難逃。

原文：【蚩尤碧色，好勇鬥狠之神，破軍赤名，肅殺劍鋒之象，是以交劍殺興多劫掠，鬥牛殺起惹官刑，七逢三到生財，豈識財多被盜。三遇七臨生病，那知病愈遭官。】

沈祖緜按：

此言失運時之三七也。《玄空祕旨》云：「木金相背，背義忘恩。」若得令時，則為震庚會局，文臣而兼武將之權，長庚啟明，交戰四國。《飛星賦》：「有七剛三毅者。得時則文武全備，失時則鬥爭肅殺。故七遇六白為交劍殺。三碧遇庚，又遇八白丑為鬥牛殺。」

綜說：

三碧祿存星又名蚩尤星，乃好勇鬥狠之神，亦為是非星；七赤破軍星，乃好戰之神，主肅殺。因此在六白與七赤相會交劍殺方建造或修造，主遭劫掠。

例如：辰山戌向下卦八運，坐山68七，甲方57六，特一〇四。

在二黑與三碧相會的鬥牛殺方，建造或修造，主惹官非。鬥牛殺為32或38。

例如：子山午向起星三運，震宮32三，特八九。

宅七赤為金，是為賊星，當流年三碧加臨，乃金剋木，我剋為財故發財，但七三是金木相剋，也會因財多而被盜。

例如：庚山甲向下卦七運，坐山73五，特一二二。

宅三碧遇七赤流年飛臨，亦為金剋木，剋我者為官殺，主生病。同時三碧為蚩尤，喜好鬥，故不但生病還遭官非。

原文：【運至何處穿心，然煞星旺臨，終遭劫賊；身強不畏反伏，但助神一去，遂見官災。】

沈祖縣按：

穿心煞五運之壬丙、丙壬，庚甲、甲庚，乾巽、巽乾，亥巳、巳亥，艮坤、坤艮，寅申、申寅，皆不當運，謂之穿心煞。此言穿心煞者，指年盤五黃入中之年也。

五黃入中，二十四山位位皆穿心煞，即反伏吟也。故原文與反伏吟相提並論。無年盤反伏吟為害尚微，惟向上飛星一盤，五入中順行者，為禍甚烈，無助神之可解，原文未盡然也。

綜說：

穿心煞者，對沖也。如三碧木與七兑金同宮而相沖。

宅運當生旺時，無需擔心穿心煞，但是煞星旺而飛入宅之殺方，就難免會有災難。

反吟者，相反之義也。如甲子遇庚午，天剋地沖。

伏吟者，相同之義也。如甲子遇甲子，天干相同。

身旺不怕反吟伏吟，但當助神運令一過，則身弱而殺強，災難馬上降臨。

原文：【要知息刑弭盜，何須局外搜求；欲識愈病延年，全在星中討論。】

綜說：

若要使官非刑訟止息，或避免盜賊掠奪，或去病延年，不必在局、山、九運流年等九星飛佈關係以外尋求，只須就局、山、流年、九星等加以研究探討即可。

原文：【更言武曲青龍，喜逢左輔善曜，六八武科發跡，否亦韜略榮身，八六文士參軍，或則異途擢用，旺生一遇已吉，死退雙臨乃佳。】

沈祖緜按：

玄空以三白為吉，一白六白八白皆吉星也，得令時主武科發跡，文士參軍，失令時則否，《玄機賦》云：「艮配純陽，鰥夫豈有發生之幾兆。」原文謂死退雙臨乃佳，失其旨矣。

綜說：

武曲為六白乾金，為武星；左輔為八白艮土，為文星均為吉星，兩者相遇為土生金。

宅之六白方，遇流年八白，主武科發跡，因文韜武略而獲得榮寵。

如宅之八白方，遇流年六白，主文職擢升，或文人任武職。

宅之生旺方，若遇六白或八白星到臨，就可發福。若在局上為死退方，遇到六白、八白雙雙到臨，亦可視作小吉。

例如：子山午向下卦七運，向首86二，特八八。

原文：【九紫雖司喜氣，然六會九，而長房血症，七九之會尤凶。】（六九、七九）

沈祖緜按：

「九六之會」：得令者，如《玄空祕旨》所云：「丁丙朝乾，貴客而有耆耄之壽。」失令時，如《玄機賦》所云：「火照天門，必當吐血。」

得令而形局有不善者，如《玄空祕旨》所云：「火燒天門而張牙相鬥，家主罵父之兒。」

玄空之理，須以活潑妙用斷之。血症固不限於長房，若失令時，房房如此也。七九之會，本凶。

綜說：

九紫乃後天卦南方火，為紅色，係九星中之吉曜，喜氣洋洋也。但與六相會，則火剋金。六白為首，故為長房受害，長男有血症。若為七九之會，七為兌為赤金，主肺，其剋伐尤凶，主少女受傷。

例如：丑山未向下卦六運，坤方69三，特九二。

原文：【四綠固號文昌，然八會四，而小口殞生，三八之逢更惡。】

沈祖緜按：

三八得令者，如《玄空祕旨》云：「山風值而泉石膏肓」，亦未見大凶。三運卯山酉向，山向飛星，向上為雙八；三運酉山卯向，山向飛星，山上為八三。皆有吉無凶，不能以木剋土為凶徵也。

綜說：

四綠為文昌星，但八白和四綠會合，會損傷小孩。因為八白土，遇四綠木剋，八艮為少男。

八白土，遇三碧木來剋，三碧是祿存惡曜，故更凶。

原文：【八逢紫曜，婚喜重來（八九，九八）；六遇輔星，尊榮不次（六八，八六）。如遇會合之道，盡在一四之中。】

沈祖緜按：

《玄機賦》云：「輔臨丁丙，位列朝班」，取火土相生也。得令時如此，取金土相生也。失令時如《玄機賦》所云：「艮配純陽，鰥夫豈有發生之幾兆矣。」

此篇拘于「一四同宮」立論，恐後人竄改，非原文也。「一四」兩字，疑「山水」之誤，蓋上文諸星並論，非句句一四也。

綜說：

八白為輔星，財星，屬土；九紫為喜慶星，屬火。當宅星八白逢流年九紫加臨，則九紫離火生八白艮土，火生土，有婚姻之慶或添丁之喜雙喜臨門。

六白為武曲星，屬金；輔星為八白，為財星，屬土。當宅星六白遇流年八白飛臨，客星八白艮土來生六白乾金，則官階升遷，尊貴榮耀。

當八白逢九紫、六白遇八白這種會合，如同四一同宮一樣，乃大吉之組合。

原文：【欲求嗣續，紫白惟取生神；至論帑藏，飛星宜得旺氣。】

沈祖緜按：

此承上文，以山向二片立論，山主人丁，向主財祿。

綜說：

希望生得子嗣，須取生神加紫白。紫白，為九紫、一白、六白、八白。紫白吉星，主發丁。生神，比如九紫生八白或二黑，一白生三碧或四綠，六白或七赤生一白，八白或二黑生六白或七赤等，都是生神。紫白吉星相生，可以助人懷孕。

帑藏者，錢財、貨幣所藏之所，即金庫。旺星飛臨主發財，尤其是旺星到向。如宅之水方得流年一白坎水，宅之土方得流年八白艮土，宅之金方得流年六白乾金，宅之火方得流年九紫離火，皆比和旺氣。

原文：【二黑飛乾，逢八白而財源大進，遇九紫則瓜瓞緜緜。】

沈祖緜按：

此指五運子山午向，山、向二盤而言也。乾宮向上飛星八，故曰逢八白。山上飛星九，故曰遇九紫。二黑指年盤而言，二八相逢，即《玄機賦》所謂「坤艮通偶爾之情」，又云「巨入艮坤，田連阡陌」，得令時，故有此應。二九相逢，為火生土，得令時逢之，此房住人，定可育男。

綜說：

坎宅二黑土飛乾，遇流年八白土亦到乾，土見土為旺。八白為吉曜，主發財。

瓜瓞綿綿，即子孫連綿不斷之意。如二黑土飛入乾宮，遇九紫火也飛入乾宮，形成九紫火生二黑土，二黑土生金，形成連續相生，故主人丁興旺。坎宅三碧飛兑遇流年一白水到兑，為水生木，一白又為吉曜，亦主發丁。

原文：【三碧臨庚，逢一白而丁口頻添，交二黑則倉箱濟濟。】

沈祖緜按：

庚字誤，當作巽字。

上言五運子山午向之乾宮，此言午山子向之巽宮也，乾巽對待，術士以天門地戶稱之。作者舉子午之乾，午子之巽二宮，以明其他各宮，山向飛星，皆可推求之理，舉一反三耳。

上言二黑飛乾者，係中元乙酉、甲午、癸卯三年，一白入中之年也。此言三碧臨巽者，係中元辛卯、庚子二年，四綠入中之年也。

一三相逢，水木相生，中宮之四綠，助巽方之氣。巽之四，更得旺氣，《玄空祕旨》所謂「喬木扶疏」，《玄機賦》所謂「雙木成林」者是也。得令時逢之，故有此應。

二三相逢，坤為財帛田園，富兆也。三得中宮之四，及巽宮地盤之四相助，以剋坤土，故主旺財。

上言二黑飛星，向八山九，皆為未來之運。三碧臨巽，向二山一，過去之運也，豈能旺丁旺財，因五運之午子、子午為旺向，其旁宮飛到之字，雖不當令，亦可作吉星也。癸丁、丁癸山向同。

綜說：

三碧飛入兑宮，本是金木相剋，對於兑而言三碧就是財，當遇到一白飛入同時飛到兑宮，就形成金生水、水生木連續相生的情形，因此會旺人丁。

三碧飛入兑宮，又遇二黑同時飛入兑宮，兑有二黑的生助更旺，旺則利財運，主富積千鍾。濟濟，眾多也。

原文：【先旺丁，後旺財，於中可見；先旺財，後旺丁，於理易詳。】

沈祖緜按：

重言申明山、向二盤；山旺人口，向旺財祿之理。惟拘天機不可洩漏，故未敢直言耳。反以「先、後」二字，矇蔽讀者，此術士之慣技。

綜說：

如生星先到，而旺星後到，則先旺丁而後旺財；若旺星先到而生星後到，則先旺財再旺丁。

原文：【木間逢一白為生氣，添丁不育，必因星到艮坤；火層遇木運為財宮，官累不休，必是年逢戌亥。故遇煞未可言煞，須求化煞為權，逢生未可言生，猶懼恩星受制。】

沈祖緜按：

三間八間為木間，其說實不足據，且與上文意悖。原文以為一白受艮坤之剋，木運受戌亥乾金之剋，剋作煞論，非也。

綜說：

木星遇到一白為生，若仍不能生育，必定是因為飛星遇到了八或二，因為土剋水，才造成水不能生木。火層，即二樓、七樓、十二樓、十七樓等，因二、七屬火。遇木運為生，本為吉，為何會官災不斷？一定是因為遇到了戌亥之年，因為火層墓位在戌，絕位在亥。所以遇到煞運未必斷凶，須再看有沒有救應。逢到生年不一定為吉，就怕用神受制。

如水剋火為殺，得木居中轉化，則水生木，木生火，謂之化殺生權。
如以水為恩星，遇土來剋或火洩其勢，謂之恩星受制。
例如：巽山乾向下卦八運，巽方81七，四巽木得一白水相生，但八白土剋一白水，故有添丁不育之象，特一〇六。

原文：【但方曜宜配局，配坐山，更配層星乃善，門星必合山，合層數，尤合方位為佳。】

沈祖緜按：
玄空立向，有一定之理，層間之說，並無效驗，全在空處宜空，實處宜實而已。

綜說：
此段言局、山、層、間及方位之相互關係。
意思是不但要看大運流年飛星，也要看宅之八方飛星，尤其坐山飛星，星與星、星與宮之間的生剋，還要看山向是否得令或失令，更要看樓層與局的旺衰配合，才能明白方位的生旺。

原文：【蓋在方論方，原有星宮生剋之辨，復配以山之生死，局之旺衰，層之退殺，而方曜之得失始彰。】

沈祖緜按：方曜得，方可建宅；方曜不得，待時再建可也。玄空之理，以生者為吉，剋者為凶也。得時生者固吉，剋者亦吉也。失時則生與剋皆凶也。

綜說：

首先要先確定房子的坐山立向，明確屋宅周圍四面八方的局勢，比如一白水星，遇到六白七赤為生，遇到三碧四綠為洩。生助為得，剋洩為失，依次結合旺衰才可以論斷吉凶。

原文：【就間論間，固有河圖配合之殊，再合以層之恩難，山之父子，局之財官，而間星之制化聿著。】

沈祖緜按：

玄空五運之盤，為洛書；其他各運，星層流轉，皆河圖之作用；以局定向，物物一太極而已，不必如此拘泥。

綜說：

就本間之星來論生剋，須以河洛之數配合。如房間數，一間為水，二間為火，三間為木，四間為金，五間為土。樓層數，一層為水，二層為火，三層為木，四層為金，五層為土。以此種數之五行屬性，再結合層、山、局之各種關係，然後論制化剋殺退洩之法。

如間為木，最好遇到水星；間為火，最好遇到木星，依此類推。生我的是恩，剋我的是難，生我的是父母，我生的是子孫，我剋的為財，剋我的為官。風水化解以化洩凶星和轉化能量為主要原則。

原文：【論方者以局山層同到，觀其得運失運，而吉凶懸殊。】

沈祖緜按：

吉凶由方而來，得時者吉，失時者凶。

綜說：

看風水，局、山、層都要看，然後觀其得運或失運，得運則吉，失運則凶。

原文：【論間者以運年月疊至，徵其得氣失氣，而休咎迥別。】

沈祖緜按：

玄空之理，財祿以向一盤為主，人丁以山一盤為主，故運之得失，全在山向二盤。

得氣者，年月紫白更助其氣；失氣者，年月紫白一無所用。

綜說：

要察看間是生旺或退殺，除將間數五行先確定之外，還要看此間值河圖、洛書何運，再看年星值何星，三者合併來看。如果間在得運，而年星又值生旺之氣，為休為吉，是為得氣。如果間在剋洩運中，為咎為凶，是為失氣，主退敗。

原文：【八卦六白屬金，九星二黑屬土，此號老父配老母，入三層則木來剋土而財少，入兌局則星到生宮而人興，更逢九紫入土木之元，斯為得運，而主科名、財丁並茂。】

沈祖緜按：

八卦，乾坤震巽坎離艮兌也；九宮，一白二黑三碧四綠五黃六白七赤八白九紫也；九星，貪狼巨門祿存文曲廉貞武曲破軍左輔右弼也。三者雖同而異，今曰：「八卦六白九星二黑」即是語病。

二六同宮，《玄空祕旨》云：「富並陶朱，斷是堅金遇土。」《玄機賦》云：「地天為泰，老陰之土生老陽。」「三層雖木樹，為乾金所剋，不能剋坤土，得令時未見財少，如二運乾山巽向，向上飛星二，山上飛星二，到山到向。

「三層」之屋，在二運時財丁兩旺。至三運震方有水者，其家仍不替，無水者不如二運之興盛。不知玄空重在排水有水，不在層數也。「入兌局」以下云云，均非的論，因二七與七九，均非吉徵；似當以令星之得令失令斷之，不能拘執於層間也。

綜說：

後天八卦，乾居西北，屬金；洛書九星二黑屬坤卦，為土，飛到乾宮，為土來生金。乾為老陽，坤為老陰，為老陽配老陰。

若乾宅之屋，三樓則屬木，若逢二黑土，則為木剋土因木剋二黑土而財少。樓層五行是以河圖數來論的。

河圖以一、六屬水，二、七屬火，三、八屬木，四、九屬金，五、十屬土。

假如在兌局，七赤兌金入中，若逢二黑飛到兌宮，那麼土能生金，即星到生宮，故主人丁興旺。

例如：西山卯向下卦七運，向前27五，特一二四。

若逢九紫離火到乾方，元運為木，木生火，是運生星，星運相生，主財丁並茂，及試場得利，因為火為文明之象。

原文：【河圖四間屬金，洛書四綠屬木，此為河圖剋洛書，入兌方，則文昌破體而出孤，入坤局，則土重埋金而出寡。若以一層入坎震之鄉為得氣，而增丁口，科甲傳名。】

沈祖緜按：

此節誤與前同。

綜說：

河圖第四間屬金，洛書四綠屬木，故河圖之金剋洛書之木。進入兑方，兑金旺而剋木，四綠文昌星受傷，主出孤獨之人。

又四間在坤局屬土，土旺埋金，逢坤為老母勢強則剋夫，故出寡婦。

一層屬水，若在坎方則水見水為旺，在震方則水層生木，互為生旺，始為得氣，主科甲傳名，發丁發貴。

原文：【局為體，山為用；山為體，運為用，體用一元，合天地之動靜。】

沈祖緜按：此言體用於不合，蓋玄空之理，以局為體，以運為用，山向為用中之用。

綜說：

局為體，山為用，即以局勢為中心，看山對每個方位的吉凶。局者，指宅之坐方。山者，即廿四山。

山為體，運為用，以山為中心，看運對山的吉凶。體用是分不開的。運者，指三元九運。

體為地，主靜，用為天，主動，局山能合生旺，則體用合一，大吉利也。

原文：【山為君，層為臣；層為君，間為臣，君臣合德，動神鬼之驚

疑。】

沈祖緜按：

玄空以山向為君，層間為臣，層之次數，間之方位，由中宮推排而出，然後層間之生旺衰煞，方有確據，所謂形氣兼觀者是也。

綜說：

以坐山為君，層為臣，以山為中心，看層對山的影響；以層為君，以間為臣，以層為中心，看間對層的影響。即層要合山，間要合層，是為君臣同心協力，則家道必然興隆，神鬼諸煞避而遠之矣。山者，指宅之坐山。層者，宅之層次也。

原文：【局雖交運，而八方六事，亦懼廉貞戊己疊加，山雖逢元，而死位退方，猶懼巡邏天罡助虐。蓋吉凶原由星判，而隆替乃由運分，局運興，屋運敗，從局召吉，山運敗，屋運興，從屋徵祥。發明星運之用，啟發後起之賢，神而明之，存乎其人也。】

沈祖緜按：

「年紫白」懼廉貞加臨，六戊六己不忌。

原文「廉貞戊己」係一事，姚氏分而為二，以六戊六己解之，誤。

「巡邏」即巡山羅喉，如今戊寅巡邏在甲，即寅建之前一字也。

至「天罡」，姚氏以奇門解，似可不必，因辰為天罡也。天罡為玄空所不采。「局運興」以下有語病。

綜說：

六事分為內、外六事。內六事，指門、戶、井、廁、畜欄；外六事，指道路、池塘、橋梁、亭台、廟宇、衙門。廉貞指五黃星，戊己指戊己都天。

局雖然交至生旺的元運，但各宮位之六事，仍然害怕五黃二黑飛到，若黃黑二星疊加到某一生旺之方，仍宜化解之。

局山必須並重，九星飛佈八方，生旺為吉，退殺為凶，但其興隆或衰替，仍須視三元大小運，是否得運而定。

如局得元運而興隆，宅失元運而衰敗，則可從局而棄宅；如山失元運而衰敗，局得元運而興隆，則可從局而棄山。

總之，玄空風水之斷吉斷凶，主要看飛星的旺衰，組合與實際砂水巒頭的配合。但各宮位之星要分山星與向星分別斷丁財，最重要的是要了解元運更替，星之旺衰也隨之改變。

局與屋、山與局緊密關聯，雙雙並重，一興一敗之時，就興避敗，收山出煞，乃風水之真諦。

古賢發明九星飛宮及河圖、洛書五子運、三元大小運，並著書立說，其目的旨在啟發後學者，能承先啟後，把玄奧難懂的文化公佈於世，讓有緣的讀者有豐厚的收穫，至於運用之妙，則存乎一心矣！

伍、彙整篇

玄空雙星配卦斷訣彙整

在學習完古賦篇後，大家可能會發現玄空四賦的原註者不詳而且未必正確！民初沈祖緜氏針對原註之誤釋，往往會提出精闢批判。而這些古賦口訣在《沈氏玄空學．古義篇》問世後也廣為流傳，本書特別在宅斷篇後加以介紹，乃著眼於有助於理解與闡釋玄空飛星學的理論與實務之外，尚有一優點，就是其中飛星組合所代表的吉凶斷語，也可以作為吉凶斷事的依據。眾所皆知，學習玄空風水，重要的一點就是對雙星配卦（盪卦、加會）的解釋與運用。因為這些斷語乃是古代風水大師，依據易理、卦象與實際堪輿經驗來立論的珍貴訣竅。這些前人心血結晶，雖然為後世的我們節省自行摸索的時間，但如何去理解與運用，確實考驗個人功力！更何況各種飛星組合往往有數種斷語，且偶有齟齬矛盾，如何選擇與解釋於陽宅風水更是一大考驗！幸好後出轉精，竹山鐘義明氏著《玄空地理斷訣彙解》特精心整理各種玄空斷訣與古賦原文、各家註解及融合沈祖緜之按語，並參酌先進前賢大作，結合個人文獻與寶貴經驗，其中彙整出〈玄空飛星盪卦斷訣彙編〉及其餘各篇，本書以此為基礎，再彙整梁煒彬、徐芹庭、陳柏瑜、陳仲易、白鶴鳴、林國雄、許秉庸、劉賁、林志縈等諸位先進大德之著作精華與網路相關論述，擇其善者而從之，期盼讀者能快速理解，若有不周延之處還請先進大德們能多見諒包涵，感恩！

其實只要是飛星玄空學著作，各家幾乎都會提出斷法要訣，如徐芹庭氏《易經挨星學上‧二十四山挨星吉凶判斷法》頁一〇六—一〇八提出六大方法，非常值得參考。茲摘錄如下：

一、元運盤看二十年吉凶。
二、山盤挨星看收山。
三、向盤挨星看收山與納氣。
四、正神零神論總斷。

五、元運為樞紐看生旺衰死稍詳之。

六、山水生旺或衰死，以九星招吉或招凶分論其同宮雙星。

讀者可以本書為基礎入門，再進一步博覽群書。畢竟學海無涯，唯勤是岸。最好一門深入、長時薰修。僅此與所有朋友共勉！

以下就是玄空雙星配卦斷訣彙整：

一．坎為水卦：

一白先天在西北乾。後天居北方坎。一為桃花星，應貪狼之宿，號為文昌，五行屬水，色白。一白為坎，為中男。一一為比和。得運財丁兩全，失運家業飄零，人丁稀少。一白水，於身為腎、為耳、為血，當坎宮有缺陷時，便會產生相應的病變。一白水，主志氣。若流水形不美或傾斜，則主失志失意。

玄空祕旨：【坎宮高塞而耳聾。】

【漏道在坎宮，遺精洩血。】水分兩道流去名為漏道。

紫白訣：例如：壬山丙向下卦一運，通書特八六

【一白為官星之應，主宰文章。】當運，主文昌功名。

飛星賦：【以象推星，水欹斜兮，失志。】一白巒頭犯煞，出一事無成之人。

飛星賦：【水曜連珠。】

玄機賦：【坎宮缺陷而墮胎。】雙一同宮，坎方有硬劫，易不孕、流產、墮胎。

一二．水地比卦：

一白坎屬水，為中男，坎為耳為腎；二黑坤屬土，為母，為女，為腹。土剋水，男被剋，女欺男，妻欺夫。

玄空祕旨：【腹多水而膨脹。】此卦主腹疾。

玄空祕旨：【土制水復生金，定主田莊之富。】

玄機賦：【坎流坤位，買臣常遭賤婦之羞。】主女性掌權，男遭婦辱。

朱買臣為漢代人。

例如：子山午向下卦五運，特八八

竹節賦：【坤艮動見坎，中男絕滅不還鄉。】

秘本：【一加二五，傷及壯丁。】

一三．水雷屯卦：

一、三喜火化口舌，宜做廚房，因廚房屬火。

一為水，三為木。上元一、三皆當元當旺，水生木主名氣。

下元一、三皆失運，主是非，爭訟官非。

三震祿存星為木、為長、為車、為馬，為諸侯。

玄空祕旨：【車驅北闕，時聞丹詔頻來。】不當令為困難落敗。

玄機賦：【震與坎為乍交。】為一時短暫之和合。

飛星賦：【壬甲挑庚，最異龍摧屋角。】

例如：巽山乾向下卦五運，通書特一〇六

【木入坎宮，鳳池身貴。】當令為升官發財。

一四．水風井卦：

四綠為文曲，為巽、為木；一白坎為貪狼星。水生木旺，生旺文章顯世，科甲聯芳，身貴名揚。讀書有成。

一四同宮之方最好要有筆架山才好。失令則男女淫蕩、懷才不遇。

紫白訣：【一白為官星之應，主宰文章。】

紫白訣：【四一同宮，準發科名之顯。】利文昌。

例如：丑山未向下卦二運，特九二

飛星賦：【當知四蕩一淫，淫蕩者扶之歸正。】遇衰死主淫蕩男女。

例如：艮山坤向下卦六運，特九四

玄機賦：【坎無生氣，得巽木而附寵聯歡。】

例如：寅山申向下卦四運，特九六

【貪狼星入巽宮，名揚科第。】

例如：寅山申向下卦四運，特九六

搖鞭賦：【水風財旺婦女貴。】

玄髓經：【木入坎宮，鳳池身貴。】

一五．水戊、己卦：

一白坎五行屬水，為中男；五黃屬土。土剋水之象，不利中男。五黃廉貞主災病，所以此方不宜安床。

飛星賦：【子癸歲，廉貞飛到，陰處生瘍。】

秘本：【一加二五，傷及壯丁。】

一六．水天需卦：

平吉位，尤利文昌。一、六皆是吉曜，一是一白坎水；六是六白乾金、六白乾武曲星為天。一六共宗是河圖數，亦是先天生成之數，主吉。一六為金水相生，得運時利文才、主文學藝術之揚名、武貴。失令時，主不正之桃花，會出淫亂之事，因為金水多情。

玄空祕旨：【虛聯奎壁，啟八代之文章。】凡山向飛星一六、六一相逢，主出人才，當令主出文武雙全。

【車驅北闕，時聞丹詔頻來。】

玄機賦：【水冷金寒，坎癸不滋乎乾兌。】遇衰死為損丁敗財。

搖鞭賦：【水淫天門內亂殃。】乾為天門。

一七．水澤節卦：

一白坎水配七赤兌金。七兌金為少女、為破軍星。當令為金水相生，失運則為桃花之應。坎為中男，兌為少女，主男女多情，坎為水，為酒，兌為金，為娼，水性淫蕩，值失元之時，故有貪花戀酒之應。

玄空祕旨：【金水多情，貪花戀酒。】

例如：庚山甲向起星八運，特一二三、艮山坤向下卦二運，特九四

【水金相反，背義忘恩。】出忘恩負義之人。

【雞交鼠而傾瀉，必犯徒流破敗，以水冷金寒也，輕則腎耳有病。】

飛星賦：【破近文貪，秀麗乃溫柔之本。】遇當令，出俊男、美女。

【或被犬傷，或逢蛇毒。】

搖鞭賦：【水臨白虎墮胎殺。】兌為酉，為白虎。

一八．水山 卦：

一白水八艮土，土剋水。不利小兒。當令出智慧君子，失運則懷才不遇。一八飛星喜逢六白金星加臨，為三吉同宮，吉上加吉。

竹節賦：【坤艮動見坎，中男絕滅不還鄉。】遇衰死，中男剋死他鄉。

玄空祕旨：【雞交鼠而傾瀉，必犯徒流。】

玄空祕旨：【土制水復生金，定主田莊之富。】

一九．水火既濟卦：

一白坎水與九紫離火。坎為北，離為南，坎水為中男，離火為中女，水火既濟。當元合局可有夢熊之兆。一九相會易有眼疾。

玄空祕旨：【南離北坎，位極中央。】位高權重之意。

【離壬合子癸，喜產多男。】一九合十主吉，為陰陽正配，九主喜慶，故一九主多生男。

【相剋水火既濟而有相濟之功，先天之乾坤大定。】當令水火相合，丁財兩旺。

飛星賦：【火暗而神智難清。】出愚昧之人，因火主智，火主目。

玄機賦：【中爻得配，水火方交。】

天玉經：【坎離水火中天過，龍池移帝座。】

竹節賦：【中男合就離家火，夫婦先吉而後有傷。】一九合十，當先主吉，但終是水火不容，因此終有損傷。

搖鞭賦：【水火破財主眼疾。】

二一．地水師卦：

一白坎屬水，為中男；二黑坤屬土，主女、為母。土剋水，男被剋，女欺男，妻欺夫。即女人作主。

玄空祕旨：【腹多水而膨脹。】土剋水，易有脾胃之病。

玄空祕旨：【土制水復生金，定主田莊之富。】

玄機賦：【坎流坤位，買臣常遭婦賤之羞。】主女掌權。

例如：乾山巽向起星七運，特一三二

竹節賦：【坤艮動見坎，中男絕滅不還鄉。】坤艮皆屬土。

二二．坤為地卦：

二黑坤為巨門星，五行屬土。二黑為病符星，病符星重疊，主慢性疾病。當令主進財，失令主慢性疾病，小人當道。

飛星賦：【誰知坤卦庭中小兒憔悴。】若飛臨艮位，主小兒多病。

例如：艮山坤向下卦五運，特九四

玄機賦：【申尖興訟。】有小人官非之意。尖者，尖峰也。坤卦有未坤申三山。在申為詞訟筆。

【巨入艮坤，田連阡陌。】若飛臨艮坤，為發田財。

天玉經：【坤山坤向水坤流，富貴永無休。】

二三．地雷復卦：

坤為地，五行土。震為雷，五行木。木剋土。二坤三震名為鬥牛煞，失令時主官非、口舌、母子不和。

紫白訣：【鬥牛煞起惹官刑。】

玄空祕旨：【雷出地而相衝，定遭桎梏。】

飛星賦：【復，壁揕身。】揕，擊、刺也。

飛星賦：【豫，擬食停。】

例如：子山午向下卦七運，特八八

二四．地風升卦：

旺則家嫂掌權，衰則悍婦欺姑，婆媳不和。

二黑坤土主家母，四綠巽屬木。是木來剋土。

二四綠巽是長女，媳婦。

二四地風升主母女不和，婆媳不和，但木剋土，木勝土敗，主母有傷。

玄空祕旨：【山地被風，還生風疾。】有精神之疾。

【風行地而硬直難當，室有欺姑之婦。】

例如：乾山巽向下卦八運，特一三〇

飛星賦：【寅申觸巳，曾聞虎咥家人。】若見水路直衝，為寅申觸巳。

【或被犬咬，或逢蛇毒。】地風升有被獸傷蛇咬之象。

秘本：【二逢四，咎當主母。】

二五：地戊己卦：

此為極凶的組合。主災病，損人口。或有喪妻之痛。二五交加必損主。

此數主孤寡、災疾。二黑在一、二運為天醫，餘運為病符，若與五黃同到，疾病損人。因此窗簾要常打開，開二五門則為凶宅。

紫白訣：【二五交加，罹死亡並生疾病。】蓋二黑為病符，五黃廉貞為正關煞。所以非死即病。

例如：丑山未向下卦五運，特九二

【二主宅母多病，黑逢黃至出鰥夫。】

【五主孕婦受災，黃遇黑時出寡婦。】

飛星賦：【二黑五黃兮，釀疾堪傷。】陰陽宅同驗。

秘本：【二五交加必損主。】

秘本：【黃黑交錯，家長有凶。】

二六．地天泰卦：

六白乾金，二六為土生金，主富貴。乾坤交泰，表家業興盛，子女順和。二坤為老母，六乾為老父。二六為老陰配老陽，土金相生，當令堅金遇土，有進田莊之喜。失令，鬼神不安、失財。

紫白訣：【二黑飛乾，逢八白而財源大進。】即二六逢八。

飛星賦：【乾為寒，坤為熱，往來切記。】往來指形勢及門路，言遇乾坤雙至，必患三陰瘧。

【乾坤神鬼，與他相剋非祥。】乾為神，坤為鬼，剋則有鬼神指責。

例如：巽山乾向下卦四運，特一〇六

【交至乾坤，吝心不足。】乾為金，坤為吝嗇，故吝而無厭。

【戌未僧尼，自我有緣何益。】

玄機賦：【地天為泰，老陰之土生老陽。】土生金也。

玄空祕旨：【富並陶朱，斷是堅金遇土。】

二七．地澤臨卦：

同為土生金之象。不過，二坤和七兌皆為陰星。純陰相配，為不正桃花。當其旺，主橫財鉅富。失運則為是非口舌，犯桃花破財，庶妾難投寡母之歡心，婆媳不和。

飛星賦：【臨，云泄痢。】二黑坤為腹為土，生七兌金為口，主腹瀉之症。

玄機賦：【若坤配兌女，則庶妾難投寡母之歡心。】即婆媳不和。

玄空祕旨：【富並陶朱，斷是堅金遇土。】

秘本：【二七合為火，乘殺氣，遇凶山凶水，乃烏焚其巢。】

二八．地山謙卦：

二地坤八山艮土。比旺，且二八合十。艮為財富，坤為田莊財帛，二黑為巨門星。當其旺，田連阡陌，有地產之富。失令時小兒多病，犯孤寡鰥獨。

玄空祕旨：【四生有合，文人旺。】【丑未換局，而出僧尼。】坤為寡，艮為閽寺，故出僧尼。

例如：丑山未向下卦二運，特九二

紫白訣：【二黑飛乾，逢八白而財源大進。】

玄機賦：【巨入艮坤，田連阡陌。】艮坤為土，故旺田園。

例如：丑山未向下卦六運，特九二

飛星賦：【坤艮通偶爾之情。】

【誰知坤卦庭中，小兒憔悴。】二為病符，若飛到東北方，主少男病。

搖鞭賦：【地山年幼子孫勞。】

例如：丙山壬向起星三運，特一一一

二九．地火明夷卦：

二坤為土，九離為火為中女。陰卦星相生，主多產女或同屋女性多。失令主出頭腦不靈活之蠢丁。二九乃背向無情之局。

紫白訣：【二黑飛乾，逢八白而財源大進，遇九紫則瓜瓞緜緜。】二黑土

飛星賦：

遇九紫火來生，九紫是吉曜，故發丁。

玄機賦：

【火見土而出愚鈍頑夫。】

【火炎土燥，南離何益乎艮坤。】火炎土燥，得令旺丁，失令，出愚人，易有血光之災。

三一．雷水解卦：

三碧震為雷，五行屬木。一白坎水。三碧震，為諸侯，為車，為行。一就是一白坎，為文曲星。三一是水來生木。當元當運雷水解，水生木而升官揚名、財祿豐厚、長子得貴。三一失令主口舌官訟是非。

玄空祕旨：

【車驅北闕，時聞丹詔頻來。】

玄機賦：

【震與坎為乍交。】因為坎為中男，震為長男，非陰陽正配，偶然而已。

【木入坎宮，鳳池身貴。】

例如：丑山未向起星四運，特九三

搖鞭賦：【水雷子孫多富貴。】

三二．雷地豫卦：

三碧木，二黑土。木剋土名鬥牛煞。木剋土，生腹疾、主官非、爭鬥。遇當令，發丁財；遇衰死，官訟是非。

玄空祕旨：【雷出地而相衝，定遭桎梏。】

例如：丙山壬向起星四運，特一一一

紫白訣：【鬥牛殺起惹官刑。】

例如：壬山丙向起星四運，特八七

【三碧遇坤艮，為木剋土，名鬥牛煞。】

飛星賦：【豫，擬食停。】坤為脾胃，木剋之，脾胃受傷，故食停。

三三．震為雷卦：

三碧震祿存星為雷。遇當令，主文武雙全、功名富貴。遇失令，三碧是賊星，主犯官非盜賊。

紫白訣：【蚩尤碧色，好勇鬥狠之神。】
飛星賦：【木反側兮無仁】震為木，木主仁，若失運巒頭差，變為不仁。
【碧本賊星，怕見探頭山位。】賊配探頭山定遭賊劫。
【震之聲、巽之色，向背當明。】
【見祿存，瘟癀必發，遇文曲，蕩子無歸。】
天玉經：【卯山卯向卯源水，大富石崇比。】當運主富。震為正東，東方甲卯乙三山，以卯為正東。

三四．雷風恆卦：

震雷為木，巽風亦為木，木木比旺。遇當令，出文人秀士，丁財兩旺；遇失令，出人暴躁、衝動、頭腦不清晰、做事無原則。
玄空祕旨：【貴比王謝，總緣喬木扶桑。】蓋因三碧震木遇四巽木，木主貴，不發富之故。
【雷風金伐，定被刀傷。】震雷巽風皆木，若失令而被金剋，定主刀斧之傷。

【震巽失宮而生賊丐。】震為守，為草莽，動而不正，有賊象；巽為近市，利卑而不正，有丐象。所以三四同宮，理氣與形勢不合，主盜賊。

飛星賦：【同來震巽，昧事無常。】震為出，巽為入，出入不當，故因循誤事。失令主出反覆無常之人。

例如：未山丑向起星九運，特一一七

【震之聲，巽之色，向背當明。】

【碧綠風魔，他處廉貞莫見。】三碧四綠忌遇廉貞。雷風相薄，本主瘋病，遇五黃則立應。

玄機賦：【雙木成林，雷風相薄。】

搖鞭賦：【雷風長女多疾病。】

三五．雷戊、己卦：

五為廉貞五黃。五行屬土。五黃最忌三碧四綠，因木剋土，為鬥牛煞。主血光、災病、瘟疫。五黃多主不吉，傷脾胃。

玄空祕旨：【我剋彼而反遭其辱，因財帛以喪身。】木剋土本為財，但五黃大煞不能剋動，剋則反遭其禍，會因財惹禍出人命。

飛星賦：【碧綠風魔，他處廉貞莫見。】震為蟲，中五性毒，巽風夾之，故瘟又有風疹。

【寒戶遭瘟，緣自三廉夾綠。】

例如：戊山辰向下卦七運，特一二八

例如：子山午向下卦四運，特八八

三六．雷天大壯卦：

金剋木，三碧震為青龍，為長男，為木。六白乾為武曲，為父，為金，金剋木為財。三碧木主筋骨，主足，木遭金伐，易有手腳損傷、或父子不和現象。震配純陽三六局，長子難獲嚴父歡。遇當令，丁財兩旺，遇衰死，主先後天足腿病，損主傷丁，剋長男。

玄空祕旨：【足以金而蹣跚。】蓋因震為足，被金剋，故有蹣跚之應。

【雷風金伐，定被金傷。】

飛星賦：【壯途躓足。】壯，大壯也，震為足，乾為行人，乾金剋震木，故主跌仆。

例如：未山丑向下卦二運，特一一六

【更言武曲青龍，喜逢左輔善曜。】左輔是八白土，若有八白左輔星來生旺六白武曲金星則得財。

【頭響兮六三。】

【三逢六，患在長男。】

三七．雷澤歸妹卦：

三遇七名為穿心煞。三震七兌為破財、官非、劫盜。三七得運為合十，反主得財、吉慶、異路功名，失令為穿心煞，家室分離，男盜女娼。

玄空祕旨：

【足以金而蹣跚。】蓋因震為足，遇六七剋之，故主足跛。

【長庚啟明，交戰四國。】長庚西也，啟明東也。兌為長庚，震為啟明，合時用之，主出武略之人。

例如：酉山卯向下卦三運，特一二四

【兌位明堂破震，主吐血之災。】兌方有破損，主肺損而吐血。

【木金相反，背義忘恩。】木為仁，金為義，金木相剋，背信忘義。

【震庚會局，文臣而兼武將之權。】震甲為文士，庚為武將，若上元震山庚水，庚峰向水兼收，即三陽水向盡源流之義，或下元兌山震水，甲峰亦主文武全備，失元則不應謂為金木交併。

例如：酉山卯向下卦三運，特一二四

紫白訣：

【三七疊至，被劫盜更見官災。】蓋因三碧為蚩尤，七赤為破軍。

【三遇七臨生病，那知病癒遭官，七逢三到生財，豈識財多被盜。】

【蚩尤碧星，好勇鬥狠之神，破軍赤名，肅殺劍鋒之象。】

【須知七剛三毅，剛毅者，制則生殃。】凡三七皆不可剋制，剋制則其禍尤烈。

飛星賦：

【乙辛兮，家室分離。】乙即震，為主，為夫，辛即兌，為妻妾，為少女，震兌對待衝剋，故有此應。

例如：卯山酉向下卦四運，特一〇〇

三八．雷山小過卦：

三碧為震，為雷，為木。八白為艮，為山，為少男。三八是木剋土。

三八主筋骨勞損、手腳受傷，損小口，不利懷孕婦人，易損胎。

當其旺，為文才元魁。當其衰，少子多災，不利少男，兄弟相殘。

紫白訣：【四綠固號文昌，然八會四，而小口殞生；三八之逢更惡。】

竹節賦：【碧星入艮卦，郭氏絕賈相之嗣。震配艮，有斗粟尺布之譏。】

秘本：【八逢三、四，損由小口。】

三九．雷火豐卦：

九紫離火，得三碧木生旺。木火通明，聰明文采。遇當令，丁財兩旺，聰明文采。遇衰死，主先後天目疾。

玄空祕旨：【棟入南離，驟見廳堂再煥。】三入九宮為木火相生，故能發財改換門庭。

【木見火而生聰明奇士。】木火通明，主出文章秀士。

飛星賦：【赤連碧紫，聰明亦刻薄之萌。】三九雜七，始聰明而漸刻薄。

玄機賦：【震陽生火，雷奮而火尤明。】

例如：艮山坤向四運，特九五

搖鞭賦：【雷火進財人口貴。】

四一．風水渙卦：

四綠巽木是文昌。得一白坎水生故文章揚名顯世。一白坎為貪狼星。遇當令，發科甲文昌，大利求學，成績優異。但遇失令，詩酒風流，四一亦主桃花，出淫蕩之人。四巽一坎，有利讀書、名聲貴顯。四一之方，喜有文筆山。

紫白訣：【一四同宮，準發科名之顯。】

飛星賦：【當知四蕩一淫，淫蕩者扶之歸正。】四為風，故蕩。水趨下須扶，蓋得時吉，失時凶，此四為主，非一為主也。

【破近文貪，秀麗乃溫柔之本。】

【風鬱而氣機不利。】

【名揚科第，貪狼星入巽宮。】

玄機賦：【木入坎宮，鳳池身貴。】蓋一白為官星之應，主宰文章，四綠號為文昌之神，職司祿位。

例如：艮山坤向下卦六運，特九四

【坎無生氣，得巽木而附寵聯歡。】

搖鞭賦：

【水風財旺婦女貴。】

四二．風地觀卦：

二坤為母為脾胃，四巽為長女為婦。當其旺，婦掌家權。當其衰，悍婦剋母欺姑，主婆媳不和，脾胃不適。

玄空祕旨：

【風行地，而硬直難當，室有欺姑之婦。】蓋因風行地，乃二坤母受制於四巽女，更兼形勢硬直，故有欺姑之婦。

例如：戌山辰向起星四運，特一二九

【山地被風，還生瘋疾。】山艮地坤皆屬土，若失元而被巽木來剋，故有瘋疾之應。

飛星賦：

【寅申觸巳，曾聞虎咥家人，或被犬傷，或逢蛇毒。】

例如：子山午向下卦三運，特八八

玄機賦：【風行地上，決定傷脾。】土主脾，土被木剋，故傷脾。

秘本：【二逢四，咎當主母。】

四三．風雷益卦：

震雷為木，巽風亦為木，木木比旺。當令時雙木成林，風度溫文爾雅，家境和睦，事業順利。失令時，夫妻反目，出不肖子。

玄空祕旨：【震巽失宮而生賊丐。】

例如：午山子向起星四運，特一一三

【貴比王謝，總緣喬木扶桑。】

【雷風金伐，定被刀傷。】

【同來震巽，昧事無常。】

飛星賦：【碧綠風魔，他處廉貞莫見。】

例如：丁山癸向下卦五運，特一一四

【震之聲、巽之色，向背當明。】

玄機賦：【雙木成林，雷風相薄。】

四四．巽為風卦：

比和。當令應文秀，兒女優異，喜逢登科、貴人多助。失令時，為流離漂泊。

紫白訣：【蓋四綠為文昌之神，職司祿位。】

飛星賦：【風鬱而氣機不利。】在天為風，在人為氣，巽宮窒塞，故有此應。

【震之聲，巽之色，向背當明。】

【巽如反臂，總憐流落無歸。】四綠處，砂形如臂向外反抱者，主流落異鄉，因風性飄蕩之故也。

四五．巽戊、己卦：

四巽木剋五黃土。五為廉貞五黃。五行屬土。

五黃最忌三碧四綠，因木剋土，激發戾性災病。失令多損財病傷。

四五相會，主乳癌之疾、流行瘟疫。

玄空祕旨：【我剋彼而反遭其辱，因財帛以喪身。】

飛星賦：【乳癰兮，四五。】四為乳，五為膿血。

【碧綠風魔，他處廉貞莫見。】

【寒戶遭瘟，緣自三廉夾綠。】

四六．風天小畜卦：

四巽為長女為妻，六乾為父為夫。金剋木，手腳扭傷。當其衰，父虐妻嫂，爭執多。若巒頭乾巽方有小路、天橋纏繞，則有懸樑之厄，或孕婦有臍帶纏頭之應。

玄空祕旨：【巽宮水路纏乾，主有縣樑之厄。】因四綠巽為繩，六白乾為首。

【相生而有相凌之害，後天之金木交併。】

飛星賦：【小畜，差徭勞碌。】巽為命令，乾為大人，乾剋巽，故有差徭勞碌之象。

例如：戌山辰向下卦二運，特一二八

玄機賦：【木見戌朝，莊生難免鼓盆之歎。】巽為長女，乾金剋之，故主剋妻。莊周妻死，鼓盆而歌。

四七．風澤中孚卦：

七兌金剋四巽木。金木交戰，四七皆為陰星，主姊妹不和，亦有夫妻磨擦，閨帷不睦之象。得令財色佳美，失令妯娌不睦。四七金木互剋，恐因桃色疑雲，而致夫妻反目。

玄空祕旨：【雷風金伐，定被刀傷。】四七同宮，即為雷風金伐。

【破軍居巽位，癲疾瘋狂。】星組與巒頭同參。

例如：艮山坤向下卦八運，特九四

【木金相反，背義忘恩。】

飛星賦：【辰酉兮，閨幃不睦。】

例如：辛山乙向起星六運，特一二七

主婦女不和。

秘本：【四七臨而文章不顯，嘔血早夭。】四綠文昌，被七赤金剋，所以文昌不顯。四綠遇剋煞，為瘋哮血縊之厄。

四八．風山漸卦：

當其旺，丁財兩旺。當其衰，損小口，並有肌肉神經痛、風濕之疾。

八白艮為山，為少男。四綠木剋八白土。四八與三八同，三四八乃損小口之數。

玄空祕旨：【山風值而泉石膏肓。】艮被巽剋，有懷才不遇，終老山泉之象。

例如：庚山甲向下卦四運，特一二二

【山地被風，還生風疾。】

紫白訣：【四綠固號文昌，然八會四，而小口殞生，三八之逢更惡。】

例如：丙山壬向起星五運，特一一一

四九．風火家人卦：

四九木火通明。當其旺，家出聰明之士。失令時，婦人爭權不和，常犯眼疾。四九之方，有秀麗山巒，出文貴。

玄空祕旨：【木見火兮，定生聰明俊秀之子。】

【木見火而生聰明奇士。】

例如：甲山庚向下卦四運，特九八

玄機賦：【巽陰就離，風散則火易熄。】巽為風，失令時，風吹火熄，為凶象。

搖鞭賦：【風火益財婦。】

飛星賦：【開口筆插離方，必落孫山之外。】

五一．戊己水卦：

土水。五黃土剋一白水，五黃為病毒。傷壯丁，不利中男。遇當令，速發財丁。逢衰死，則損丁敗財。

飛星賦：【子癸歲，廉貞飛到，陰處生瘍。】一為腎，故云陰處，五主膿血，故有生瘍之象。

秘本：【一加二五，傷及壯丁。】

五二．戊己地卦：

土土。遇衰死，是大凶格局，主災病、損人口。不當運時二五交加，多病難安。五二，唯獨二運山逢二，五運水逢五才好，其餘皆論凶。

玄空祕旨：【庭無耄耋，多因裁破父母爻。】

紫白訣：【五主孕婦受災，黃遇黑時出寡婦。】【二五交加，罹死亡並生疾病。】【二主宅母多病，黑逢黃至出鰥夫。】

飛星賦：【二黑五黃兮，釀疾堪傷。】二黑在一、二運為天醫，餘運為病符，二黑與五黃同到，為疾病損人。

秘本：
例如：壬山丙向起星三運，特八七【二五交加必損主。】

五三．戊己雷卦：

土木。為木剋土，為鬥牛煞。破財傷身、遭殃。逢衰死，主血光、瘟疫。毫無生氣之門，絕對不可開門，只宜閉用。五三主口舌是非。

飛星賦：【寒戶遭瘟，緣自三廉夾綠。】寒戶無財也。

飛星賦：【碧綠風魔，他處廉貞莫見。】

玄空祕旨：【我剋彼而反遭其辱，因財帛以喪身。】

五四．戊己風卦：

土木。木剋土，主破財、疾病。逢衰死，因財喪身，女性癌症。五四易患乳癌、風疹之疾。

飛星賦：【寒戶遭瘟，緣自三廉夾綠。】【乳癰兮，四五。】

玄空祕旨：【碧綠風魔，他處廉貞莫見。】

【我剋彼而反遭其辱，因財帛以喪身。】

五五．戊己、戊己卦：

土土，大凶，因為戊己大煞，無論生剋俱凶。宜靜不宜動。主疾病不安。五五相逢，凶煞橫行，主有急性疾病、凶禍、孕婦有災。

紫白訣：【運如已退，廉貞飛處眚不一，總以避之為良。】

【正煞為五黃，不拘臨方到間，人口常損。】

【五主孕婦受災。】

飛星賦：【五黃飛到三叉，尚嫌多事。】

五六．戊己天卦：

土金。五黃土生六白乾金。乾為首，遇五黃易有頭痛、失眠。當其衰，家主得病。逢當令，主丁財兩旺。

玄空祕旨：【富並陶朱，斷是堅金遇土。】因為土星為財星，金星為武星，得令為巨富。

【庭無毫釐，多因裁破父母爻。】因為六乾為父。

【須識乾爻門向，長子痴迷。】乾爻，戌也，乾為知，為健，若失時則有癡迷之象。

飛星賦：

五七．戊己澤卦：

土金。土金相生。七兌為口，兩大凶星，不得開門，只宜閒用。當令堅金遇土，大進財福。失令時易犯口喉疾病、是非口舌、官非不斷。

飛星賦：

【紫、黃毒藥，鄰宮兌口休嘗。】火味苦，五性毒，故為毒藥。

例如：庚山甲向下卦三運，特一二二

【青樓染疾，只因七弼同黃。】兌為少女，為賊妾，五黃性毒，故主楊梅瘡毒。

例如：甲山庚向下卦八運，特九八

【酉辛年，戊己弔來。喉間有疾。】兌為喉舌，逢五黃必生喉症。

玄機賦：【兌不利歟，唇亡齒寒。】兌主唇齒，受五黃大煞，故有唇亡齒寒之應。

五八．戊己山卦：

土土。艮為財富，當令進大財。當其衰，小男多病，少年早夭，大人筋骨瘦痛。

玄空祕旨：【家有少亡，只為沖殘子息卦。】八白主少男。

玄機賦：【艮傷殘而筋枯骨折。】艮主股肱筋絡，受煞則有傷折。

玄機賦：【艮非宜也，筋傷骨折。】

例如：坤山艮向起星九運，特一一九

五九．戊己火卦：

土火。五黃為災星病毒，被九紫火生，火炎土燥。用之當令，主丁財兩旺。不當令，主丁財兩敗，出愚鈍之人、意外火災。

玄空祕旨：【火見土而見愚鈍頑夫。】

例如：酉山卯向起星五運，特一二五

玄空祕旨：【值廉貞而頓見火災。】

玄空祕旨：【丙臨文曲，丁近傷官，人財因之耗乏。】

玄空祕旨：【青樓染疾，只因七弼同黃。】

飛星賦：【火暗而神智難清。】

【火炎土燥，南離何益乎艮坤。】

六一．天水訟卦：

六一皆為吉曜，亦為先天生成數，五行金水相生。當其旺，有文采、官顯之應，主官運亨通，財祿豐盛。失令時，則損丁破財、桃花旺、有頭疼之疾。

玄空祕旨：【虛聯奎壁，啟八代之文章。】蓋因一六共宗水，水主發秀之故。

例如：庚山甲向下卦六運，特一二二

【車驅北闕，時聞丹詔頻來。】主得任命陞遷。

玄機賦：【水冷金寒，坎癸不滋乎乾兌。】失運則淒冷寂寞。

搖鞭賦：【水淫天門內亂殃。】

六二．天地否卦：

老陰配老陽，六白乾金生二黑坤土，和諧。當其旺，乾坤交泰，堆金積玉。當其衰，吝嗇如鬼，鬼神不安，或出家為僧尼。

玄空祕旨：【富並陶朱，斷是堅金遇土。】蓋因六乾金遇二坤土生為富之故。

紫白訣：【二黑飛乾，逢八白而財源大進。】

【戌未僧尼，自我有緣何益。】戌為僧，未為尼，乾在西北戌乾亥，坤在西南未坤申。六二失運時主出僧尼。

飛星賦：【乾坤神鬼，與他相剋非祥。】

【交至乾坤，吝心不足。】乾為金，坤為吝嗇，故吝心不足。

【乾為寒，坤為熱，往來切記。】

六三．天雷无妄卦：

金剋木，金木相剋是非日有。得令時，財官運好，權威蓋世。失令時，金木交戰，手腳損傷，或有兵刀之苦。

玄空祕旨：【雷風金伐，定被金傷。】

例如：未山丑向起星六運，特一一七

【足以金而蹣跚。】三碧木為筋骨，為足，遇金剋，傷足。

飛星賦：【頭響兮六三。】乾為首，震為聲，雷性上騰，故頭鳴。

【壯途躓足。】

【三逢六，患在長男。】

六四．天風姤卦：

六乾為金，四巽為木，陽金剋陰木，女性不利。當其衰，有剋妻之應，家人有勞疫之苦。六四為背向無情之局，六四雖合十，但為先合而後散。

玄空祕旨：【雷風金伐，定被金傷。】

【四生有合，人文旺。】例如：上元一二三四之山，有九八七六之水，配成合十之數。得令合局，主才華出眾。

【我剋彼而反遭其辱，因財帛以喪身。】

【巽宮水路纏乾，主有懸樑之厄。】

【相生而相凌之害，後天之金木交併。】

玄機賦：【木見戌朝，莊生難免鼓盆之歎。】金剋木，主喪妻。

例如：坤山艮向起星六運，特一一九

六五．天戊己卦：

五黃土生六白乾金。用之當令，主丁財兩旺，富甲一方。失令時，退官失職、小人暗害。

玄空祕旨：【富並陶朱，斷是堅金遇土。】【庭無耄耋，多因裁破父母爻。】

飛星賦：【須識乾爻門向，長子痴迷。】

六六．乾為天卦：

當令時，主丁財兩旺，發武貴、官顯、出科名。失令時，主頭傷骨折，官非纏身。

飛星賦：【須識乾爻門向，長子痴迷。】【乾為寒，坤為熱，往來切記。】【乾若懸頭，更痛遭刑莫避。】乾為首。即挨星六白方之山忌開路如斷頭。【金曜連珠。】

天玉經：【乾山乾向水朝乾，乾峯出狀元。】

六七．天澤履卦：

六乾七兌皆為金，兩金相會名為交劍煞，主官非、口舌紛爭。逢當令，該宮外面有武曲星照耀，主丁財兩旺，發武貴出武將，大權在手。失令則淪為交劍煞，主丁財兩敗、血光、搶掠、兄弟父子不合。

紫白訣：

【七赤遇六白，為金見金，名交劍煞。】

【交劍煞興多劫掠。】

玄機賦：

【職掌兵權，武曲峰當庚兌。】武曲即六白，七赤兌也。武曲遇七赤出武將。

例如：壬山丙向起星六運，特八七

【乾乏元神，用兌金而傍城借主。】乾不當元，而兌當令，亦可生旺。

【乾兌託假鄰之誼。】山水皆可相兼。因為六白乾與七赤兌都屬金之故。

搖鞭賦：【天澤財旺女淫亂。】

六八．天山遯卦：

六八同宮，大吉，有田莊之喜、官顯身榮。用之當令，堅金遇土，富比陶朱，進大財。喜會一白，一六八三吉，當令時財喜不斷，貴人扶持。六遇輔星，尊榮不次。因為武曲六白主權貴，左輔八白主貴、壽。失令，主父子失和。

玄空祕旨：【富近陶朱，斷是堅金遇土。】

紫白訣：【更言武曲青龍，喜逢左輔善曜。六八武科發跡，否亦韜略榮身。】蓋因武曲為六白乾金，左輔為八白艮土，兩者相遇為土生金。

例如：巽山乾向下卦八運，特一〇六

【六遇輔星，尊榮不次。】

例如：巳山亥向下卦八運，特一〇八

玄機賦：【金居艮位，烏府求名。】
搖鞭賦：【天臨山上家富貴。】
【八六文士參軍或則異途擢用，旺生一遇已吉，死退雙臨乃佳。】

六九．天火同人卦：

六乾金被九離火剋。當其旺，丁財兩旺。當其衰，火燒天門，家出罵父之子，長房血症。火向天門，鬼神指責。六九不宜當孩子房間。

玄空祕旨：【火燒天門而張相鬥，家生罵父之兒。】蓋因九紫為離卦火，六白為乾卦天，故曰火燒天。六乾金被九離火剋。

例如：乾山巽向下卦八運，特一三〇

【丁丙朝乾，貴客而有耄老之壽。】離為南極，主壽。

紫白訣：【九紫雖司喜氣，然六會九而長房血症。】

飛星賦：【同人，車馬馳驅。】

玄機賦：例如：坤山艮向下卦六運，特一一八

【火照天門，必當吐血。】金主肺，被火剋故吐血也。

搖鞭賦：【天門見火翁嗽死。】

七一．澤水困卦：

七兌金，一坎水，金生水，七一金水多情，貪花戀酒，易招桃花。用之當令，利武職，旺財旺丁。失令時，易出盜賊、桃花煞。

玄空祕旨：【金水多情，貪花戀酒。】

例如：艮山坤向下卦二運，特九四

【水金相反，背義忘恩。】

【雞交鼠而傾瀉，必犯徒流破敗。】七赤，為兌，為酉，為雞。一白，為坎，為子，為鼠。七一相交而巒頭傾瀉，徒流異鄉。

飛星賦：【破近文貪，秀麗乃溫柔之本。】破，七赤破軍。文，四綠文曲。貪，一白坎貪狼星。

例如：辛山乙向起星九運，特一二七

玄機賦：【水冷金寒，坎癸不滋乎乾兌。】

搖鞭賦：【水臨白花墮胎殺。】白為金。

七二．澤地萃卦：

二黑坤土生七赤兌金，土金相生。二黑，七赤皆是女性，兩陰相交，不正常的關係。當其旺，堅金遇土進財喜，田財萬貫。失令時，陰神滿地，淫蕩無度，口舌是非多。

玄空祕旨：【富近陶朱，斷是堅金遇土。】

【陰神滿地成群，紅粉場中空快樂。】

【天市合丙坤，富堪敵國。】

玄機賦：【若坤配兌女，庶妾難投寡母之歡心。】蓋純陰也。

搖鞭賦：【地澤進財後嗣絕。】

秘本：【二七合為火，乘殺氣，遇凶山凶水，乃鳥焚其巢。】

七三・澤雷隨卦：

七遇三名為穿心煞，七三與三七同，七三為金木相剋。七為金為義氣，七三相剋，背信忘義。當令時，異路功名，有文臣而兼武將之權。失令時，剛毅惹禍生災，主盜賊官災、意外刀傷。

玄空祕旨：【木金相反，背義忘恩。】

【兌位明堂破震，定主吐血之災。】

【雷風金伐，定被刀傷。】

【震庚會局，文臣而兼武將之權。】

【長庚啟明，交戰四國。】

例如：卯山酉向下卦七運，特一〇〇

【足以金而蹣跚。】

紫白訣：【三遇七臨生病，那知病癒遭官，七逢三到生財，豈識多被盜。】

【三七疊至，被劫盜更見官災。】
例如：乙山辛向起星四運，特一〇三
【七逢三到生財，豈識財多被盜。】
【蚩尤碧星，好勇鬥狠之神，破軍赤名，肅殺劍鋒之象。】
【運至何慮穿心，然殺星旺臨，終遭殺賊，身強不畏反伏，但助神一去，還見官災。】

飛星賦：

【赤連碧紫，聰明亦刻薄之萌。】赤，七赤。碧，三碧，木為金之財，七三得財卻又刻薄。
【須識七剛三毅，剛毅者，制則生殃。】
【乙辛兮，家室分離。】
【兌位明堂破震，主吐血之災。】

七四．澤風大過卦：

金剋木，是非日有、刀傷。巽兌皆陰，故主桃花旺。七兌金剋四巽木，故有閨帷不睦，刀傷之險。陰神滿地，為婦人當家。

玄空祕旨：【雷風金伐，定被刀傷。】四為巽，為風。

【破軍居巽位，癲疾瘋狂。】

飛星賦：【破近文貪，秀麗乃溫柔之本。】破近文貪即七四、七一，因金水相生、水木相生，故主人秀麗。破，七赤破軍，文，四綠文曲。

秘本：【辰酉兮，閨幃不睦。】四綠辰巽巳，七赤庚酉辛。

【四七臨而文章不顯，嘔血早夭。】

七五．澤戊己卦：

七赤為兌為破軍星，屬金，五黃為廉貞星，為正關煞，屬土。兩大凶星只宜閒用。五黃毒葯，七赤為口，五七有病從口入，或毒葯入口之意。當其衰，有口疾瘡膿，易患肺癌，青樓染疾。

飛星賦：【青樓染疾，只因七弼同黃。】即七五、九五，主有性病。

【紫黃毒藥，鄰宮兌口莫嘗。】

例如：卯山酉向下卦六運，特一〇〇

【酉辛年，戊己弔來，喉間有疾。】七赤兌為庚酉辛。兌主口、喉。戊己五黃大煞也。

玄機賦：【兌不利歟，唇亡齒寒。】

七六．澤天夬卦：

七兌六乾名為交劍煞，七六同宮為兩金重逢，與六七相同。當令時，文財武庫，官祿雙收。當其衰，主交劍劫殺，有刀劍之傷，官訟是非。

紫白訣：【交劍煞興多劫掠。】

例如：午山子向下卦二運，特一一二

玄機賦：【職掌兵權，武曲峰當庚兌。】

【乾乏元神，用兌金而傍城借主。】

搖鞭賦：【天澤財旺女淫。】

七七．兌為澤卦：

七兌為口舌。七七相會，醫卜興家，大利言語。七七得令，出美女、名嘴，更主得財。失令時，劫賊入室，有口舌、官司之災。

玄空祕旨：【兌缺陷而唇亡齒寒。】【逢破軍而多虧身體。】

紫白訣：【破軍赤名，肅殺劍鋒之象。】

飛星賦：【七有葫蘆之異，醫卜興家。】七為刑，有除惡之象，故為醫。【鐵匠緣鉗鎚七地。】【七逢刀盞之形，屠沽居市。】【赤為刑曜，那堪射脇水方。】【金曜連珠。】

七八．澤山咸卦：

兌為少女為澤，八艮為山為少男，艮兌配為延年。當令時，土生金，連連升官，財帛豐盛。失令時，錢財耗散，主桃花煞。

玄空祕旨：【男女多情，無媒妁則為私約。】

【胃入斗牛，積千箱之玉帛。】胃土在酉，庚之位入於艮丑，斗木金牛之位，在下元主富，胃兌也，斗牛艮也，艮為天市垣，又七八相生，故有巨富之應，入者言輔星當飛在水口之意也。

玄機賦：【澤山為咸，少男之情屬少女。】

【金居艮位，烏府求名。】七赤金得八白土生，少年早發。烏府即御史府。

例如：戌山辰向起星七運，特一二九

竹節賦：【甘羅發早，爻逢艮配兌延年。】

七九．澤火革卦：

七赤兌九紫離乃回祿之災，因七為先天火，九為後天火，七九相會，火熾而易生火災。七九並主肺災。當其旺，家室興旺。當其衰，易有回祿之災，貪花好酒，沉迷女色。

玄空祕旨：【午酉逢而江湖花酒。】

紫白訣：【七九合轍，常招回祿之災。】

例如：午山子向下卦八運，特一一二

【七赤為先天火數，九紫為後天火星，旺宮單遇，動始為殃，煞處重逢，靜亦肆虐。】

飛星賦：【赤、紫兮，致災有數。】

例如：甲山庚向下卦八運，特九八

【紫黃毒藥，鄰宮兌口莫嘗。】

【赤連碧、紫，聰明亦刻薄之萌。】

八一．山水蒙卦：

兩者皆吉星。土剋水。當其衰，中男剋死他鄉。最喜見六白金星加臨，三吉同宮，名利可得。

玄空祕旨：【雞交鼠而傾瀉，必犯徒流。】

【土制水復生金，定主田莊之富。】

竹節賦：【坤艮動見坎，中男絕滅不還鄉。】

八二．山地剝卦：

八白艮土與二黑坤土比旺。當令，有田莊地產之富。失令時，犯孤寡鰥獨，出家為尼。

玄空祕旨：【天市合丙坤，富堪敵國。】天市，艮也，合丙坤，即二一九八進氣，或坤山坤向坤水流之類，故曰富堪敵國。

【四生有合，人文旺。】二八，八二皆合十，吉。應於當元旺運。

【丑未換局，而出僧尼。】坤為寡，艮為閽寺，故出僧尼。

玄機賦：【巨入艮坤，田連阡陌。】

【坤艮通偶爾之情。】

飛星賦：【寅申觸巳，曾聞虎咥家人。】

例如：丑山未向下卦六運，特九二

搖鞭賦：【地山年幼子孫勞。】

八三．山雷頤卦：

三碧木剋八白土。八白艮主少男，八艮三震，不利小口。失令，主小口損傷。三四八為損小口數，不利小孩。

紫白訣：【四綠固號文昌，然八會四，而小口殞生；三八之逢更惡。】

例如：卯山酉向下卦四運，特一〇〇

竹節賦：【震配艮，有斗粟尺布之譏。】

秘本：【八逢三、四，損由小口。】

八四．山風蠱卦：

木剋土。當其衰，有小口之損。三四八為損小口數，不利小孩。

失令有風濕之疾。

玄空祕旨：【山地被風，還生瘋疾。】八四組合為精神病之應。

例如：午山子向下卦六運，特一一二

紫白訣：【山風值而泉石膏肓。】

【四綠固號文昌，然八會四而小口殞生，三八逢之更惡。】蓋因八白土遭四綠木所剋，八艮為少男，故主損小孩。

例如：卯山酉向下卦三運，特一〇〇

飛星賦：【寅申觸巳，曾聞虎咥家人。】有被獸傷之象。

【或被犬傷，或逢蛇毒。】

八五．山戊己卦：

土土，五黃煞破八白艮。艮主少男，傷少男。當令，八為財星，五八可得巨富。失令時，筋骨、關節遭殃，小口多病災。

玄空祕旨：【家有少亡，只為沖殘子息卦。】

【艮傷殘而筋枯骨折。】

例如：坤山艮向起星九運，特一一九

玄機賦：【艮非宜也，筋傷骨折。】

八六．山天大畜卦：

八艮六乾，乃土金相生，大吉。八六、六八當令時，堅金遇土，富比陶朱，發跡文權。失令時，父子不和，投機失利。

玄空祕旨：【富近陶朱，斷是堅金遇土。】

紫白訣：【八六文士參軍，或則異途擢用。】【武曲青龍，喜逢左輔善曜。】【六八武科發跡，否亦韜略榮身。】

玄機賦：【艮配純陽，鰥夫豈有發生之機兆。】八艮為少男，六乾為老父，純陽相配，故有鰥夫之象。【金居艮位，烏府求名。】

搖鞭賦：【天臨山上家富貴。】

八七．山澤損卦：

艮為山，兌為澤。七八為少男配少女，利人緣。當令時，八七相生，財祿兩得。失令時，投資不利，少男少女傷亡。

玄空祕旨：【胃入斗牛，積千箱之玉帛。】蓋因八七為土生金，故主進財。【男女多情，無媒妁則為私約。】

玄機賦：【澤山為咸，少男之情屬少女。】

竹節賦：【甘羅發早，爻逢艮而配兌延年。】甘羅為戰國時秦相，少年早發。

八八．艮為山卦：

八八雙吉相會，財利豐盈，和諧吉祥，多生男丁。失運時，主筋傷骨折、意外傷亡、小口死傷。

玄空祕旨：【家有少亡，只為沖殘子息卦。】【艮傷殘而筋枯臂折。】

玄機賦：【離鄉砂見艮位，定遭驛路之亡。】

飛星賦：【艮非宜也，筋傷骨折。】【土曜連珠。】

八九．山火賁卦：

八艮九離，火土相生。輔弼相輝，當其旺，富堪敵國，喜事重來。失令時，眼疾、心肌梗塞，出愚魯之人。

玄空祕旨：【天市合丙坤，富堪敵國。】

紫白訣：【八逢紫曜，婚喜重來。】八白本吉星，九紫又喜曜，九紫火來生八白土，故主婚喜重來。

玄機賦：【輔臨丙丁，位列朝班。】

九一．火水未濟卦：

當令，陰陽正配，丁財兩旺，婦多產男兒。失令時，小產、不孕、患眼疾。

玄空祕旨：【陰陽相見，遇冤仇而反無冤。】
【南離北坎，位極中央。】
【相剋水火既濟，而有相濟之功，先天之乾坤大定。】
【離壬會子癸，喜產多男。】

飛星賦：【火暗而神智難清。】

搖鞭賦：【火水破財主眼疾。】

天玉經：【坎離水火中天過，龍池移帝座。】

竹節賦：【中男合就離家火，夫婦先吉而後有傷。】

九二．火地晉卦：

九離二坤，火土相生，當令出秀士、旺丁。失令，婦生愚子。

玄空祕旨：【陰神滿地成群，紅粉場中空快樂。】
【火見土而出愚鈍頑夫。】

紫白訣：【二黑飛乾，逢八白而財源大進，遇九紫則瓜瓞緜緜。】

玄機賦：【火炎土燥，南離何益乎艮、坤。】

九三．火雷噬嗑卦：

木火通明之象，當令，主丁財兩旺，生聰明奇士。失令反出刻薄之人。

玄空祕旨：【見祿存，瘟疫必發。】

【木見火而生聰明奇士。】

例如：甲山庚向起星三運，特九九

【棟入南離，驟見廳堂再煥。】

玄機賦：【震陽生火，雷震而火尤明。】

九四．火風鼎卦：

木火通明，陰木生陰火。當其旺，主兒女聰明。失令時，有損丁耗財之危，好事不能持久。

玄空祕旨：【丙臨文曲，丁近傷官，人財因之耗乏。】丙雜巳，巳為文曲，丁雜未，以火生土為傷官，龍水有犯此者，人財有耗乏之應，龍雜主丁，水雜主財也。

【木見火而生聰明奇士。】木火通明，乃文明之象，雖不當元，亦生聰明之子。

【遇文曲，蕩子無歸。】

【開口筆插離方，必落孫山之外。】

玄機賦：【巽陰就離，風散則火易熄。】

【離共巽而暫合。】因非正配，偶然而已。

【風火益財婦。】

九五．火戊己卦：

火土，五黃大煞破局。火生土而洩，九紫離火生旺五黃廉貞大煞而成災。當其旺，有地產之富。當其衰，婦生愚鈍之子。

玄空祕旨：【丙臨文曲，丁近傷官，人財因之耗乏。】

【我生之而反被其災，為難產以致死。】

飛星賦：【值廉貞而頓見火災。】

飛星賦：【火見土而生愚鈍頑夫。】

例如：酉山卯向下卦四運，特一二四

飛星賦：【青樓染疾，只因七弼同黃。】

九六．火天大有卦：

九六與六九名為火燒天門。當令時，則丁丙朝乾，貴客而有耋耄之壽。當其衰，主丁財兩敗、出不孝子孫、血病。

玄空祕旨：【火燒天而張牙相鬥，家生罵父之兒。】

例如：坤山艮向下卦六運，特一一八

【丁丙朝乾，貴客而有耄老之壽。】

紫白訣：【九紫雖司喜氣，然六會九而長房血症。】

【六會九而長房血症。】

玄機賦：【火照天門，必當吐血。】

搖鞭賦：【天門見火翁嗽死。】

九七．火澤睽卦：

與七九同，回祿之災，因九與七為先後天火星，火熾而易生火災之故。

當其衰，主桃花煞、火災、口疾、招是非。

玄空祕旨：【午酉逢而江湖花酒。】即九與七同宮，火剋金之故。

例如：戌山辰向下卦七運，特一二八

【值破軍，而多虧身體。】

紫白訣：【七九合轍，常招回祿之災。】回祿即火災。

【九七穿途，常遭回祿之災。】

【紫黃毒藥，鄰宮兌口休嘗。】

飛星賦：【青樓染疾，只因七弱同黃。】

【赤、紫兮，致災有數。】

九八．火山旅卦：

八逢紫曜，婚喜重來。當其旺，有田莊地產之富。當其衰，婦生愚子。

玄空祕旨：【天市合丙坤，富堪敵國。】八白艮為天市。火土相生，主富。

紫白訣：【八逢紫曜，婚喜重來。】

玄機賦：【輔臨丁丙，位列朝班。】

【火炎土燥，南離何益乎艮坤。】

九九．離為火卦：

離為麗，文明，主智慧、學問。當其旺，文章顯達，名揚四海。失令時，巒頭凶山惡水，易出眼疾瞎目之人。

玄空祕旨：【火曜連珠相值，青雲路上自逍遙。】火曜尖秀之峰，即文筆也。指當令文筆峰在一六、二七、三八、四九、九一、一四方。

【開口筆插離方，必落孫山之外。】

飛星賦：【火暗而神智難清。】火為神，若離宮幽暗，主神昏。

玄機賦：【離位巉巖而損目。】山形破碎，主眼目之疾。

天玉經：【午山午向午來堂，大將值邊彊。】

後記

購買本書即與筆者有緣，歡迎互相切磋，互長智慧。

最後筆者也想談一下個人的心路歷程，本書乃源起於拍攝「**玄空大卦九運陽宅上傳YouTube的系列影片**」，最後才衍生出書本的雛形。經過再三推敲，決定保留每集的口語表達形式，其用意主要是考量讀者在使用上方便性與完整性。蓋一般人在確定自家的房屋坐山立向後，多會直接翻閱屬於自己的房屋格局，深入關心本身房子的吉凶禍福，也不需要了解別家房子的問題，除非是想要購買房子的讀者。

所以本書基本上是以「**宅斷篇**」為核心，重點在判斷自己想要了解的房屋坐向吉凶！依此發想，再發展「**導論篇**」與「**基礎篇**」，幫助大家了解有關玄空飛星的基本學理，其中擇要解說相關概念，為避免讀者負擔，很多進階的理論，在相關書籍或網路找得到的，就不再做說明，若有疏漏不足之處，尚祈懇請大家見諒！

另外「**古賦篇**」與「**彙整篇**」主要是提供讀者進一步了解玄空飛星派學理的依據，絕非信口開河，而是言之有據，希望給喜歡追根究柢的高手讀者有一個探索的方向。並且表明本書絕非是有什麼獨門訣竅，而是感念出之於人者太多！**真正要歸功於楊公筠松祖師，及歷代前賢大德，不斷精進弘揚這門學問！更是要感謝諸位當代大師，身教、言教，留下各種寶貴的資料**，使後進者得以「續師慧命」，除了可以「為往聖繼絕學」外，也能盡個人棉薄之力，在「為萬世開太平」的崇高理想下，點一盞心燈，用以照亮學習風水路上的芸芸眾生。更期許自己能成為真正「**術德兼備**」的堪輿五術人，真正能幫助到有緣人。最後再次感謝**育林出版社李老闆**的提攜，才能讓這本書有緣呈現，更祝福大家「**富貴臨門財運旺，珠圓玉落滿堂彩**」！

YouTube相關影片的搜尋，請輸入（**玄空大卦cheng jenifer**）點讚按訂閱，即可看到相關上傳的影片，感恩您的支持與鼓勵。

倘若您有意願要請我們堪驗陽宅，我們也很樂意。

預約專線：0979—523—016

（請先留簡訊並加入我的line，掃QR code）

我們將儘速與您聯絡，感恩您的支持與購買。

育林出版社圖書目錄

堪輿叢書

編號	書名	作者	定價
KA-01	葬經青烏經白話註釋(平)(附難解二十四問)	陳天助 著	$300元
KA-02	蔣氏家傳地理真書(平)	杜薇之鈔藏本	$800元
KA-03	標點撼龍經疑龍經(平)	楊筠松 著	$250元
KA-04	繪圖魯班木經匠家鏡(平)	魯公輸 著	$150元
KA-05	增補堪輿洩祕(平)	清 熊起磻原著 民 王仁貴編釋	$600元
KA-06	八宅造福周書(平)	黃一鳳 編撰	$350元
KA-07	相宅經纂(平)	清高見男 彙輯	$300元
KA-08	白話陽宅三要(平)	清 趙九峰著 民 北辰重編	$280元
KA-09	陽宅實證斷驗法(平)	蕭汝祥 著	$350元
KA-11	陽宅形局斷驗法(平)	林進來 著	$320元
KA-12	鎮宅消災開運法(平)	蕭汝祥 著	$450元
KA-14	贛州風水秘傳(平)	北辰 編撰	$380元
KA-16	八運玄空陽宅秘訣(平)	李哲明 著	$480元
KA-17	陽宅化煞開運訣(平)	李哲明 著	$380元
KA-18	後天派陽宅實證(平)	吳友聰 著	$450元
KA-19	地理真經(平)	王祥安 著	$380元
KC-20	堪輿明燈(軟精)	張淵理 著	$800元
KA-21	堪輿法鑑(平)	李哲明 著	$480元
KA-22	玄空大卦羅經詳解(平)	李哲明 著	$320元
KA-23	地理窯基(平)	林珏田 著	$380元
KA-24	乾坤國寶龍門八局圖解(平)	林志縈 著	$500元
KA-25	原來陽宅開運化煞好簡單(平)	白漢忠 著	$280元
KC-27	玄空陽宅實例(軟精)	張淵理 著	再版中
KA-28	玄空風水玄機飛星賦評註(平)	林志縈 著	$500元
KA-29	陽宅堪輿實務(平)	宋英成 著	$350元
KA-30	玄空薪傳六法解密(平)	李宗駒 著	$600元
KA-31	名人堪輿實記(平)	黃澤元 著	$600元
KA-32	三元地理真傳(平)	趙文鳴 編著 張成春 編纂	$600元
KC-33	玄空六法理氣圖訣(軟精)	李哲明 著	再版中
KA-34	玄空薪傳 形家解密內巒頭篇(平)	李宗駒 著	$400元
KC-35	玄空堪輿正論(軟精)	張淵理 著	再版中

KA-36	地理錄要(平)	蔣大鴻 著	$300元
KA-37	陽宅形局杖眼法(平)	黃澤元 著	$350元
KA-39	三元玄空挨星圖解(平)	邱馨誼 著	$350元
KA-40	玄空薪傳 宅譜解密(平)	李宗駒 著	$600元
KA-41	三元地理些子法揭秘(平)	林志縈 著	再版中
KA-42	金字玄空地理錦囊(平)	劉信雄 著	$500元
KA-43	風水求真與辨偽防騙(平)	冠 元 著	$600元
KA-44	楊公三元地理真解(平)	王健龍 著	再版中
KA-45	玄空實例精析(平)	冠 元 著	$450元
KA-46	三元玄空暨內外六事實證(平)	邱馨誼 著	$350元
KA-47	紫白飛星技法(平)	陳藝夫 著	$350元
KA-48	陽宅形煞三百訣(上集)(平)	陳藝夫 著	$350元
KA-49	陽宅形煞三百訣(下集)(平)	陳藝夫 著	$350元
KB-50	地理大全二集理氣秘旨(上下不分售)	漢陽 李國木 新加坡 張成春	再版中
KB-51	談氏三元地理大玄空路透(精)	談養吾 著	$600元
KB-52	談氏三元地理大玄空實驗(精)	談養吾 著	$600元
KD-54	玄空紫白訣(平)	趙景義 著	$800元
KB-55	玄空本義談養吾全集(精)	談養吾 編著 張成春 編纂	$1800元
KB-56	新玄空紫白訣(精)	趙景義 編著 張成春 編纂	$1200元
KB-57	安親常識地理小補 玄空法鑑元運發微 合編(精)	談養吾 編著 張成春 編纂	$1200元
KB-59	玄空六法秘訣圖解(精)	林志縈 著	$1500元
KB-60	玄空理氣經綸(精)	紫虛 著	$1200元
KA-61	玄空薪傳 青囊辨正解秘(平)	李宗駒 著	$600元
KA-62	三元玄空·派多門多各自說(平)	邱馨誼 著	$350元
KA-63	教你做生基延壽招財秘訣(平)	林吉成 著	$800元
KA-64	現代環境學完整篇(平)	林進來 著	$280元
KB-65	玄空理氣啟蒙(精)	紫虛 著	$1200元
KA-66	圖解地理乾坤國寶(平)	鄭守嵐 著	$500元
KB-67	地理大全一集-形勢真訣(上中下不分售)(精)	漢陽 李國木 新加坡 張成春	$3800元
KA-68	玄空三元九運24山向論證	邱馨誼 著	$380元
KA-69	玄空正法揭秘	冠 元 著	$550元
KA-70	九運玄空陽宅詳解	木星齋主著	$880元
KA-71	兩元玄空形勢水法120局註解	古宗正 著	$380元
KA-72	精髓陰陽絕學	游景 著	$800元
KA-73	調理氣談風水	劉信雄 著	$550元
KA-74	蔣大鴻手抄本精解	詹錦幸 著	$880元

國家圖書館出版品預行編目(CIP)資料

九運玄空陽宅詳解 / 木星齋主著. -- 初版. --
臺北市：育林出版社, 2023.09
面；　公分
ISBN 978-986-6677-78-6(平裝)

1.CST: 堪輿 2.CST: 相宅

294　　112012881

九運玄空陽宅詳解

著 作 者：木星齋主
發 行 人：李炳堯
出 版 者：育林出版社
地　　址：台北市士林區大西路18號
電　　話：(02)28820921 (02)28831039
傳　　真：(02)28820744
E-mail　：service@yulinpress.com.tw
網路書店：www.yulinpress.com.tw
郵政劃撥帳號：16022749陳雪芬帳戶
登 記 証：局版台業字第5690號
總 經 銷：紅螞蟻圖書有限公司
地　　址：台北市114內湖區舊宗路2段121巷19號
電　　話：02-27953656　傳真：02-27954100
E-mail　：red0511@ms51.hinet.net
定　　價：880元
出版日期：2023年9月初版
　　　　　2025年8月再版

歡迎至門市選購
地址：台北市士林區大西路18號1樓
電話：(02)28820921傳真：(02)28820744